TIMO GÖSSLER, KATRIN MERKEL

DER GERMAN ROOM

Der US-Writers'-Room
in der deutschen Serienentwicklung

Timo Gößler saß 2006 als Autor im vom US-Showrunner Morgan Gendel gecoachten Writers' Room der Pro7-Krimiserie UNSCHULDIG und war nachhaltig von dieser Arbeitsweise beeindruckt. Seit 2009 lehrt er Dramaturgie und Serielles Erzählen an der Filmuniversität Babelsberg KONRAD WOLF und gibt Writers'-Room-Workshops für die nationale und internationale Branche, seit 2015 leitet er die Weiterbildung „WINTERCLASS Serial Writing and Producing". Darüber hinaus arbeitet er als Seriendramaturg, Development Producer und Writers' Room Coach und lebt in Berlin.

Katrin Merkel war 2004 einige Tage im Writers' Room von THE SHIELD in Hollywood zu Gast – und sofort von der hochprofessionellen Effizienz begeistert. Sie leitete damals das Lektorat bei RTL in Köln, zuvor war sie als Autorin (unter anderem VERBOTENE LIEBE) und Lektorin tätig. Seit 2010 ist sie freiberuflich als Serien-Dramaturgin und als Dozentin für Dramaturgie und serielles Erzählen bzw. Stoffentwicklung im Writers' Room tätig (ifs, Master School Drehbuch), außerdem arbeitet sie als Development Producer für diverse TV-Serien und lebt in Köln.

AUS FREUDE AM DENKEN!
Schriften zu dramaturgischen und filmwissenschaftlichen Aspekten

Wir sind der festen Überzeugung, dass eine gelungene Stoffentwicklung maßgeblich für gute Filme und Serien ist und dass man nie genug darüber wissen kann.

Die Master School Drehbuch bietet seit 1995 Seminare und Lehrgänge in den Bereichen Drehbuchschreiben und Dramaturgie an. Der stets angeregte Austausch im Kolleg:innenkreis und unter den Freund:innen der Schule war unsere Motivation, im Jahr 2015 die Master School Drehbuch EDITION zu gründen.

Es macht uns Freude, tiefer in dramaturgische und filmwissenschaftliche Themen einzusteigen. Wir finden es wichtig, unser praktisches Know-how anderen zugänglich zu machen.

TIMO GÖSSLER
KATRIN MERKEL

DER
GERMAN
ROOM

Der US-Writers'-Room in der deutschen Serienentwicklung

master school drehbuch ●●● EDITION

Bibliografische Information der Deutschen Nationalbibliothek
Die Deutsche Nationalbibliothek verzeichnet diese Publikation in der
Deutschen Nationalbibliografie; detaillierte bibliografische Daten sind im
Internet über *http://dnb.d-nb.de* abrufbar.

ÜBERARBEITETE AUSGABE
2. Auflage Juli 2023
Master School Drehbuch EDITION
© 2021 Master School Drehbuch e.K., Berlin
Wartenburgstraße 1 B
D-10963 Berlin
0049 (0)30 325 38 355
www.masterschool.de
info@masterschool.de
Alle Rechte vorbehalten

Layout und Satz: Edgar Lange
Lektorat: Doris Schemmel
Herstellung und Vertrieb: BoD – Books on Demand, Norderstedt
ISBN: 978-3-946930-05-1 (Print-Version)
ISBN: 978-3-946930-06-8 (ePUB-Version)

INHALT

WARUM WIR DIESES BUCH GESCHRIEBEN HABEN

Wir leben in aufregenden Zeiten für die deutsche Serie. Immer mehr Anbieter produzieren immer mehr Serien in immer größerer Vielfalt. Plötzlich ist es möglich, mit Serienware „Made in Germany" ein Millionenpublikum auf der ganzen Welt zu begeistern. Und immer mehr Formate sind nicht mehr für einen bestimmten Programmplatz und mit einem Korsett an inhaltlichen und formalen Vorgaben und Erwartungen konzipiert, sondern werden von Anfang an als Solitäre erschaffen: die sogenannten Qualitätsserien. Wir sehen sie weniger durch hohe Budgets als vielmehr durch formale und inhaltliche Komplexität, durch ein episodenübergreifendes, also horizontales Erzählen und nicht zuletzt durch Autor:innen als elementare Schöpfer:innen definiert.

Bei aller (berechtigten) Euphorie über die vielen neuen Möglichkeiten sollten wir aber nicht vergessen, dass die deutsche Fernsehbranche schon lange bevor all die neuen Player auf den Markt kamen, konstant ein großes Publikum begeisterte. Deutschland war seit jeher ein Serienland. Und doch: Seit die moderne deutsche Serie vor wenigen Jahren auch hierzulande in die Königsklasse audiovisuellen Erzählens aufgestiegen ist und sich durchaus selbstbewusst im globalen Serienmarkt positioniert, wird die Kluft zwischen traditionell entwickelten bzw. erzählten Formaten für den heimischen Markt und denen, die in neuen Arbeitsweisen entstehen immer sichtbarer. Wir befinden uns nicht nur in einem weltweiten Serienhype, sondern als Branche auch inmitten einer

Umbruchphase. Das tradierte deutsche Redakteursfernsehen dominiert zwar noch weitgehend die Produktionslandschaft, wird aber zunehmend von einer sich rasch ausbreitenden neuen Serienkultur herausgefordert, die nicht nur global ausgerichtet ist, sondern auch hierzulande neue Publikumserwartungen weckt und dabei andere Qualitäts- und Produktionsstandards voraussetzt.

Was jahrzehntelang durch als unumstößlich geltende Strukturen und Abläufe definiert wurde, findet heute immer öfter ganz anders statt: neue Distributionswege, neue Modelle der Finanzierung und vor allem neue Modelle und Formen der Entwicklung und der Zusammenarbeit brechen sich mehr und mehr Bahn. Der Einfluss der USA, dem Ausgangspunkt dieses neuen, erstmalig globalen Golden Age of Television auf die deutsche Produktionslandschaft ist unübersehbar – zumindest, was die Begrifflichkeiten betrifft: Allerorten schießen „Writers' Rooms" aus dem Boden, immer öfter ist von „Showrunnern" die Rede – auch wenn nicht alle Akteur:innen dasselbe mit diesen Begriffen meinen. Die mittlerweile ganz selbstverständliche und teilweise inflationäre Verwendung dieser Begriffe heißt noch lange nicht, dass wir deshalb ebenso beständig, ebenso effizient und in ebenso großer Breite serielle Qualität herzustellen in der Lage wären wie die Kolleg:innen jenseits des Atlantiks.

Klar, das ist ein völlig anderer Markt. Was aber viel entscheidender ist und was die US-Kolleg:innen uns im Wesentlichen voraushaben: einen breiten und allgemein akzeptierten Konsens darüber, in welcher Weise TV-Serien sowohl hochwertig als auch effizient entwickelt und hergestellt werden können. Diese vereinheitlichte Professionalisierung ist in den USA untrennbar verbunden mit einem komplexen Arbeitsmodell, das in eine durchökonomisierte Serienherstellungsstruktur eingebettet ist und *alle* Gewerke und Produktionsetappen umfasst: das Modell Writers' Room. Es mag uns angesichts der künstlerischen Qualität vieler US-Serien verwundern, doch dieses Arbeitsmodell entstand aus ausschließlich ökonomischen Gründen, was in den USA – anders als bei uns in Deutschland und Europa – in keinerlei Widerspruch zu Relevanz und Anspruch steht.

Das Modell Writers' Room setzt auf die Kombination größtmöglicher kreativer Freiheit und künstlerischer Synergie auf der einen Seite und strengsten Vorgaben, Schedules, Methoden und Hierarchien auf der anderen und reglementiert den gesamten Produktionsprozess – von der ersten Idee bis zur endgefertigten Serienepisode. Mit einer Art CEO an der Spitze, der die Verantwortlichkeiten unserer Chefautor:innen, Producer, Produzent:innen und Regisseur:innen in einer Person vereinigt: dem Showrunner. Ein Writers' Room ist also beileibe nicht einfach nur ein Raum voller Autor:innen, das ist eines der ersten Missverständnisse. Ein paar Tage zusammen im Team brainstormen ist kein Writers' Room. Und eine Autor:in, die ein Mitspracherecht beim Casting oder gar der Auswahl der Regie hat, ist noch lange kein Showrunner.

Nach den ersten Jahren des neuen deutschen Serienbooms scheint der ganz große Glamour dieser schicken US-Begriffe nun ein wenig verblichen zu sein. Gut so! Denn jetzt kann der ersten Begeisterung die nötige und konsequente Professionalisierung folgen. Denn wenn wir mit diesem komplexen Modell arbeiten wollen, müssen wir uns die nötigen Kompetenzen aneignen. Und dazu braucht es zunächst ein einheitliches Verständnis der Prozesse und Arbeitsweisen, ein Wissen darum, was ein Writers' Room im Kern ist, wie er funktioniert, welche Tools er verwendet und was einen echten Showrunner definiert. Das ist – neben unserer professionellen Leidenschaft für dieses extrem effiziente Stoffentwicklungsmodell – einer der Gründe, warum wir dieses Buch geschrieben haben.

Machen wir uns nichts vor: Es ist schwierig, diese sehr US-amerikanische Arbeitsweise in unserem System anzuwenden. Und das hat viele Gründe, über die wir in diesem Buch sprechen wollen. Auch, wenn es gar nicht zwangsläufig unser Ziel sein sollte (und kann), das US-System eins zu eins auf den deutschen Markt zu übertragen, ist es aus unserer Sicht sinnvoll, die dem Writers' Room Ansatz zugrunde liegenden Prinzipien wirklich zu durchdringen – und erst dann daraus abzuleiten, was für uns für welches Format, in welchem Kontext sinnvoll ist. Und auch für wen. Denn es ist natürlich absolut legitim, als Produktionsfirma oder Sender anders zu entwickeln oder als Autor:in nicht in einen Writers' Room gehen zu wollen. Die Entscheidung aber, in dem Modell Showrunner/Writers' Room zu arbeiten bzw. es wirklich ernst zu nehmen, hat weitreichende Konsequenzen auf verschiedenen Ebenen, sowohl im konkreten Entwickeln und Schreiben als auch produktionell, strukturell und nicht zuletzt finanziell.

Der German Room richtet sich deswegen an alle, die mit dem US-Modell arbeiten und dessen überaus komplexe Systematik verstehen wollen. Uns geht es dabei nicht darum, die US-Entwicklungskultur als einzig mögliche Idealnorm zu romantisieren und unsere Traditionen despektierlich über den Haufen zu werfen. Ganz im Gegenteil: Wir wünschen uns, das Beste beider Serienherstellungswelten miteinander zu verbinden, um die künstlerische Eigenheit europäischer Traditionen und die professionelle und ökonomische Effizienz des US-Modells miteinander in Einklang zu bringen.

Am Ende werden wir als Branche unseren eigenen Weg finden, unsere (zukünftigen) Standards selbst definieren und verbindlich verabreden müssen. Dabei können wir nicht nur von den US-Kolleg:innen lernen, sondern auch von den stetig zunehmenden Erfahrungen deutscher und auch europäischer Writers'-Room-Modelle und -Ansätze profitieren. Wir sind der Überzeugung, dass sich der Trend der konsequent kollaborativen Entwicklung und die längst überfällige Aufwertung der Autor:innen nicht länger aufhalten lassen. Und – als Schlüsselelemente erfolgreichen seriellen Erzählens – auch nicht aufgehalten werden sollten, wenn wir als deutsche Branche zukunftsfähig bleiben und als Kreative das volle Potenzial dieser aufregenden Gattung Serie freilegen wollen.

In Zeiten von global wie lokal permanent steigender Nachfrage und Konkurrenz und immer höheren qualitativen Ansprüchen (bei Macher:innen und Publikum) darf es zudem kein Tabu mehr sein, über die Optimierung und Ökonomisierung von Strukturen und Prozessen nachzudenken, die letztendlich aus einer anderen Ära stammen. In der es weder an Personal, Zeit oder Geld ernsthaft mangelte und es aus einem historischen Trauma heraus auf allen

Ebenen stets galt, die Zentrierung von Entscheidungsgewalt institutionell zu verhindern – was zu einem schwerfälligen Apparat geführt hat. Eine weitere Hürde bei der Etablierung eines wie auch immer gestalteten „German Rooms" ist unseres Erachtens auch unser kulturelles und strukturelles Mindset, das die Übertragung vieler Prinzipien des US-amerikanischen Originals für uns zu einer ganz besonderen Herausforderung macht.

Deshalb beschäftigen sich die ersten beiden Kapitel dieses Buches auch erst einmal mit der Frage, welche kulturhistorischen Begrifflichkeiten, Traditionen und Arbeitsweisen die Stoffentwicklung in Deutschland geprägt haben und immer noch dominieren. Wie und warum das US-System in vielen Aspekten diametral anders funktioniert, wollen wir im Anschluss beleuchten und dafür zunächst die historische Entwicklung im dortigen Markt skizzieren, um schließlich die Toolbox der US-Serienentwicklungsmethodik Writers' Room detailliert vorzustellen. In den letzten beiden Kapiteln dieses Buches werden wir diverse aktuelle deutsche Writers'-Room-Ansätze analysieren und abschließend konkrete Vorschläge und Empfehlungen für ein sinnvolles Adaptieren der US-Vorgänge in unserer Branche zur Diskussion stellen. Wir wollen für Einsteiger:innen ebenso wie für Brancheninsider innerhalb und außerhalb Deutschlands Begrifflichkeiten (er-)klären, im besten Fall Unklarheiten beseitigen und außerdem (neue) Definitionen vorschlagen – unsere Version eines German Rooms.

Unser Buch versteht sich dabei nicht als dogmatisches One-fits-all-Patentrezept, sondern soll anregen und die immer noch spürbare Euphorie in der deutschen Serienbranche jetzt und in naher Zukunft mit innovativen Ideen, dem Mut zur Veränderung und einer umfassenden Professionalisierung im System Writers' Room weiter befeuern. Hierzu laden wir nicht nur die Leser:innen dieses Buches, sondern die gesamte Branche ein. Denn wir sind überzeugt: von einem klug durchdachten, stringent konzipierten und konsequent umgesetzten German Room profitieren wir alle – und unsere Serien am allermeisten.

I. DIE DEUTSCHEN UND IHRE SERIEN

Um den gängigen Missverständnissen vorzubeugen, die das Sprechen über den Writers' Room hierzulande hartnäckig begleiten, wollen wir zu Beginn einige Begriffe etwas näher beleuchten. Gerade im Bereich der Stoffentwicklung von TV-Serien kursieren im US-amerikanischen und im deutschen bzw. europäischen System sehr unterschiedliche Vorstellungen – und wir behaupten, dass bereits die Herkunft, die Verwendung und die Definition einiger Begrifflichkeiten es uns erschweren, das US-amerikanische Prinzip des Writers' Rooms erfolgreich auf unseren Markt zu übertragen.

Aber bleiben wir in Europa, schließlich lernten die Bilder hier laufen, und zwar als kommerzielle Jahrmarktsattraktion. Über die Jahre entwickelte sich in Deutschland aus dem neuen Medium neben der kommerziellen Filmkultur aber schließlich auch die staatlich geförderte Kunstform Film, die nach dem Zweiten Weltkrieg kommerzielle Perspektiven erst einmal in den Hintergrund drängte. Und genauso geschah dies beim Fernsehen: Das fiktionale deutsche Fernsehen hat insofern seinen Ursprung für uns viel unmittelbarer in der Filmkunst und nicht im Kommerz. Womöglich deshalb betrachten und bewerten wir auch TV-Autor:innen – auch heute noch – eher aus einer schriftstellerischen und damit künstlerischen Perspektive.

1. KUNST VERSUS KOMMERZ

„Ist das Kunst oder kann das weg?" bis „Das ist doch kommerzieller Dreck!" – diese Aussagen umreißen ungefähr die Pole und auch die Vorbehalte, zwischen denen sich Kulturschaffende, und insbesondere eben auch Medienschaffende hierzulande immer noch allzu oft positionieren müssen. Die Wertigkeiten, die sie implizieren, scheinen dabei unvereinbar: hier die hohe Kunst, dort der niedere Kommerz. Wer sich als Künstler:in versteht, muss sich rechtfertigen, wenn er oder sie auch Geld verdienen will, wer die brotlose Kunst wählt, wird von den einen bejubelt, von anderen mitleidig belächelt, weil: Geld kann man damit ja wohl nicht verdienen. Um in ihrer jeweiligen Branche überleben zu können, müssen Kreative und Medienschaffende also erst einmal herausfinden, wo und wie sie sich positionieren wollen oder wie sie sich verhalten müssen, um es sich weder mit dem einen noch mit dem anderen Lager zu verscherzen. Von den einen gibt es die Anerkennung, von den anderen in der Regel das Geld. Ob diese Dichotomie sinnvoll bzw. angemessen ist, wird dabei nicht wirklich infrage gestellt.

Doch woher kommen diese Wertvorstellungen eigentlich? In der Regel werden sie uns ganz explizit vermittelt: in der Familie, durch den Freundeskreis, den öffentlichen Diskurs oder in der Ausbildung. Ob bewusst oder unbewusst haben sie sich aber auch durch ein über Jahrhunderte gewachsenes kulturelles Verständnis eingebrannt. Eines der wirkmächtigsten ist dabei die Vorstellung der brotlosen Künstler:in – manifestiert zum Beispiel in dem Gemälde „Der arme Poet" (1839) von Carl Spitzweg. Historisch gesehen verstehen wir in Europa Kunst seit der Aufklärung als Ausdrucksform der Schönen Künste und den Film neben Tanz und Theater als eine Unterkategorie der Darstellenden Künste, das ist quasi unsere begriffliche Ursuppe. Auch wenn die Realität uns eines Besseren belehrt und Kunstwerke seit Jahrhunderten gehandelt, beurteilt, verkauft und auch höchst kommerziell betrachtet werden, sind für uns vor allem zwei Begriffe prägend: der künstlerische Ausdruck als *inneres* Bedürfnis der Künstler:in zum einen und quasi das Verbot, daraus *materiellen Gewinn* zu erzielen: „Kunst ist (...) weniger das, was Kritiker und Spekulanten für wertvoll und handelbar halten, sondern vielmehr all das, worin der Künstler ein Stück von sich selbst gegeben hat."[1] Es gehört für uns – etwas zugespitzt formuliert – durchaus zum künstlerischen Selbstverständnis, sich a) überwiegend verkannt zu sehen, b) Beurteilungen durch andere tendenziell als persönlich und unangemessen wahrzunehmen und c) materiellen Erfolg keinesfalls als Antrieb, sondern vielmehr als suspekt zu empfinden.

Natürlich sind filmische, serielle oder sonstige mediale Bild-Erzeugnisse immer auch Kulturgüter und können selbstverständlich Kunst sein. Dennoch ist zu konstatieren, dass die – bewusste oder unbewusste – Einordnung von Filmen oder Serien und vor allem auch deren Drehbücher in die Kategorie künstlerisches Erzeugnis nicht unbedingt immer zutreffend und erst recht nicht immer hilfreich ist. Denn auch wenn das Fernsehen sowohl kulturell als auch technisch natürlich eine Fortentwicklung des Films darstellt, so ist die TV-Fernsehserie – und die ist ja der Gegenstand unserer Betrachtung – ihrem Wesen nach ein kommerzielles Produkt, das seinen Ursprung im US-amerikanischen Werbefernsehen hat. Genauer gesagt, in den sogenannten Daily Soaps, die wiederum ihren Ursprung im kommerziellen, werbefinanzierten Radio haben.[2] Diese Herkunft und auch oft der Zweck heutiger serieller Entwicklungen werden von uns oft verdrängt, stattdessen wird der Ursprung der modernen Fernsehserie neben dem Arthouse-Kino auch häufig in der Literatur verortet, einer ganz klar künstlerischen Kulturpraxis also[3] – die US- und die kontinentaleuropäische Perspektive unterscheiden sich diesbezüglich grundlegend.

Die hierzulande nicht selten despektierliche Haltung gegenüber der Unterhaltungsbranche fußt dabei auch auf der ursprünglich aus der Musikindus-

---

1 Siehe http://artfocus.com/kunst/.

2 Daily Soaps sind mit großem Ensemble konsequent horizontal und mit mehreren parallel erzählten Storylines angelegte, günstig produzierte Endlosserien, deren einfache Handlung sich zumeist aus stark dramatisierten zwischenmenschlichen Konflikten aller Art speist und die täglich – meist in der Daytime oder am Vorabend – ausgestrahlt werden.

3 Serielle Formen finden sich in allen kulturellen Bereichen und natürlich bilden alle seriellen Ausdrucksformen einen Referenzraum füreinander. Der Roman oder der Fortsetzungsroman vor allem aus dem 19. Jahrhundert gelte zum Beispiel laut Harald Keller als direkter Vorläufer serieller Kino- und Fernsehformen. Wenn der Autor auch direkt darauf verweist, dass es sich bei den Fortsetzungsromanen dieser Zeit sehr wohl auch um kommerziell gedachte Produkte handelte, die teilweise tatsächlich auch in Writers' Room ähnlichen Strukturen entstanden. Vgl. Harald Keller: Vom Fortsetzungsroman zum TV-Event. In: epd film 5/21.

trie stammenden und immer noch wirkmächtigen Unterscheidung zwischen ernsthafter (sprich: relevanter) Kunst auf der einen Seite (E) und (kulturell unbedeutender) Unterhaltung (U) auf der anderen. Einige tonangebende Filmschaffende der deutschen Nachkriegsära sagten sich 1962 mit dem Oberhausener Manifest von „Papas Kino" los, welches die Nazizeit verschwieg und das aufs Vergessen versessene deutsche Publikum mit (extrem erfolgreichen) Heimatfilmen einlullte. Bis in den medienkritischen Diskurs der 1970er und 80er Jahre wurde alles – also auch die meisten Fernsehserien –, was nicht auf Bildung und Erbauung, sondern primär auf Unterhaltung ausgerichtet war, als trivial gebrandmarkt, als: gewöhnlich, bedeutungs- bzw. niveaulos, ohne bemerkenswerten Ideengehalt.[4]

Der Film als Kunstwerk manifestierte sich in Deutschland aber nicht nur in Fachpresse und Feuilleton, sondern auch auf anderen Ebenen – eine davon ist zum Beispiel das Gütesiegel der 1951 gegründeten Behörde Deutsche Film- und Medienbewertung (FBW). Beurteilt wird von ihr die künstlerische Gestaltung eines Films im Zusammenhang mit den sittlichen Grundlagen der Kultur.[5] Mit dem Siegel „wertvoll" oder gar „besonders wertvoll" lassen sich by the way nicht nur werbestrategische, sondern auch finanzielle Vorteile bei der Vermarktung erzielen. Vor allem wird hier jedoch eine Wertigkeit vermittelt, die sich tief in unsere Köpfe und auch in unseren Sprachgebrauch eingebrannt hat: Kunst = wertvoll. Ist eine kommerzielle Serie womöglich deshalb nur dann wirklich von Wert, wenn sie auch Kunst ist? Ein kompliziertes Verhältnis, denn Qualität definiert sich ja nicht ausschließlich durch künstlerischen Anspruch, erst recht nicht bei einer kommerziellen TV-Serie – und dennoch müssen Medienschaffende und ihre Produkte sich immer wieder mit diesem Maßstab messen lassen.

Während der hochwertige bzw. anspruchsvolle Film also aus seiner europäischen Historie heraus als Kunstform bewertet wurde und immer noch wird, sehen wir die moderne, hochwertige TV-Serie, wie sie sich uns seit

---

4   Siehe hierzu: Neil Postman: Wir amüsieren uns zu Tode. Frankfurt am Main 1985.
5   Vgl. https://www.fbw-filmbewertung.com.

einigen Jahren präsentiert, von ihrem Ursprung her als ein kommerzielles Produkt.[6] US-amerikanische Serien folgen dabei seit ihren Anfängen konsequent ihrer kommerziellen Bestimmung: Die inhaltliche Ausrichtung ist auf die Befriedigung des Publikums ausgelegt und ihr *Wert* bemisst sich in der systemimmanenten Währung „kommerzieller Erfolg". Die Entwicklung und Herstellung wird zudem konsequent unter dem Gesichtspunkt der Profitabilität und Qualitätsmaximierung organisiert – genau dafür steht der Writers' Room, wie wir später ausführlich darlegen werden. Und selbst dann, wenn es sich um eine Serie handelt, die gar kein breites Publikum erreicht/erreichen muss, wird das Format auf indirekte Weise sehr wohl kommerziell gedacht.[7]

So leicht machen wir es uns in Europa nicht: da kreative Prozesse – also auch die Entwicklung und Erstellung von Drehbüchern – aus der europäischen Tradition heraus viel eher als künstlerische Arbeit verstanden werden, müssen sie womöglich aus diesem Grund nicht organisiert, sondern eher möglichst unauffällig begleitet werden. Ökonomische Effizienz und Kommerzialisierung sind in diesem Zusammenhang tendenziell suspekt und haben meist eine abwertende Konnotation. Und so haftet kreativen Produkten, die ein breites Publikum erreichen wollen und auf Gewinnerzielung ausgerichtet sind, in Deutschland oft etwas Anrüchiges an. Aber genau diese Gewinnabsicht steht in der Regel hinter der Entwicklung von Drehbüchern für TV-Serien.

2. DAS (SELBST-)VERSTÄNDNIS DEUTSCHER SERIENAUTOR:INNEN

Die kulturhistorisch behauptete Unvereinbarkeit von künstlerischem und kommerziellem Streben betrifft insofern nur folgerichtig auch das Verständnis, aber auch das Selbstverständnis von Medienschaffenden und die Haltung gegenüber ihren Produkten. Autor:innen sind zunächst einmal Personen, die ein sprachliches Werk verfassen – so weit, so gut, möchte man meinen. Doch die Berufsbezeichnung TV- bzw. Serienautor:in gilt hierzulande beileibe nicht

---

6   Dies bedeutet weder, dass es keine als „wertvoll" eingestuften kommerziellen Filme gibt, noch, dass es keine kommerziell erfolgreichen Serien mit künstlerischem Anspruch gibt.

7   Vgl. Kap. III. 1.

als Gütesiegel und kann in bestimmten Umfeldern durchaus als defizitär wahrgenommen werden: Kann der/die keinen Film?! Meint: Kino. Obwohl wir in Deutschland schon so viele Jahre so viel Spaß mit TV-Serien haben, galten sie lange als die kleine ungeliebte Schwester des großen Films. Und dies hat logischerweise auch das Selbstverständnis der Akteur:innen geprägt. Flächendeckende und auch vom tonangebenden Feuilleton geteilte Begeisterung für Serien, das gibt es bei uns in Deutschland erst seit wenigen Jahren. Und wir meinen in diesem Zusammenhang Formate, die als TV-Serien gedacht, entwickelt und produziert werden – und nicht als seriell wahrgenommene Reihen oder (Kino-)Mehrteiler, wie etwa die epochale HEIMAT-Trilogie von Edgar Reitz.

Zwar sorgt die vergleichsweise neue, auch kulturelle Anerkennung der Gattung (Qualitäts-)Serie inzwischen für ein gewisses Maß an Aufwertung, aber beileibe noch nicht überall. Ein hochgradig spezialisierter Serien-Profi kann genauso gut etwas mitleidig als Fachidiot bezeichnet werden – und da wird die Spezialisierung zumindest anerkannt. Als besonders erfolgreich gilt jedoch nach wie vor, wer jedes Genre, jeden Sendeplatz und jedes nur erdenkliche Format bedienen kann – den eigenen Arthouse-Film genauso wie die Vorabendserie. Eine Art Universalgenie, dem die Vorstellung der genialischen Autor:in zugrunde liegt, wie sie sich ab der Mitte des 20. Jahrhunderts in verschiedenen filmischen Strömungen in Europa manifestiert hat: Angefangen mit dem Italienischen Neorealismus (ab 1943) über die Nouvelle Vague (ab 1959) und dem Neuen Deutschen Film (ab 1962) bis hin zur Dogma-Bewegung (ab 1995) – in all diesen Strömungen stand der Autor (vorwiegend männlich) als Filmemacher, als Auteur, im kreativen Zentrum bei der Erschaffung von Filmkunst.

Grundsätzlich ist diese Fokussierung auf *einen* kreativen Kopf für das Verständnis der Funktionsweise des Writers' Rooms durchaus zuträglich, unserer Erfahrung nach wurde dieses kreative Epizentrum aber weniger als inhaltliches und produktionelles Mastermind, sondern – typisch europäisch eben – viel mehr als künstlerisches Genie interpretiert. Denn auch der Geniegedanke hat im europäischen Diskurs eine tief verwurzelte Tradition.

EXKURS: DAS KÜNSTLERISCHE GENIE

Während im englischen Sprachraum das Wort für Genie vom lateinischen *genius* übernommen wurde (Verkörperung der männlichen Kraft und also ausschließlich dem Manne innewohnend ... no comment) leitet sich der europäische Geniebegriff von Lateinisch *ingenium* ab, welches ein natürliches, angeborenes Talent bezeichnet. Immanuel Kant vereinte diese beiden Genie-Begriffe[8] und viele große europäische Denker – von Goethe über Humboldt bis Novalis – haben in der Folgezeit ihre eigene Interpretation geliefert. Aus dieser Vielfalt ist in unseren Köpfen vor allem eines hängengeblieben: Kreativität und Genialität sind (scheinbar) untrennbar miteinander verbunden.[9] Dieser Geniegedanke verfolgt die im deutsch-traditionellen Sinne als Künstler:innen betrachteten TV-Autor:innen insofern von Anbeginn an – und hat sich wenig überraschend auch in die Bewertungsschemata von TV-Serien eingegraben.[10]

Der Wert und damit das Ansehen erfolgreicher (westdeutscher) Serienautor:innen erfolgte dabei lange in feinen Abstufungen: Ausgehend von der Tradition des (künstlerisch wertvollen) Autorenfilms, der Deutschland in der Nachkriegszeit endlich wieder internationale Aufmerksamkeit bescherte, standen europäische Autorenfilmer (vornehmlich männlich) lange ganz oben auf der Reputations-Treppe, wenn sie eine Serie machten, auch im Fernsehen. Ähnlich angesehen war der geniale Romanautor (auch gerne männlich), der zudem das Talent zu breitenwirksamer, aber gehobener Unterhaltung hatte und in Verbindung mit einem ebenso genialen Regisseur (männlich) deutsche TV-Geschichte geschrieben hat.[11] Die Unterscheidung zwischen E und U schlägt dabei auch hier und bis heute voll durch: Der als hochwertig beurteilten

---

8   Vgl. Immanuel Kant: Kritik der Urteilskraft. Diverse Ausgaben.
9   Vgl. Mark A. Runco und Garrett J. Jaeger: The Standard Definition of Creativity. In: Creativity Research Journal. Band 24, Nr. 1, Januar 2012.
10 Interessanterweise ist der englische Begriff „artist" deutlich wertneutraler und meint einfach Personen, die sich in welcher Form auch immer kreativ betätigen, und impliziert keinerlei Widerspruch zur Kommerzialität.
11 Wie zum Beispiel Süskind und Dietl.

Qualitäts-Serie wird mehr Respekt gezollt als dem reinen Unterhaltungsformat, wie etwa einer lang laufenden Vorabendserie.

Diesem Bewertungsmuster folgend wird reinen TV-Autor:innen nicht die gleiche Anerkennung zuteil wie Romanautor:innen, die auch Drehbücher schreiben; überhaupt gibt es die Berufsbezeichnung Serienautor:in erst seit wenigen Jahren. Einzige Ausnahme bilden hier die Heerscharen von (bekennenden oder anonymen) Soapautor:innen, die seit den 1990er Jahren äußerst produktiv und erfolgreich ihren Job machen. Was jedoch das Renommee betrifft, stehen die „Soapies" ganz unten auf der Wertschätzungs-Skala.[12] Außerhalb ihres eigenen Kosmos wird ihnen professionelle Anerkennung weitgehend verwehrt, und da ihre Werke keinerlei künstlerischen Anspruch erheben, sondern kommerzielle Produkte sind, gelten sie auch in der breiten öffentlichen Wahrnehmung als trivial und deswegen als künstlerisch wertlos.

Dem künstlerischen Genie wird hingegen zwar nicht unbedingt immer Respekt, aber zumindest Anerkennung gezollt – die sich zwar nicht finanziell, wohl aber in der Verleihung von Preisen manifestiert. Darüber hinaus wird allgemein angenommen, dass das künstlerische Genie vornehmlich alleine arbeitet, der Entstehungsprozess des jeweiligen Kunstwerkes unergründlich ist und keinen erlernbaren Regeln folgt. Auch diese Charakterisierung ist natürlich zugespitzt, doch wir behaupten, dass sich in unseren Hinterköpfen dieser Geniegedanke in einer Art und Weise eingenistet hat, die der unvoreingenommenen Begegnung mit dem US-Modell Writers' Room nicht zuträglich ist.

Neben dem Geniegedanken ist aber auch die Betrachtung von fiktionalen Schriftwerken jedweder Art als Kunstwerk ein weiterer Stolperstein auf dem Weg in den US-amerikanischen Writers' Room.

---

12   Völlig zu Unrecht, denn sie sind hochspezialisierte und extrem gut ausgebildete Profis, die für eine Arbeit im Writers' Room bestens gerüstet sind, da sie das Prinzip industrieller, arbeitsteiliger Serienentwicklung und -produktion im Team ganz selbstverständlich und uneitel umsetzen. Mehr dazu in Kap. V. 1.

3. DAS DREHBUCH ALS (KUNST-)WERK

Im Tagesgeschäft ist ein Drehbuch zunächst einmal von juristischer Seite ein „Werk" – in Verträgen werden Drehbücher konsequent so bezeichnet, es geht um verbindliche Vereinbarungen bezüglich Leistung und Entlohnung. An sich erstmal wertfrei, führt auch dieser Begriff unter Umständen in eine falsche Richtung: Wenn wir „Werk" sagen, denken wir nicht eher an *Kunstwerk* als an *Handwerk*? Können wir uns die einsame Autorin in ihrem Kämmerlein nicht genauso leicht vorstellen, wie den scheuen Poeten, der sich in der Abgeschiedenheit seiner (natürlich kalten und zugigen) Mansarde mit der Erstellung seines nächsten Kunstwerkes abmüht? Mag sein. Aber auch auf der faktischen Ebene wird die künstlerische Interpretation unterstützt: So wie eine Künstler:in mit der Signatur die Echtheit eines Kunstwerkes bescheinigt, müssen Drehbuchautor:innen per Unterschrift versichern, dass sie alleinige Urheber:innen und Verfasser:innen ihres Werkes sind.[13] Diese Fixierung auf die Einzelleistung und das fertige Drehbuch als *das* geldwerte Endprodukt negiert zudem sowohl strukturell als auch finanziell den kreativ viel wichtigeren und zeitaufwendigeren Prozess der Stoffentwicklung – das Herzstück des US-amerikanischen Writers'-Room-Modells.

Sicherlich kann und soll man Drehbücher für ihre Kunstfertigkeit wertschätzen und sie können natürlich auch wahre Kunstwerke sein. Aber: Für das Verständnis der Arbeits- und Funktionsweise des Arbeitsmodells ist es viel hilfreicher, insbesondere ein TV-Seriendrehbuch nicht als Individualleistung oder als (Kunst-)Werk, sondern als gemeinschaftlich entwickeltes *Werkstück* zu begreifen – ein Wort, das in unserem Sprachgebrauch eher im Handwerk und der Industrie Verwendung findet. Und die Kombination dieser beiden Begriffe ist durchaus sinnvoll, um ein Serien-Drehbuch etwas weniger verklärt als das zu betrachten, was es im Grunde ist: als ein Werkstück in einem Prozess, an dessen Ende das fertige Produkt steht. Und dieses Endprodukt ist nicht ein wunderbar zu lesendes Drehbuch einer einzelnen Episode, sondern eine Serienstaffel, deren Ausstrahlung eine erfolgreiche kommerzielle Auswertung zum Ziel hat.

---

13   Sofern nicht explizit eine gemeinschaftliche Urheberschaft vereinbart wird – mehr dazu in Kap. VI. 4.

4. DIE ENTSTEHUNG DER DEUTSCHEN SERIENLANDSCHAFT

Serielles Erzählen wurde nicht vom Fernsehen erfunden und ist auch beileibe nicht auf dieses Medium beschränkt, sondern findet in allen möglichen Formen statt: in der mündlichen Überlieferung genauso wie in der Musik, der Fotografie und natürlich der Literatur. Das fortgesetzte Erzählen einer Geschichte kann guten Gewissens als „Grundkonstante der menschlichen Kommunikation" bezeichnet werden.[14] Angefangen bei frühen Höhlenzeichnungen, über Homer oder den Erzählungen von Scheherazade von 1001 Nacht, über Comicstrips und Zeitungs-Fortsetzungsromane gelten wie schon erwähnt Radioserien gemeinhin als die direkten Vorläufer der TV-Serie, wie wir sie heute kennen.

Während das US-amerikanische Publikum schon in den 1940er Jahren mit werbefinanzierten Programmen in Kontakt kam, fand unsere Fernseh-Sozialisation im geteilten Nachkriegs-Deutschland durch einen beitragsfinanzierten (Westdeutschland) bzw. staatlich finanzierten (Ostdeutschland) Rundfunk statt. Nachdem die Nationalsozialisten den öffentlichen Rundfunk so gründlich für ihre Zwecke missbraucht hatten, war das Misstrauen gegenüber Massenmedien groß und entsprechend ausgefeilt war die jeweilige Gesetzgebung. Während im Westen das öffentlich-rechtliche Fernsehen bis heute von einer demokratischen, nichtstaatlichen Kommission überprüft wird, war das Fernsehen im Osten konsequent staatlich kontrolliert.

Bis zum Start der ersten Privatsender im Westen war die öffentlich-rechtliche bzw. staatliche Monopolstellung hüben wie drüben absolut unangefochten. Erst in den 1980ern mit dem Aufkommen des Privatfernsehens gewann das Publikum mit seinen Bedürfnissen wirtschaftlich wieder an Bedeutung – eine Tendenz, die mit Pay-TV in den 1990ern und Streaming-Plattformen im neuen Jahrtausend schließlich voll zur Entfaltung kam.

Vor diesem Hintergrund wollen wir die inhaltliche und formale Entwicklung der Fernsehserie in Deutschland in ihrem historischen Kontext grob umreißen – denn auch diese hat unser Denken darüber geprägt, was Serien sind bzw. zu sein haben.

---

14   Markus Schleich und Jonas Nesselhauf: Fernsehserien. Geschichte, Theorie, Narration. Stuttgart 2016, S. 13.

DIE FRÜHEN JAHRE: 1916 – 1949

Bereits zu Beginn des filmischen Erzählens am Anfang des vergangenen Jahrhunderts zeigte sich die ausgeprägte Krimileidenschaft der Deutschen, die unser (analoges) Fernsehprogramm bis heute so nachhaltig prägt: gleich mehrere sogenannte (Kino-)Serienfilme erfreuten sich zwischen 1916 und 1926 größter Beliebtheit, PHANTOMAS oder HARRY HIGGS hielten das Kinopublikum beispielsweise über Monate in Atem.[15] Die Episodenlänge dieser ersten Stummfilm-Serienformate lag interessanterweise bereits zwischen 60 und 70 Minuten Spiellänge, die Episodenanzahl zwischen 16 und 36. Die Produktion dieser ersten Serienvorläufer brach allerdings mit dem Ende der Stummfilmära ab, die Nationalsozialisten entwickelten bekanntlich ihre eigenen medialen Strategien – TV-Serien für das brandneue Medium Fernsehen gehörten nicht dazu. Stattdessen standen propagandistisches Filmgut und die Übertragung von Großevents (wie beispielsweise der Olympischen Spiele 1936) im Fokus. Generell erlahmte während der Kriegsjahre die technische Weiterentwicklung des Fernsehens, sowohl in den USA als auch in Europa. Erst nach 1945 entwickelte sich wieder eine nennenswerte Serienkultur – zunächst einmal im Radio. Vor allem die Radioserie DIE HESSELBACHS erfreute sich im Nachkriegsdeutschland einer hohen Beliebtheit. Die Familienserie des Hessischen Rundfunks wurde von 1949 bis 1956 zunächst als Hörspiel gesendet und versinnbildlicht die nahtlose Transformation von der Radio- zur TV-Serie: von 1960 bis 1967 wurde das Format als Fernsehserie in drei Staffeln mit insgesamt 51 Episoden produziert und ausgestrahlt.

DIE HALBSTARKEN: 1950ER UND 60ER JAHRE

Dennoch: „die Stigmatisierung als triviale Erzählform", aber auch programmpolitische und medienökonomische Aspekte bremsten in der nachkriegsdeutschen Bundesrepublik lange Zeit das Entstehen von eigenproduzierten Fernsehserien.[16] In den 1950er Jahren bemühte man sich zwar um die kulturelle Aufwertung des Fernsehens, doch die begrenzten Finanzmittel und die Aufteilung der Programmproduktion zwischen den anfangs sechs, später

---

15 Für die, die es genauer wissen wollen: JOE DEEBS (1915–22) 36 Episoden, PHANTOMAS und HARRY HIGGS (beide 1916–20) 16 bzw. 20 Episoden, HARRY HILL (1918–26) 23 Episoden.
16 Vgl. Knut Hickethier: Die Fernsehserie und das Serielle des Fernsehens. Lüneburg 1991, S. 19.

neun Rundfunkanstalten der ARD führten dazu, dass in den 1950er Jahren lediglich eine einzige lang laufende deutsche Familienserie vom größten und finanzstärksten Sender NWDR (Nordwestdeutscher Rundfunk) produziert wurde: FAMILIE SCHÖLERMANN.[17]

Die bereits im Kino etablierte Krimitradition fand 1953 mit dem semi-dokumentarischen AKTENZEICHEN-XY-Vorläufer DER POLIZEIBERICHT MELDET (1953–1958) ihre Fortsetzung. Erfinder Jürgen Roland entwickelte aus diesem ursprünglich eher didaktisch-aufklärerischen Format und mit den Drehbüchern von Wolfgang Menge schließlich den Publikumsmagneten STAHLNETZ (1958–1968), der als Vorläufer der TATORT-Reihe gilt. Der NDR startete 1959 die (horizontal erzählte) Krimiserie DER ANDERE mit sechs Episoden à 35 Min. nach der Romanvorlage des erfolgreichen englischen Krimiautors Francis Durbridge. Auch in der DDR war Krimi Trumpf, hier gab die Serie BLAULICHT (1959–1968) einen realitätsnahen Einblick in die Arbeit der Kriminalpolizei.

Doch es ging auch unblutig, die Geburtsstunde eines gänzlich anderen TV-Klassikers soll an dieser Stelle nicht unerwähnt bleiben: das SAND-MÄNNCHEN, bis heute fester Bestandteil frühkindlicher (serieller) Sozialisation in Ost- und Westdeutschland, ging 1959 auf Sendung.[18] Eigenproduzierte, rein fiktionale Serien blieben jedoch hüben wie drüben die Ausnahme, eine solche war 1959 in der BRD zum Beispiel die Kriegsliteraturverfilmung und erste westdeutsche Mini-Serie, die nicht dem Krimi zuzuordnen ist: SO WEIT DIE FÜSSE TRAGEN (sechs Episoden).

Im Osten Deutschlands begann 1969 mit dem Sender DFF2 das Zeitalter des Farbfernsehens. Im Westen hatte bereits 1963 das Zweite Deutsche Fernsehen seinen Sendestart – und so hielten zu Beginn der 1960er Jahre im westdeutschen Fernsehen zunehmend US-amerikanische Serien Einzug ins Hauptabendprogramm. Die bis heute andauernde Konkurrenz zwischen ARD und ZDF belebte letztendlich im Westen das Geschäft mit eigenproduzierten

---

17 1954–1960, 111 Episoden.
18 SFB und der DFF produzierten und sendeten von 1959 bis 1989 jeweils ihre eigenen Formate, seit der Wiedervereinigung wird das gesamtdeutsche SANDMÄNNCHEN von der ARD produziert.

Serien- und Mehrteilern. Denn die nun langsam einsetzende Zuschauerex-
pansion sorgte nicht nur für eine bessere finanzielle Ausstattung der Fern-
sehanstalten, sondern begünstigte auch eine stringentere Organisation:
statt wenigen geplanten Live-Produktionen setzte man mehr und mehr auf
vorproduzierte Programme – es entstanden Programmstrukturen mit festen
Sendeplätzen. Serien als langfristig kalkulierbare Programmbausteine wurden
immer attraktiver und erwiesen sich zudem als ideales Umfeld für das sogenannte Werberahmenprogramm.[19]

Der Bayerische Rundfunk war hier Vorreiter und gründete bereits 1949 die
Bayerische Werbefunk GmbH, in den folgenden Jahren folgten auch die anderen Rundfunkhäuser mit eigenen Werbe-Tochterunternehmen. Während in
den USA bereits seit 1941 Fernsehwerbung ausgestrahlt wurde und gesponser-
tes Programm zur Tagesordnung gehörte, flimmerte im Westen Deutschlands
erst 1956 der allererste TV-Spot (Persil, was sonst) über die wenigen Fernseh-
bildschirme.[20] In der DDR brachten ab 1960 die TAUSEND TELE-TIPS den Konsu-
ment:innen heimische Erzeugnisse der Planwirtschaft nahe. Allerdings nur bis
1975, ab dann waren die Fernsehprogramme der DDR werbefrei.

Inhaltlich war man jedoch nach wie vor skeptisch gegenüber kommerziellen seriellen Erzählformen. Soaps oder Telenovelas, wie sie vor allem in Südamerika schon äußerst beliebt und erfolgreich waren, erschienen den westdeutschen Programmmacher:innen offensichtlich (noch) undenkbar. Dennoch
wuchs in den 1960er Jahren die erste Konsumentengeneration heran, die ihr
Herz schon im Kindesalter an US-amerikanische Serienfiguren verlor: Im westdeutschen Nachmittagsprogramm hielten diverse amerikanische Tier- und
Familienserien Einzug. Reifere Semester erinnern sich gerne an LASSIE, FURY,
FLIPPER und natürlich: BONANZA, etwas später DIE WALTONS.

Der zunehmende Erfolg dieser ausländischen Formate einerseits, andererseits aber der Wunsch des Publikums nach einheimischen Produktionen
und Darsteller:innen, nicht zuletzt aber die überaus erfolgreichen Edgar-

---

19 Flächendeckend startete die ARD erst 1959 mit der Ausstrahlung von Werbefernsehen.
20 Vgl. Cornelia Wystrichowski: Als die Werbung im Fernsehen laufen lernte, www.mainpost.de.

Wallace-Verfilmungen im Kino sorgten dafür, dass die verantwortlichen Programmmacher:innen diesbezüglich mal wieder auf „spannungsgeladene Unterhaltung" setzten: neben einigen weiteren Erfolgsformaten aus Francis Durbridges Feder wurde insbesondere DAS HALSTUCH (ebenfalls sechs Episoden) 1962 zum ultimativen Serienhit: Mit rund 90 Prozent Sehbeteiligung gilt die Ausstrahlung als Geburtsstunde des Begriffs „Straßenfeger".[21] Der horizontale Erzählansatz sollte trotz dieses überwältigenden Erfolges allerdings erst im neuen Jahrtausend eine dauerhafte (serielle) Fortsetzung finden (von den Daily Soaps einmal abgesehen).

In der DDR startete 1965 auf einem Spielfilm-Sendeplatz das serielle Format DER STAATSANWALT HAT DAS WORT und hielt sich dort bis 1991 mit rund 140 Episoden. Erwähnenswert vor allem deswegen, weil hier Bürger:innen gezeigt wurden, die nicht dem sozialistischen Idealtyp entsprachen. Anders als im späteren POLIZEIRUF 110 (seit 1971) stand hier nicht die Aufklärung von Verbrechen im Mittelpunkt, sondern ihr Ursprung: es wurden Probleme des Alltags und gesellschaftliche Fehlentwicklungen benannt, die in keinem anderen Format gezeigt werden konnten. Ein Ansatz, der für uns heute ganz natürlich scheint, für das DDR-Fernsehen der damaligen Zeit jedoch ungewöhnlich und mutig war.

Der Deutschen zweitliebstes Genre, die Familienserie, fand im Westen unter anderem in der Produktion ALLE MEINE TIERE (1962) des Südwestfunks ihren Niederschlag.[22] Drehbuchautor Heinz Oskar Wuttig legte später noch mit weiteren Erfolgsformaten nach (unter anderem SALTO MORTALE 1968, MS FRANZISKA 1978). Auch in der DDR wurden Familienserien in den 1960er Jahren produziert, allerdings seltener als in der Bundesrepublik. DOLLES FAMILIENALBUM war 1969 bis 1971 die erste Serie der DDR, die vom Alltag einer Familie erzählte. Mit der sehr populären Produktion WEGE ÜBERS LAND (1968) wurde die deutsche Kriegs- und Nachkriegsgeschichte aufbereitet.

---

21   Aus dramaturgischer Sicht bemerkenswert, dass hier zum einen horizontal erzählt, zum anderen aber auch mit starken Cliffhangern gearbeitet wurde. Die Ausstrahlung erfolgte im Abstand von zwei bis drei Tagen über zwei Wochen vom 3. bis 17. Januar 1962.
22   1962/63, 9 Episoden à 45–50 Min.

Der überwiegenden Mehrzahl dieser frühen deutschen Serien war jedoch ihre begrenzte Folgenanzahl gemein – heute würden wir sie Mini- oder Limited Series nennen. Und genau diese Begrenztheit machte diese Formate damals wie heute zu etwas Besonderem, hoben sie zumindest im Westen deutlich von den lang laufenden (US-amerikanischen) Kaufserien ab. Es ist auch durchaus bezeichnend, dass sie eher als „einmalige Events" und nicht als Mehrteiler in den Programmzeitschriften angekündigt wurden – als ob dem Seriellen bereits damals schon etwas Anrüchiges angehaftet gewesen wäre.[23]

Bereits auf dieser subtilen Ebene manifestierte sich insofern das bis heute reichende deutsche Verständnis von einer Fernsehunterhaltung, die das limitierte Event favorisiert und tendenziell als anspruchsvoller klassifiziert und gleichzeitig die lang laufende kommerzielle Serie – die nur die „triviale" Sehnsucht der breiten Massen befriedigt – als minderwertig stigmatisiert.

OUT OF THE BOX: DIE 1970ER BIS 80ER JAHRE

Erst Ende der 1960er, Anfang der 1970er Jahre wurden lang laufende Eigenproduktionen für das Hauptabendprogramm in Angriff genommen, wenig überraschend vor allem im Krimibereich: das ZDF startete 1969 DER KOMMISSAR und nicht zuletzt einen der erfolgreichsten deutschen Serien-Exportschlager: DERRICK.[24]

Parallel dazu florierte in dieser Dekade im Westen das Genre Familienserie unter anderem mit Ekel Alfred, der 1973 seinen Ätz-Dienst in dem vom WDR produzierten Format EIN HERZ UND EINE SEELE aufnahm[25], oder mit Manfred Krug, der mit seinem LKW AUF ACHSE ging (1978–1996). In der DDR setzte man ebenfalls auf die Kombination von Krimikost und Familienunterhaltung, hier dominierte DAS UNSICHTBARE VISIER (1973–1979), 1977 startete mit großem

---

23 Schleich/Nesselhauf, S. 55.
24 1974–1998, 281 Episoden. Weitere sehr lang laufende Formate nahmen ebenfalls in den 1970ern ihren Anfang: DER ALTE (seit 1977, bisher 435 Folgen), SOKO 5113 (seit 1978) oder auch EIN FALL FÜR ZWEI (seit 1981, bisher 326 Folgen).
25 25 Episoden à 44 Min., eine Adaption der britischen Serie TILL DEATH US DO PART.

Erfolg die Serie ZUR SEE, die von der Schiffsmannschaft einer DDR-Handelsflotte erzählt.[26]

Horizontales Erzählen war nicht zuletzt aus programmplanerischen Gründen nach wie vor verpönt, auch die länger laufenden Serien wurden hauptsächlich in abgeschlossenen Episoden erzählt. In den deutschen Redaktionsstuben suchte man sowohl erzählerisch als auch strukturell weiterhin die Nähe zum Fernsehspiel, bis heute für viele immer noch die Königsklasse der öffentlich-rechtlichen Fernsehunterhaltung. Und so entstanden neben lang laufenden Formaten in den 1970er Jahren zunehmend auch weiterhin viele Mini-Serien und Reihen. Die beiden prominentesten, bis heute erfolgreichen Beispiele sind die von der ARD 1970 gestartete TATORT-Reihe, in der DDR ging 1971 die POLIZEIRUF-110-Reihe auf Sendung.

Doch die 1970er und frühen 80er Jahre waren vor allem in Westdeutschland das Jahrzehnt der sozialkritischen Formate. Rainer Werner Fassbinder lieferte in fünf Episoden à 88–100 Min. die proletarische Serie ACHT STUNDEN SIND KEIN TAG und natürlich 1980 – ebenfalls horizontal erzählt – BERLIN ALEXANDERPLATZ.[27] Erwähnenswert auch die Vorabendserie DREI DAMEN VOM GRILL (1977–1991, 140 Folgen) des SFB, die ganz selbstverständlich von alleinstehenden Müttern und Frauen verschiedener Generationen und deren Zusammenhalt beim Betreiben einer Imbissbude erzählt. In der DDR erfreute sich die weitgehend unideologische vierteilige Reihe ABER VATI! (1974) großer Beliebtheit, für das ältere Publikum gab es RENTNER HABEN NIEMALS ZEIT (1977, 20 Teile à 25 Min.).

Überhaupt war das (Mini-)Serienangebot des Ostens inhaltlich deutlich facettenreicher als im Westen und bot beispielsweise dem jungen Publikum die mit großem Aufwand produzierten Kinder-Gruselserien SPUK UNTERM RIESENRAD (1979) und SPUK IM HOCHHAUS (1982). Unterhaltsam ging es im Westen vor allem für ein erwachsenes Publikum zu, zum Beispiel mit den beiden un-

---

26 Neun Episoden, 60–75 Min. Das Format inspirierte übrigens den Berliner Produzenten Wolfgang Rademann 1981 (zusammen mit dem US-amerikanischen Vorbild THE LOVE BOAT) zu der Reihe DAS TRAUMSCHIFF.

27 14 Episoden, 60–110 Min.

vergesslichen Dietl-Serien MONACO FRANZE (1983) und KIR ROYAL (1986/87) oder natürlich Jurek Beckers LIEBLING KREUZBERG (1986–1998).

Mitte der 1980er Jahre konnte neben dem bis dato unanfechtbaren Duo Krimi und Familienserien ein weiteres Genre nachhaltig Fuß fassen: die Arztserie. Während in der DDR das Format ZAHN UM ZAHN (1985–1988) extrem erfolgreich war, startete das ZDF 1985 die Mutter aller westdeutschen Arztserien: DIE SCHWARZWALDKLINIK (1985–1989).[28] Aus dem Duo war also nun ein Genre-Trio geworden, welches in guter deutscher Manier auf Jahrzehnte in gesamtdeutschen Unterhaltungs-Beton gegossen wurde. Immerhin erblickte im Westen auch ein neues Genre das Licht des Bildschirms: Ab Dezember 1985 bekam das ARD-Publikum am Sonntagvorabend die erste echte Weekly serviert: DIE LINDENSTRASSE von dem Kölner Produzenten Hans W. Geissendörfer ging auf Sendung – und blieb es mit beeindruckenden 1758 Episoden bis März 2020.

Viel gravierender erschütterte jedoch in der BRD ein anderes Ereignis die bis zu diesem Zeitpunkt unangefochtene Vormachtstellung der Programmmacher:innen von ARD und ZDF: 1984 nahmen in Deutschland die beiden werbefinanzierten Privatsender Sat1 und RTL ihren Betrieb auf, Anfang der 1990er Jahre folgten VOX, Pro 7 und Kabel 1 – und damit endete das öffentlich-rechtliche Monopol der westdeutschen TV-Erziehung und das sogenannte duale Rundfunksystem nahm seinen Dienst auf. Nun hatten die Zuschauer:innen plötzlich eine wesentlich breitere Auswahl – nicht nur an Fernsehprogrammen, sondern auch an Unterhaltungsphilosophien, denn die Privatsender bedienten eine ganz offensichtlich ungestillte Seh(n)sucht nach Trivialität, „die man bei ARD und ZDF lange ausgeblendet hatte".[29]

Insofern fand hier in der deutschen Fernsehunterhaltung eine echte Zeitenwende statt. Auch in der DDR waren die Sender des Westens bis auf wenige Ausnahmen mit einigem technischen Engagement empfangbar.[30] Vermutlich

---

28 73 Folgen à 45 Min. Sämtliche Bücher übrigens von Herbert Lichtenfeld, der 1987 den ebenfalls sehr erfolgreichen LANDARZT zum Leben erweckte (297 Episoden, 1987–2013).

29 Schleich/Nesselhauf, S. 53.

30 Diese Ausnahmen bildeten der äußerste Nordosten und der östliche Teil Sachsens, was ihnen den Titel „Tal der Ahnungslosen" eintrug.

hatten 85 Prozent der Bevölkerung sogenannten Westempfang – was von Staatsseite natürlich kritisch beäugt, letztendlich aber weitgehend hingenommen wurde.

RISE AND FALL: DIE 1990ER UND NULLERJAHRE

Während in den 1990er Jahren das US-Fernsehen mit einem *Second Golden Age of Television* bereits in eine Phase der inhaltlichen und erzählerischen Erneuerung eintrat (siehe Kap. III. 1.), wurden die gesamtdeutschen Zuschauer:innen nach der Wiedervereinigung erst so richtig für die Verheißungen des Privatfernsehens angefixt. Die öffentlich-rechtlichen Sendeanstalten setzten derweil weiterhin stoisch auf das inzwischen bewährte Genre-Trio aus Krimi-, Arzt- und Familienserien. Auch erzählerisch blieb es im Hauptabend bei abgeschlossenen und inhaltlich eher beschaulichen Episoden und so wurde vor allem das jüngere Publikum direkt in die Arme der Privaten getrieben: Bis auf die sehr erfolgreichen Daily Soaps ignorierten die öffentlichen Anstalten vermutlich etwas zu lange die weitaus vielfältigeren Genrevorlieben der Jugend.[31]

Und so lernten die unterhaltungswilligen deutschen Fernsehzuschauer:innen mit den Privatsendern notgedrungen nicht nur die Werbeunterbrechung kennen, sondern auch atemlose Showformate wie BRAVO TV (1984–1986, Sat1) oder das genüsslich absurde TUTTI FRUTTI (1990–1993, RTL plus), entdeckten im Fiktionalen auch ungewöhnliche Settings und neue Genres. Nicht nur, aber vor allem im Comedy-Bereich: z. B. NIKOLA (1997–2005), DIE CAMPER (1997–2006), ALLES ATZE (1999–2006) und später MEIN LEBEN UND ICH (2001–2006) oder DOCTOR'S DIARY (2008–2011). Legendär auch die Knast-Weekly HINTER GITTERN (1997–2007) und die Autobahn-Actionserie ALARM FÜR COBRA 11 (seit 1996). Mit der als Serie gestarteten Reihe DOPPELTER EINSATZ (1994–2007) präsentierte ebenfalls RTL das erste weibliche Ermittlerpaar – in einer Domäne, die in Deutschland mit erschütternder Konstanz von überwiegend männlichen Darstellern besetzt wurde.

---

31 Und versuchen bis heute, dieses Versäumnis wieder auszumerzen, siehe hierzu: Torsten Zarges: Jüngere werden vom linearen TV vernachlässigt, www.dwdl.de.

Bei der Konkurrenz von Sat1 kümmerte sich DER BERGDOKTOR(1992–1999) um seine Patient:innen, während DER BULLE VON TÖLZ (1995–2009) und KOMMISSAR REX (1994–2004) ermittelten, in den Nullerjahren kabbelten sich mit großem Erfolg EDEL & STARCK (2002–2005) und bei Pro 7 ätzte natürlich STROMBERG (2004–2012). Um die Jahrtausendwende eroberten zudem diverse Gerichtsshows den Bildschirm – allerdings zunächst hauptsächlich in der Daytime bis hinein in den Vorabend. Zu Beginn noch teilweise auf realen Fällen beruhend wandelten sich diese Showformate zusehends zu dem, was wir heute als Scripted Reality bezeichnen – also fiktionale Formate, die in festen Settings mit Laiendarstellern extrem kostengünstig produziert werden. RICHTERIN BARBARA SALESCH (1999–2012, Sat1) und ALEXANDER HOLD (2001–2013, Sat1) waren hier Vorreiter:innen und öffneten die Tür für eine bis heute kaum abreißende Flut von Nachfolge-Formaten.[32]

Anders als die Daily Soap hatte bis zu diesem Zeitpunkt die Telenovela im kontinentaleuropäischen Fernsehen „nicht wirklich Fuß fassen können".[33] Mit der Jahrtausendwende hielt auch dieses Genre jedoch Einzug in die deutschen Fernsehstuben. Den ersten Vorstoß lieferte das ZDF mit BIANCA – WEGE ZUM GLÜCK (2004–2005), Sat1 zog nach mit VERLIEBT IN BERLIN (2005–2007). Der anhaltende Erfolg von Telenovelas weckte in der Folgezeit immer wieder „endlose" – und durchaus kommerziell motivierte – Begehrlichkeiten: 2006 startete bei der ARD das ursprünglich als Telenovela konzipierte, letztendlich aber bis heute laufende Format ROTE ROSEN, gleiches gilt für die 2007 gestartete Daily DAHOAM IS DAHOAM des BR. Aber auch im Daily-Soap-Bereich mischte die ARD mit MARIENHOF (1992–2011) und VERBOTENE LIEBE (1995–2015) sehr früh mit, bis heute on screen sind von den frühen Formaten die RTL-Soaps GUTE ZEITEN, SCHLECHTE ZEITEN (seit 1992) und UNTER UNS (seit 1994). Die extrem effektive Arbeitsweise bei der Entwicklung und Produktion von Daily-Formaten und auch das strikt horizontale Erzählen hielten damit endgültig Einzug in die Produktionslandschaft – waren jedoch bis vor Kurzem auf diese industriell gefertigten Genres beschränkt.

---

32 Die sich aber heute eher den Leben, Leiden und Lieben jüngerer Stadtbewohner:innen widmen, wie zum Beispiel seit 2011 BERLIN TAG UND NACHT oder KÖLN 50667 (seit 2013).
33 Schleich/Nesselhauf, S. 53.

Auch wenn die öffentlich-rechtlichen Sendeanstalten jenseits der Daily Soaps und Telenovelas mit der unbeschwerten inhaltlichen Experimentierfreude der Privatsender kaum mithalten konnten (oder wollten), gelangen der ARD im fiktionalen Bereich vor allem im Vorabend mit BERLIN, BERLIN (2002–2005) und TÜRKISCH FÜR ANFÄNGER (2006–2008) auch vom Feuilleton honorierte Erfolge, viel wichtiger aber letztendlich: Erfolge auch beim jüngeren Publikum. Das ZDF profilierte sich damals wie heute im seriellen Bereich überwiegend mit hochwertiger Krimiware.[34]

Nachdem vor allem RTL in den 1990er Jahren angstfrei und extrem erfolgreich Serientrends setzte und sich vor allem bei den sogenannten werberelevanten Zuschauer:innen zwischen 19 und 49 kaum mit weniger als 20 bis 25 Prozent Marktanteil im Hauptabend zufrieden gab, musste der Kölner Privatsender in den Nullerjahren seine Vormachtstellung langsam abgeben. Neue, überraschende Formate kamen von anderen Sendern, die sich bemühten, die altbekannten Genres mit einem witzigen Twist oder einem ungewöhnlichen Set-up zu variieren wie beispielsweise MORD MIT AUSSICHT (2008–2015, ARD), DER LETZTE BULLE (2010–2014, Sat1), DANNI LOWINSKI (2010–2014, Sat1) oder nicht zuletzt DER TATORTREINIGER (2011–2018, NDR).

Sinkende Quoten für alle Marktteilnehmer waren zum einen der zunehmenden Fragmentierung des Fernsehmarktes in den Nullerjahren geschuldet. Der anhaltende Erfolg vor allem in den 1990ern Jahren hatte aber wohl auch etwas träge gemacht. Das Publikum hatte sich sattgesehen an dem Immergleichen und: Anders als im US-Markt oder auch bei einigen europäischen Nachbarn gab es (noch) keine neuen Konkurrenz-Impulse von seiten erfolgreicher Pay-TV-Kanäle – das sollte sich erst einige Jahre später mit dem Aufkommen der Streamingplattformen ändern.[35]

---

34 Neben den Klassikern wie verschiedenen SOKOs mit den ROSENHEIM COPS (seit 2002) und anderen.
35 Premiere (später Sky) verkaufte sich damals primär über sein Sportangebot und spielte in dieser Phase im fiktionalen Bereich keine Rolle – das war in Frankreich mit dem Angebot von Canal+ oder auch in Italien mit Sky Italia anders. Bereits Mitte 1988 war Canal+ in Frankreich mit bereits rund zwei Millionen Abonnenten der größte europäische Pay-TV-Anbieter.

Doch nicht nur die Macher:innen, auch das Publikum schien in eine Art Wachkoma gefallen zu sein: Zwar waren die neuen, aufregenden (und horizontal erzählten) amerikanischen Qualitätsserien wie zum Beispiel Die Sopranos oder auch Six Feet Under von HBO auf dem deutschen Markt verfügbar, sie wurden aber zunächst nicht auf breiter Front wahrgenommen, sondern blieben erstmal Geheimtipps unter Seriennerds.[36] Viel bequemer und vor allem lukrativer war es, den Serienhunger der deutschen Zuschauer:innen am Nachmittag mit billigen Eigenproduktionen und in der Prime Time mit einem nicht abreißen wollenden Nachschub an massentauglichen US-Serien zu stillen – das CSI-Franchise und Dr. House waren dabei die größten Sendeplatzkiller für deutsche Eigenproduktionen: Bei RTL blieb von ursprünglich fünf Wochentagen mit Eigenproduktionen in der Primetime Anfang der 2010er Jahre gerade mal ein einziger.

Auch wenn immer wieder und völlig zu Recht auf die sehr unterschiedliche Beschaffenheit der Fernsehmärkte und damit einhergehend der finanziellen Ressourcen hingewiesen wird: Ohne sich kreativ oder auch finanziell übermäßig zu engagieren, profitierten deutsche Programmmacher:innen jahrelang davon, dass US-Sender nicht nur (hochwertige) Konsensware für die breite Masse lieferten, sondern andererseits Risiken eingingen und auch auf Vielfalt und Innovation, auf Qualität und das Besondere gesetzt hatten. Die Zeche für diese Haltung mussten sowohl die Öffentlich-Rechtlichen als auch die deutschen Privatsender noch lange zahlen: Erst in jüngerer Zeit entwickelt sich langsam, aber immerhin stetig eine wirklich breite Innovationskraft.

Doch es gab auch in den Nullerjahren Ausnahmen: Das ZDF traute sich 2007 mit KDD – Kriminaldauerdienst von Autor Orkun Ertener an eine aufregende Neuinterpretation des Krimigenres heran. Im selben Jahr wollte Pro7 mit der Adaption der französischen Romantic Dramedy Verrückt nach Clara beim Publikum reüssieren – das Publikum konnte mit der modern erzählten Großstadtromanze allerdings nicht viel anfangen. Die ARD strahlte 2010 im

---

36 DIE SOPRANOS waren 2000 beim ZDF zu sehen, SIX FEET UNDER ab 2003 bei Premiere, im Free TV ab 2004 auf Vox. SEX AND THE CITY (HBO) lief ab 2001 auf Pro7, wurde massiv beworben und war im Gegensatz zu den genannten Dramaserien schnell ein Hit.

Hauptprogramm erstmalig das horizontal und hochwertig erzählte Familiendrama WEISSENSEE von Autorin Annette Hess aus – und das so erfolgreich, dass drei weitere Staffeln folgen sollten.

Eine ganz andere, eher schmerzhafte Erfahrung mit dem Thema Qualitätsserie machte die ARD bzw. die Produktionsfirma Typhoon 2010 mit der ambitionierten Krimi/Gangsterserie IM ANGESICHT DES VERBRECHENS. Dass anspruchsvolle Serienware nicht automatisch einem breiten Publikum gefällt war ein Lernprozess.[37] Auch das ZDF zahlte Lehrgeld mit dem Thriller-Format BLOCHIN (2014/15): Mit Jürgen Vogel zwar prominent besetzt und ganz der neuen Mode folgend an drei aufeinanderfolgenden Abenden ausgestrahlt, goutierte jedoch weder die Presse noch das Publikum das düstere Format. Die Qualitätsserie hatte es insofern in Deutschland vor allem beim (älteren) öffentlich-rechtlichen Publikum, aber auch bei den Privaten nicht gerade leicht.

Eine Ausnahme sei aber noch erwähnt: 2015 startete die Adaption eines katalanischen Serienhits als Eigenproduktion auf VOX, die gleich in mehrfacher Hinsicht vieles auf den Kopf stellte: eine horizontal erzählte Krankenhausserie, konsequent aus Patient:innenperspektive erzählt und in deren Fokus nicht wie bisher üblich lauter unfehlbare Götter in Weiß, sondern krebskranke Kinder und Jugendliche stehen: Das Primetime-Melodram CLUB DER ROTEN BÄNDER schaffte, was zu dem Zeitpunkt schon als fast unmöglich galt: Woche für Woche ein großes und vor allem junges Zielpublikum vor die analoge Ausstrahlung zu kriegen. Auch auf Stoffentwicklungsebene ließ der Sender den beiden Autoren Arne Nolting und Jan Martin Scharf ungewöhnlich freie Hand – was zu diesem Zeitpunkt absolut unüblich war. Doch letztendlich war es das Aufkommen neuer Anbieter, die ab der Mitte der 2010er Jahre den Markt verändern und der gesamten deutschen Serienlandschaft mehr als nur neuen Schwung geben sollten.

---

37 Buch: Rolf Basedow, Regie: Dominik Graf. Die Produktion geriet angesichts der Ambitionen ihrer Schöpfer finanziell dermaßen außer Kontrolle, dass der Produzent schließlich Insolvenz anmelden musste und die Auftraggeber noch einmal tief in die (öffentlichen) Taschen greifen mussten, um die Serie überhaupt fertigstellen zu können – was dem Format den Schmähtitel „Heaven's Gate des öffentlich-rechtlichen Rundfunks" eintrug, vgl.: Christian Buß: „Im Angesicht des Verbrechens" – Himmelspforte und Höllentor, www.spiegel.de.

STREAM ON – AUF DEM WEG ZUR DEUTSCHEN SERIENREVOLUTION

Es scheint so, als ob das Bedürfnis, neuartige, eigene Akzente zu setzen, erst mit dem Aufkommen der Streamingplattformen und dem Einstieg der Pay-TV-Sender ins Produzieren so richtig geweckt wurde – die internationale Konkurrenz belebte nicht nur das Geschäft, sondern offensichtlich auch den kreativen Ehrgeiz. Mit den ersten Erfolgen wandten sich die tonangebenden Kreativen schnell den neuen Playern zu, die sich eher am US-amerikanischen Showrunner-Modell orientierten, das die Kreativen in einer Weise schätzt und umgarnt, die sie hierzulande nur in Ausnahmefällen erfahren haben. Neuen Talenten wurde eine Chance gegeben, Experimente bekamen ihren Platz, etablierten Kreativen wurde vergleichsweise viel Freiheit eingeräumt. Konsequenz und Mut zum Besonderen waren das Markenzeichen der ersten neuen Serien jenseits altbekannter deutscher Verwertungsstrukturen.

Die ersten inhaltlichen und auch produktionellen Akzente setzte der kleine Pay-TV-Sender TNT bereits 2012 mit Deutschlands ersten Pay-TV-Eigenproduktionen ADD A FRIEND und dem Mystery-Thriller WEINBERG (2016). Und auch das erste echte deutsche Gangster-Epos 4 BLOCKS (2017–2019) von dem Berliner Autoren-Trio Hanno Hackfort, Richard Kropf und Bob Konrad, die für unsere Breiten ungewöhnlich groteske Comedy ARTHURS GESETZ (2018) und der mit HBO Europe als deutsch-rumänische Koproduktion hergestellte Cyberthriller HACKERVILLE (2018) wurden von TNT in Auftrag gegeben. Wirklich weit aufgestoßen wurde das Fenster zur Welt und zum internationalen Serienmarkt aber schließlich mit dem Start von Amazon Prime Video im Jahr 2014. Denn de facto wurde von hier aus vor allem nach Amerika geschaut – und umgekehrt. Der deutsche Markt und seine Akteure bekamen immer mehr Aufmerksamkeit als potenzieller Lieferant von hochwertiger TV-Ware für immer mehr Fernsehmärkte – weltweit.

Kurioserweise war die erste deutsche Serie, die die Begehrlichkeit von Amazon Prime Video weckte, das ursprünglich im Auftrag von RTL produzierte Format DEUTSCHLAND 83 aus der Feder von Anna und Jörg Winger. Vorgestellt in der frisch eröffneten Serien-Sektion der Berlinale 2015, wurden die Ausstrahlungsrechte vom Fleck weg an Robert Redfords Pay-TV-Sender Sundance TV verkauft und dort noch vor der hiesigen Ausstrahlung mit Untertiteln gezeigt.[38] Die Ausstrahlung bei RTL war kein großer Erfolg und so wanderte das Format zu Amazon Prime Video, wo die zweite Staffel 2018 und die dritte 2020 gezeigt wurde – ein absolut neuartiger Vorgang, der aber bereits erahnen ließ, was in der neuen deutschen Serienwelt an Kooperationen und vor allem an Verwertungsketten möglich werden sollte. Mit dem internationalen Interesse und der Anerkennung für DEUTSCHLAND 83 erwachte die deutsche Produktionslandschaft endlich aus ihrem Dornröschenschlaf und nährte die Hoffnung, jenseits von DERRICK und SCHWARZWALDKLINK mit Serienware „Made in Germany" internationale Erfolge erzielen zu können.

Die erste deutsche Auftragsproduktion für Amazon Prime Video war 2017 die Thriller-Serie YOU ARE WANTED, gefolgt von dem Drogen-Thriller-Drama BEAT (2018). Noch mehr Anerkennung und Wahrnehmung erregte 2017 jedoch die komplexe Mystery-Science-Fiction-Serie DARK: Die erste deutsche Eigenproduktion von Netflix, entwickelt von Jantje Friese und Baran bo Odar, wurde zu einem Welthit für den Streaming-Dienst. 2018 folgte DOGS OF BERLIN, 2019 SKYLINES[39] und schließlich HOW TO SELL DRUGS ONLINE (FAST) – jene Serie, die neben DARK bei Netflix derzeit als eine der erfolgreichsten deutschen Serien gilt. Alle Formate dieser ersten Generation an Pay-TV- bzw. Streamer-Serien sprechen dabei ganz gezielt ein junges, tendenziell männliches Publikum an – also genau jenen Teil der Zuschauerschaft, den die Öffentlich-Rechtlichen schon vor Jahrzehnten aufgegeben und die Privaten trotz Gegenwehr immer mehr verloren haben.

Mit den neuen Playern wurde die deutsche Serienproduktionslandschaft zugleich mit Auftraggebern und Produktionsfirmen eines neuen Schlages und dadurch mit neuen Ansprüchen konfrontiert. Anders als bisher ging es nicht mehr nur für die etablierten Player darum, die jeweilige Redaktion bzw. ein

---

38 Als erste deutsche im Original ausgestrahlte Serie in den USA überhaupt. Vorreiter war die Serie auch deswegen, weil hier mit Anna und Jörg Winger erstmalig eine Art Showrunner-Paar am Werk war.

39 Creator und Showrunner Dennis Schanz beschreibt seine Erfahrungen und Arbeitsweisen eindrücklich in: Dennis Schanz und „Skylines": Zukunftsmodell Showrunner, https://beta.blickpunktfilm.de/.

möglichst breites Publikum auf bestimmten Sendeplätzen zufriedenzustellen, sondern ganz unterschiedliche, viel speziellere und dabei internationale Zielgruppen zu bedienen, die selber entscheiden, wann sie wie viele Folgen ihrer Lieblingsserie auf welchem technischen Device konsumieren. Denn auch wenn es schon früher möglich war, sich eine Serie per Video oder später DVD am Stück anzuschauen: erst mit dem Erstarken der Streaming-Anbieter wurde Binge-Watching wirklich salonfähig.

Der Serienhype erreichte in der zweiten Hälfte der 2010er Jahre also endgültig Deutschland, nicht nur auf dem Schulhof oder in den Uni-Mensen, auch an den Kaffeeautomaten und in den Kantinen von Betrieben wurde nun ausgiebig über das aktuelle Lieblingsformat diskutiert. Selbst das in weiten Kreisen immer noch tonangebende Feuilleton erweiterte nun sein Rubriken-Repertoire: neben Kunst, Literatur, Musik und Film wird man heute in fast allen relevanten Medien nicht nur über den neuesten TATORT (und zwar jeden), sondern eben auch über aktuelle Serienhits informiert – immerhin.[40]

Die ersten Erfolge von deutschen Produktionen weckten logischerweise den Hunger nach mehr und setzten auch die etablierten Sender unter Druck. Diese mussten nicht nur viel Aufregendes bei den neuen Playern wahrnehmen, sondern auch feststellen, dass sich deren Publikum kontinuierlich vergrößerte. Aber schließlich belebte die neue Konkurrenz das Geschäft und sorgte sowohl für einen ersten zaghaften Umbau von festgeschriebenen Strukturen, mehr inhaltlicher Offenheit und für ganz neue, bis dato kaum denkbare Kooperationen: Das ZDF traute sich zum Beispiel 2017 in dem Finanzthriller BAD BANKS nicht nur an komplexe Inhalte heran, sondern experimentierte auch mit neuen Modellen der Ausstrahlung, die sowohl analog als auch gleichzeitig via Mediathek (dort vor allem) stattfand. Und die ARD erfand 2017 mit CHARITÉ nicht nur die gute alte (historische) Krankenhausserie neu und setzte in den Regionalprogrammen zum Beispiel mit der Satire HINDAFING (BR 2017) Akzente, sondern arbeitete auch mit dem deutschen Pay-TV-Veteranen Sky zusammen, der dann

---

40 Und vielleicht werden interessierte Leser:innen irgendwann auch ganz selbstverständlich über die Autor:innen dieser Serienhits informiert – wer weiß!

auch 2017 als Erster das in vielerlei Hinsicht gigantische Projekt BABYLON BERLIN ausstrahlen durfte (Erstausstrahlung in der ARD 2018).

Überhaupt entwickelte sich Sky zu einem konstanten Serienproduzenten mit beachtlichem Output: das Kriegsdrama DAS BOOT (2018), der Alpenkrimi DER PASS (2019), die apokalyptische Sci-Fi-Serie 8 TAGE (2019) und schließlich die erste deutsche Horror-Serie HAUSEN (2020) zeugen zudem von einer neuen Lust auf Genre. Aber auch die neuen Anbieter wie zum Beispiel MagentaTV mit WILD REPUBLIC (2021, in Koproduktion mit Arte, WDR, SWR und ONE) oder der zur Pro7/Sat1-Gruppe gehörende Streamer Joyn reüssierten mit ungewöhnlichen Projekten wie zum Beispiel der deutsch-chilenischen Koproduktion DIGNITY (2019) und gleich mehreren Comedy-Serien wie FRAU JORDAN STELLT GLEICH (2019) oder CHECK CHECK (2019).

Es ist aktuell unübersehbar, dass nach dieser ersten Phase eines neuen Serienbooms in Deutschland vor allem auch die Streamer ihre Strategien den Anforderungen des Marktes anpassen und Inhalte in unvorstellbaren Mengen liefern. Insbesondere Netflix lernte schnell den Mehrwert von nationalen Produktionen für die Erschließung der jeweiligen Märkte zu schätzen und konzentriert sich nach einer ersten Produktionswelle, die primär ein junges männliches Publikum bediente, nun auch auf andere Zielgruppen, Genres und Inhalte. Heraus kamen bemerkenswerte Formate wie zum Beispiel die Mini-Serie UNORTHODOX (2020)[41] oder DAS LETZTE WORT (2020), die ganz selbstverständlich neben hochbudgetierten Serien-Blockbustern wie dem international überaus erfolgreichen Germanenepos BARBAREN (2020) zum immer breiter werdenden deutschen Netflix-Portfolio gehören. Gleichzeitig scheint es einen Trend zu „kleinen", kostengünstig herzustellenden, aber von der Idee oder in der Tonalität besonderen Serien für weitere Nischen zu geben. Genannt seien hier die Adaption eines norwegischen trans- und crossmedialen Jugend-Serienhits DRUCK (funk und ZDFneo 2018), die satirische Impro-Serie ANDERE ELTERN (TNT 2019), die Comedy DER BEISCHLÄFER (Amazon Prime Video 2020) oder die Tragikomödie bzw. Sadcom MAPA (Joyn/rbb 2020).

---

41 UNORTHODOX von Anna Winger ist die erste in Deutschland produzierte Serie, die einen US-Emmy für die „Beste Regie" erhielt und für ganze sieben weitere nominiert war.

Das Angebot ist kontinuierlich und exponentiell gewachsen und auf jeden Fall deutlich bunter und vielfältiger geworden: 2021 waren in Deutschland rund 102 Pay-TV- und Paid-VoD-Programme empfangbar, von denen nicht nur immer mehr in die Eigenproduktion einsteigen, sondern die nahezu alle eine immer größere Diversität herstellen bzw. in Auftrag geben. Und auch die etablierten Sendeanstalten diversifizieren ihr Angebot bzw. ihre Verwertung mit Spartenkanälen und Streamingportalen immer weiter.[42] RTL startete eine Serienoffensive mit der Beauftragung von gleich 11 neuen Serienformaten für sein Streamingportal TVnow, die ARD ging ebenfalls neue Wege für ihre Mediathek, zum Beispiel mit der LGBTQ-Dramaserie ALL YOU NEED (2021).

5. FAZIT

TV-Serien werden im europäischen Raum vor allem als künstlerisches und nicht primär kommerzielles Produkt betrachtet. Dies liegt neben dem erläuterten Mindset auch an der historischen Entwicklung: In Deutschland liegen die Wurzeln von TV-Serien im Film – und nicht wie im US-Fernsehen in der Werbung. Diese europäische, vor allem aber deutsche Tradition, eine TV-Serie (vor allem auch die hochwertigen und modernen) – ob bewusst oder unbewusst – in die Kategorie (Film-)Kunst einzuordnen und dementsprechend quasi automatisch auch die Tätigkeit von TV-Autor:innen mit dem Geniegedanken in Verbindung zu bringen, führte zu einem Wertekanon, der in etlichen Bereichen den Prinzipien des US-Writers'-Rooms fundamental entgegensteht. Wenn wir dieses Stoffentwicklungssystem aber wirklich erfolgreich anwenden wollen, sollten wir das Entwickeln und Schreiben von Serien-Drehbüchern eher als Herstellung eines Werkstücks, eines kommerziellen Produkts begreifen, dessen (beabsichtigten) wirtschaftlichen Erfolg wir auch entsprechend wertschätzen sollten. Serienautor:innen, egal ob bei einer Soap oder einem ambitionierten High-End-Format, sollten sich in diesem Zusammenhang weniger als Künstler:innen, sondern vor allem als professionelle Handwerker:in-

---

42 Vgl. Johannes Leibiger und Frank Giersberg (Hrsg.): Pay-TV und Paid-VoD in Deutschland 2020/2021. VAUNET – Verband Privater Medien e.V.

nen verstehen (was weder Hochwertigkeit noch künstlerischen Anspruch automatisch ausschließt).

Die formale Fokussierung vor allem des öffentlich-rechtlichen Rundfunks auf das Einzelstück bzw. den „Einzel-Event" hat die flächendeckende Wertschätzung serieller Formate lange gebremst – und das obwohl die deutsche TV-Serientradition, im Westen wie im Osten, auf einen reichhaltigen Fundus an vielen verschiedenen Formaten zurückblicken kann.

Die Zeit der satten Gemütlichkeit des dualen Rundfunksytems ist endgültig vorbei – und das inspiriert offensichtlich alle Marktteilnehmer. Was am Anfang des neuen Jahrtausends langsam begann, hat in den 2010ern seine volle Blüte entfaltet. Die Konkurrenz durch Pay-TV und die Streamingdienste und der dadurch entstehende Zwang zu internationaler Konkurrenzfähigkeit treibt deutsche Macher:innen sowohl inhaltlich, strukturell als auch produktionell zu Höchstleistungen an. Und das ist auch notwendig, denn der sich immer noch aufheizende globale Markt erzeugt in immer diversifizierteren Zielgruppen tendenziell ein Überangebot – aus dem nur höchstmögliche Qualität heraussticht. Neue Allianzen und internationale Koproduktionen sowie eine nie dagewesene Genre- und Formatvielfalt sind aktuell das für die Zuschauer:innen erfreuliche Ergebnis.

II. DIE ENTWICKLUNG VON SERIENFORMATEN IN DEUTSCHLAND

Wie in Kap. I. dargelegt, beeinflussen unsere Kulturtraditionen und auch bestimmte Begrifflichkeiten unser Verständnis darüber, was Film und Fernsehen und damit auch die Serien zu leisten haben. Aber auch unserer Senderlandschaft, wie sie sich nach dem Zweiten Weltkrieg entwickelt hat und die tief im öffentlich-rechtlichen System verwurzelt ist, bestimmt unser Denken und auch die Strukturen, in denen fiktionale Programme gedacht und produziert werden.

Die zunehmende Fragmentierung des Marktes, der globale Serienboom, internationale Erfolge moderner deutscher Serien, veränderte Sehgewohnheiten und immer mehr weltweit agierende Player haben jedoch massive Auswirkungen auf seit Jahrzehnten festgeschriebene Prozesse und Abläufe. Aber wir dürfen dabei nicht außer Acht lassen, dass die deutsche Serienbranche aus sehr viel mehr Formaten als denen besteht, die derzeit auf Branchen-Panels besprochen oder für US-Fernsehpreise nominiert werden. Die überwiegende Mehrzahl deutscher Serienproduktionen entsteht in den traditionellen Strukturen der öffentlich-rechtlichen und privaten Sendeanstalten, sie sind nach wie vor die größten und zuverlässigsten Auftraggeber.[43] Die allermeisten Akteur:innen der Branche müssen sich insofern in der „alten" und gleichzeitig in einer sich neu konstituierenden Produktionsrealität positionieren beziehungsweise behaupten.

---

43 Laut dem am 25.11.2020 veröffentlichten Produzentenbericht 2019 kommen zwei Drittel des Gesamtvolumens der gesamtdeutschen Film- und Fernsehbranche aus öffentlich-rechtlicher Hand, vgl.: https://www.presseportal.de.

Jahrzehntelang war das Wertesystem des öffentlich-rechtlichen Rundfunks für unsere Fernsehkultur prägend. Sein Auftrag ist im Medienstaatsvertrag festgeschrieben, er soll mit seinen Programmangeboten „zur Information, Bildung, Beratung, Kultur und Unterhaltung einen Beitrag zur Sicherung der Meinungsvielfalt und somit zur öffentlichen Meinungsbildung" leisten.[44] Während kommerzielles Fernsehen in den USA bereits zu Beginn der 1940er Jahre startete und somit von Anfang an selbstverständlich war, waren die öffentlich-rechtlichen Rundfunkanstalten ARD und ZDF in Deutschland lange unter sich – das deutsche Fernsehpublikum erfuhr also rund 40 Jahre Prägung durch eine Institution, deren Kulturverpflichtung ein marktorientiertes Programmdenken nicht nur nicht erforderte, sondern geradezu verbot.[45] Dieser Kulturauftrag begrenzte lange die Anzahl ausländischer, insbesondere kommerzieller US-Serienware in den deutschen Programmen. Sie erfreuten sich zwar von Anfang an einer immensen Popularität, gleichzeitig wurde aber auch immer wieder vor einem Überangebot an ausländischen Formaten und den Auswüchsen kommerzieller Interessen im deutschen Fernsehen gewarnt.[46] Anhaltende Erfolge und großzügige finanzielle Ausstattung machten eine institutionalisierte Ökonomisierung der Prozesse nicht erforderlich und sorgten für enormes Selbstbewusstsein.

Mit dem Sendestart von Sat.1 und RTL hielt das kommerzielle Fernsehen 1984 endgültig Einzug in die deutschen Fernsehstuben und bereits mit diesen ersten beiden neuen Playern auf dem TV-Markt tat sich das etablierte System schwer: Von Anfang an mussten sich die Privatsender – zumindest im öffentlichen Diskurs – den Vorwurf eines zu niedrigen oder gar fehlenden Anspruchs gefallen lassen und die Qualität ihrer Formate durch eine eher bildungsbürgerlich orientierte Messlatte bestimmen lassen. Der in unsere DNA fest verankerte Bildungsauftrag sowie der (bewusste oder unbewusste) Reflex, eigenproduzierte Fernsehserien tendenziell in Hinblick auf ihre künstlerisch-kulturelle Relevanz zu beurteilen, ließ sich so leicht nicht abstreifen. Einzige Gemeinsam-

---

44   Siehe https://www.die-medienanstalten.de.
45   Vgl. Hickethier, S. 17 ff.
46   Vgl. Florian Krauß: Deutsche Fernsehfiktion und Redaktionsarbeit im Wandel. In: tv diskurs. 23. Jg. 2/2019 (Ausgabe 88).

keit: Sowohl die öffentlich-rechtlichen als auch die privaten Sender der deutschen Fernsehlandschaft waren und sind frei empfangbar. Die ersten Versuche, Pay-TV 1990 in Deutschland zu etablieren (Premiere), waren turbulent und letztendlich – was die Wahrnehmung als Anbieter von fiktionalen Programmen betrifft – erst einmal nicht besonders erfolgreich.[47]

Vor allem in den Anfangsjahren des dualen Rundfunks mangelte es in der öffentlichen Wahrnehmung oft an einer differenzierten Beurteilung der völlig unterschiedlichen (ökonomischen) Prinzipien und zum anderen auch an Respekt gegenüber den Erfolgen des jeweils anderen Systems. Insbesondere lang laufende, kommerzielle Serienformate – vor allem Soaps und Telenovelas – galten (und gelten immer noch) als niedere TV-Unterhaltung, während hochwertige und ambitionierte Formate gerne als eine Fortsetzung von fernsehtauglichen Autorenfilmen betrachtet wurden (und werden).

Andererseits glichen sich die Arbeitsweisen, zumal das Privatfernsehen in vielerlei Hinsicht die etablierten Strukturen des öffentlich-rechtlichen Rundfunks (nämlich das Redakteursfernsehen) kopierte. Und beide Systeme griffen nach den „dicken Kirschen" des anderen und näherten sich mehr und mehr an: Obwohl bei RTL beispielsweise bereits eine Grimme-Nominierung lange als Quotengift galt,[48] sonnt man sich heute gerne im Scheinwerferlicht von renommierten Preisen, öffentliche Fördergelder werden ebenso wenig verschmäht. Und die Jagd nach Quoten und Werbeeinnahmen bei öffentlich-rechtlichen Sendern ist ebenfalls hinlänglich bekannt und wird – zu Recht – immer wieder kontrovers diskutiert. Das führt zu Missverständnissen und Widersprüchen auf diversen Ebenen: Auf der einen Seite werden (intendierte künstlerische) Qualität und Anspruch mit quantitativen, ökonomischen Parametern gemessen (Quote) und bewertet, weil das öffentliche-rechtliche Fernsehen eben durch Rundfunkgebühren finanziert wird und dementsprechend scheinbar auch irgendwie allen gefallen können muss. Auf der anderen Seite werden

---

47 Obwohl Premiere immer auch aktuelle Filme im Angebot hatte, wurde der Kanal primär als Sportsender wahrgenommen. Das trifft letztendlich auch auf das Folgeunternehmen Sky (ab 2009) zu. Dies änderte sich erst mit der Beteiligung an dem Mammutprojekt BABYLON BERLIN (2017).
48 So wird es jedenfalls kolportiert.

wirtschaftliche Programmprodukte hinsichtlich ihrer kulturellen Relevanz beurteilt, weil private Sender ja auch gesellschaftliche Verantwortung tragen.

Diese Doppelmoral durchzieht die fiktionale TV-Landschaft in Deutschland bis ins Mark und durchdringt sämtliche Arbeitsbereiche, von der Stoffentwicklung über die Finanzierung und Förderung, von der Produktion bis zur Auswertung: Anspruch und wirtschaftlicher Erfolg werden nur in Ausnahmefällen als vereinbar empfunden und sollen es aber immer sein – eine Denkweise, die sich erst sehr langsam zu ändern beginnt.

Doch wer sind die Akteur:innen in der traditionellen deutschen Stoffentwicklung, wie funktioniert das deutsche Redakteursfernsehen, was sind die Aufgaben und Verantwortlichkeiten und wie funktionieren die Prozesse?

1. DIE AUFTRAGGEBENDE REDAKTION

Oberste Instanz im Prozess der fiktionalen Stoffentwicklung sind sowohl bei den öffentlich-rechtlichen als auch bei den privaten Sendeanstalten die Vertreter:innen (Redaktion) des auftraggebenden Senders.[49] Und auch die neuen Sender und Plattformen rekrutieren ihre Vertreter:innen bislang hauptsächlich aus einem System, welches die deutsche Serienlandschaft in den vergangenen Jahrzehnten geprägt hat: das typisch deutsche Redakteursfernsehen.

Dieses System ist im Wesentlichen durch seine umfassende Steuerung des Stoffentwicklungsprozesses und der Produktion durch die auftraggebenden Sender gekennzeichnet, die diese Produktionen zu 100 Prozent finanzieren.[50] Dies geschieht nicht zuletzt aus der Tradition der öffentlich-rechtlichen Sendeanstalten, neben Nachrichten und großen Unterhaltungsshows auch fiktionale Formate selber zu produzieren. Insofern ist die Position und damit das Selbstverständnis von deutschen Redakteur:innen aus der Rolle ausführender

---

49 Dies ist im US-amerikanischen System ja nicht anders, dennoch werden die Aufgabenbereiche völlig unterschiedlich interpretiert.
50 So war es zumindest lange Zeit. Mehr zum Thema Finanzierung unter Kap. II. 6.

Produzent:innen erwachsen.[51] Wie sehr Redakteur:innen in die kreativen Prozesse eingreifen, hängt ganz von den senderspezifischen Traditionen, aber auch von den persönlichen Präferenzen der einzelnen Akteur:innen ab – grundsätzlich gehört die Steuerung jedoch zu ihren zentralen Aufgaben. In der Regel sind Redakteur:innen dabei fest oder fest-frei angestellt, auf jeden Fall aber weisungsgebunden gegenüber ihren vorgesetzten Abteilungsleiter:innen.

Die konkrete Zusammenarbeit zwischen Redaktion und Produktion läuft dabei in Prozessen ab, die auf der einen Seite durch lange Traditionen geprägt, auf der anderen aber gleichzeitig maximal individualisiert sind: Während die einen es lieben und dementsprechend einfordern, bereits die Auswahl der Autor:innen (mit) zu bestimmen und an der Konzeptentwicklung und später den Buchbesprechungen teilzunehmen (und teilweise bis in die Dialoge hinein einzugreifen), folgen andere den Vorschlägen der beauftragten Produktionsfirmen und Kreativen. Der aktive Input bei der Stoffentwicklung gehört explizit zum Tätigkeitsprofil, wird aber weder gesondert erwähnt (per Credit) noch gesondert entlohnt. Ausnahmen bilden einzelne (leitende) Redakteur:innen, die als Executive Producer genannt werden.

Neben der Stoffentwicklung selbst findet auch die Besetzung aller leitenden Kreativ-Positionen traditionell in enger Abstimmung mit der Redaktion statt bzw. wird von ihr abgenommen (also Cast, Regie, Kamera, Kostüm, Ausstattung, Maske bis hin zu Musik, Schnitt und Mischung etc.). Hierzulande vereinigen Redakteur:innen bis auf die Urheberschaft und das eigentliche Schreiben von Konzeptpapieren und Drehbüchern insofern alle kreativen Entscheidungsgewalten eines amerikanischen Executive Producers in ihrer Position, ein produzentisches (also organisatorisches und/oder finanzielles) Risiko tragen sie dabei aber nicht. Für die Produktionsfirma ist die betreuende Redakteur:in die direkte Kontaktperson, die endgültige Entscheidungsgewalt liegt in der Regel jedoch bei der Redaktions- bzw. Abteilungsleitung oder auch der Geschäftsführung der jeweiligen Sendeanstalt.

---

51   Heute produziert allerdings nur noch der HR selber fiktionale Programme.

Im Normalfall betreut eine Redakteur:in ein Format, gerade im Serienbereich teilen sich aber gelegentlich auch mehrere (in der Regel zwei) Redakteur:innen diese Aufgabe. Wer in einer solchen Konstellation das endgültige Sagen hat, wird individuell festgelegt, generell werden Art und Umfang der Kommunikation bei jedem Projekt von der Redaktion aufs Neue vorgegeben. Gleiches gilt für die Timeline: welche Dokumente in welcher Form zu welchem Zeitpunkt vorzuliegen haben, richtet sich in der Regel nach den Wünschen und/ oder Vorgaben der Redaktion (und nicht nach produktionellen Gegebenheiten). Unter Umständen sind aber neben den betreuenden Redaktionen noch weitere Hierarchiestufen direkt oder indirekt an der Stoffentwicklung beteiligt. Insbesondere die föderale Struktur der ARD als Zusammenschluss der Landesrundfunkanstalten verfügt über eine weitere bürokratische Besonderheit: die Gemeinschaftsredaktion (GR).[52] Aus diesem redaktionellen Zusammenschluss von Vertreter:innen der Landesrundfunkanstalten sind unter Umständen ebenfalls inhaltliche Anmerkungen zu laufenden Entwicklungsprojekten zu berücksichtigen und auch Produktionsentscheidungen sind meist von der Terminierung der jeweiligen Sitzungen abhängig.

Dieses System der umfassenden terminlichen und kreativen Steuerung ist (bzw. war) primär auf das Programmschema der jeweiligen Sender fokussiert.[53] Die Kernaufgabe der Redakteur:innen besteht darin, unter anderem zu gewährleisten, dass das beauftragte Format inhaltlich, terminlich, produktionell und finanziell im Sinne der Sendervorgaben (unter anderem zum Beispiel Jugendschutz) umgesetzt wird.

Auch wenn die Gestaltung von Sendeplätzen und Programmfarben bei den Privatsendern weniger von kulturellen oder politischen Entscheidungen, sondern viel unmittelbarer vom Zuschauerinteresse bzw. den Werbeeinnahmen beeinflusst wird, ist die Funktion der betreuenden Redakteur:innen dort

---

52 Bei der ARD werden selbst lang laufende Formate immer wieder aufs Neue, beispielsweise mit jeder neuen Staffelkonzeption, durch die entsprechenden Abnahmegremien geschleust (GR).

53 Inzwischen nehmen alle Sendeanstalten zunehmend auch Neuentwicklungen für ihre jeweiligen Mediatheken ins Visier, doch da die Auswertung im (analogen) Programmschema logischerweise meistens mitgedacht wird, ist man hier in der Regel nicht ganz so frei wie bei einer reinen Streamingplattform.

dieselbe: Das Format muss dem Sendeschema bzw. den Sendeplätzen ange-passt werden – dementsprechend bestimmten die historisch gewachsenen Programmstrukturen ganz wesentlich die Denk- und Arbeitsweise von Redak-teur:innen. Denn vor allem das ältere deutsche Fernsehpublikum liebt(e) seine Sendeplätze! Doch mit der steigenden Zahl an Auswertungswegen verändern sich auch diese Anforderungen massiv. Denn die Liebe des Publikums wird nicht mehr nur in Quoten gemessen, die sich nach wie vor im Wesentlichen auf die traditionellen Unterteilungen in Gesamtzuschauer (3+) und die soge-nannte werberelevante Zielgruppe (19 bis 49 Jahre) beziehen. Mit der zuneh-menden Fragmentierung und schließlich Digitalisierung des Fernsehmarktes und dem damit einhergehenden Sinkflug der Marktanteile werden neben der weiterhin wichtigen Quote zunehmend Abrufzahlen, Klicks und Downloads in den Mediatheken zu einer weiteren, zunehmend die Inhalte beeinflussenden Währung.

Nicht unerwähnt bleiben sollten auch redaktionelle Innovationsimpul-se, wie sie zum Beispiel von VOX ausgingen. Der Sender ließ CLUB DER ROTEN BÄNDER quasi ohne redaktionelle Steuerung entwickeln – und landete wie be-schrieben einen Hit. Produzent:innen und Autor:innen witterten damals be-reits Morgenluft, doch die Zeit war anscheinend noch nicht reif für einen wirk-lich weitreichenden strukturellen Wandel.[54] Den versprechen sich jetzt viele durch die neuen Anbieter. Denn die Arbeitsweise der neuen Player (vor allem der Streamer) ist im Gegensatz zu den linearen Freiprogrammen oft von ande-ren Hierarchien geprägt. Die inhaltliche Einflussnahme orientiert sich tenden-ziell am US-amerikanischen Modell des kommentierenden Feedbacks. Doch die Akteur:innen im Tagesgeschäft entstammen weitgehend dem traditionel-len deutschen/europäischen Markt, weswegen hier nicht alles gleich anders gemacht wird. Partiell wurden und werden sogar Mechanismen des deutschen Redakteursfernsehens kopiert. Dies geschah zu Beginn möglicherweise eher aus einer Notwendigkeit – deutsche TV-Produzent:innen und auch Kreative waren es schließlich nicht gewohnt, bis in die letzte Konsequenz unabhängig bzw. eigenverantwortlich zu entwickeln und zu produzieren.

---

54 Vgl. Torsten Zarges: Bessere Serien ohne Redakteursfernsehen?, www.dwdl.de.

Strukturell gesehen war und ist dies im Grunde eine teilweise Verdeutschung der ursprünglich an den US-Standards orientierten Prozesse. Die US-Denkweise und damit auch die juristischen und wirtschaftlichen Vorgaben sind dennoch stets zu spüren und setzen die Branche gehörig unter Druck.

2. DIE PRODUKTIONSFIRMA

Deutsche TV-Produzent:innen agieren zu weiten Teilen im Bereich der vollfinanzierten Auftragsproduktion. In den meisten Fällen entwickeln Autor:innen eine originäre Stoffidee, häufig geschieht dies aber auch in enger Zusammenarbeit oder gar im Auftrag einer Produktionsfirma oder gar auf Anregung eines Senders. Manchmal stammt die Ursprungsidee von Produktionsseite und wird dann gemeinsam entwickelt. Producer und Produzent:innen beanspruchen für diesen Teil ihrer Arbeit allerdings nur in Ausnahmefällen einen Credit, denn auch ihr kreativer Input ist expliziter Teil ihres Tätigkeitsprofils.[55]

Wer auch immer die Ursprungsidee für eine Serie hatte: nur in Ausnahmefällen wird ein Konzept an einen Sender oder auch Streamer weitergereicht, ohne dass die Produzent:in ihm ihren (inhaltlichen/gestalterischen) Stempel aufgedrückt hat. Denn schließlich steht sein oder ihr Name und das Renommee der Firma für die Qualität des Produktes. Etablierte, weil erfolgreiche Autor:innen verfügen irgendwann über eigene Kontakte zu Auftraggebern, doch gerade zu Beginn der Karriere führt der Weg zum Schreibauftrag immer noch primär über die Produktionsfirma, die – so weit es eben mit der Redaktion verabredet ist – zusammen mit den Autor:innen die kreativen Zügel in der Hand hält.

Sowohl für Produzent:innen als auch Producer ist die Stoffentwicklung also ein wesentlicher Bestandteil ihrer Tätigkeit. Wie eng und eingreifend sie den Prozess sowohl inhaltlich als auch organisatorisch begleiten, hängt – genau wie bei der Redaktion – ganz von den individuellen Einstellungen, der Firmen-

---

55 Allerdings tauchen Produzent:innen in letzter Zeit häufiger als Creator in den Credits auf: z. B. Lisa Blumenberg im Falle von BAD BANKS oder Oliver Berben bei WIR KINDER VOM BAHNHOF ZOO.

tradition, dem Selbstverständnis oder auch den Vorlieben ab, und natürlich auch von dem Standing der Kreativen: während die einen lediglich die groben Eckdaten und Parameter mitgestalten und den Autor:innen anschließend freie Hand lassen, dringen andere Produzent:innen bis in die Details oder gar bis zu einzelnen Satzzeichen vor oder überarbeiten einzureichende Dokumente gleich selbst.

Außer dem eigentlichen Schreiben erfüllen Producer/Produzent:innen neben der Finanzierung alle Aufgaben, die im US-amerikanischen System dem Showrunner obliegen (siehe Kap. IV. 2.): Sie liefern unter Umständen die Ideen und organisieren bzw. steuern den gesamten Stoffentwicklungsprozess, vom ersten Ideenpapier über Buchbesprechungen bis zur Abnahme der Drehbücher, und sind darüber hinaus erste Abnahmeinstanz für Autor:innen. Alles, was die Vorbereitung und Durchführung der Herstellung betrifft, liegt ebenfalls vollständig in ihren Händen: Sie stellen in Absprache mit der Redaktion das Team zusammen und führen die Produktion bis zu den (von der Redaktion abgenommenen) finalen Episoden durch. Ebenso tragen sie als Produzent:in das unternehmerische Risiko und die Verantwortung dafür, die Produktion im Rahmen des Budgets zu halten.[56]

3. REGIE

Neben der Redaktion und den Producern/Produzent:innen ist in der deutschen Serienentwicklung ab einem gewissen Zeitpunkt traditionell die Regie ebenfalls in den Prozess der Stoffentwicklung eingebunden – meist jedoch erst, wenn es einen Produktionsauftrag gibt bzw. es an die konkreten Produktionsvorbereitungen geht.[57] Selbst wenn die Entwicklung eines Grundkonzepts, der Figuren- und Plotbögen bereits stattgefunden hat und die Drehbücher geschrieben und vom Auftraggeber bereits abgenommen sind, wird also

---

56 Allerdings wird dieses Risiko durch den Auftrag und damit Geldfluss durch einen Sender/Streamer vergleichsweise gering gehalten.
57 Serien werden häufig unter wechselnder Regie in Drehblöcken von (je nach Länge) zwei bis fünf Episoden produziert.

unter Umständen das gesamte Konzept noch einmal auf den Prüfstand gestellt. Innerhalb des Systems erscheint das auch logisch, denn erst die Regie ist die ultimative Schaltstelle, an der die Vision des bislang auf dem Papier entwickelten Formats endgültig seine konkrete (ästhetische und produktionelle) Umsetzung findet. Während die Autor:innen meist weitgehend unbehelligt vom Tagesgeschäft der Produktion ihre Vision zu Papier bringen, muss sich am Ende die Regie zusammen mit den Producern der konkreten Ausgestaltung und den Herausforderungen der Machbarkeit stellen – erst sie sind diejenigen, die das Geschriebene in konkrete Bilder umsetzen und (gemeinsam mit der Produktions- beziehungsweise Herstellungsleitung) mit den Zwängen des Budgets und vor allem mit einem realistischen Drehplan in Einklang bringen.[58]

Diese Aufgabe ist sicherlich eine der großen Herausforderungen, sie zu erfüllen insofern Teil der professionellen Dienstleistung. Viel wirkungsmächtiger ist aber der tradierte Ansatz, die Regie als kreativen Kopf der Produktion zu verstehen – dabei sind Regisseur:innen in der Regel nur für eine begrenzte Anzahl an Episoden verantwortlich, und nicht für die gesamte Staffel. Dennoch wird erwartet, dass sie dem zu erstellenden Werk einen mehr oder weniger unverwechselbaren Stempel, eine ganz spezifische Handschrift verpassen. Dass dies aber – anders als bei einem Einzelstück – gar nicht zielführend, vielmehr sogar kontraproduktiv ist (schließlich soll eine Serie sich durch erzählerische, formale und gestalterische Stringenz aller Episoden auszeichnen), hat sich nicht durchsetzen können.

Auch wenn Creator-Persönlichkeiten inzwischen (vor allem bei neuen Formaten) immer öfter auch in der öffentlichen Wahrnehmung in Erscheinung treten: Regisseur:innen verstehen sich und gelten in unserem System immer noch oft als die wesentlichen Kreator:innen einer Serie.[59] Auch diese Konditionierung hat ihren Ursprung in der bereits beschriebenen Tradition, ihnen die

---

58 Autor:innen sind natürlich auch dazu aufgefordert, einen bestimmten, vorher vereinbarten Rahmen nicht zu sprengen (im besten Fall weder finanziell noch inhaltlich) – doch es gehört nicht unmittelbar in ihren Verantwortungsbereich, diese Einhaltung permanent zu überprüfen. Vielmehr ist es primär die Aufgabe von Producern, formatbedingte und/oder budgetäre Vorgaben bzw. Einschränkungen zu berücksichtigen und die Stoffentwicklung entsprechend zu lenken.

59 Was sich zum Beispiel auch daran erkennen lässt, dass bei der Erwähnung/Besprechung fiktionaler serieller Programme traditionell die Regie immer genannt wird, anders als die Autor:innen.

kreative Leitung des gesamten Filmwerkes zu übertragen. Dementsprechend erfahren sie – auch im TV-Bereich – die entsprechende öffentliche Wahrnehmung und Anerkennung. Dies ändert sich nun langsam,[60] doch an ihrer herausragenden Position wird zumindest in den traditionellen Produktionskontexten kaum gerüttelt. In der Hierarchie sind sie auf Augenhöhe mit den Auftraggebern und den ausführenden Produzent:innen, meist werden sie als alles entscheidende Instanz in kreativen und produktionellen Belangen installiert und akzeptiert.

Dabei ist das Anforderungsprofil von Regisseur:innen von TV-Serien deutlich anders als das von Autorenfilmer:innen. Der aus einer extrem wirkungsmächtigen Tradition abgeleitete Anspruch auf die kreative Gesamtleitung hat vor diesem Umstand jedoch keinen Halt gemacht: Die letzte Überarbeitungsrunde der Drehbücher gehört in der deutschen Serienentwicklung traditionell der Regie – auch wenn sie nicht am eigentlichen Stoffentwicklungsprozess beteiligt war. Die Drehfassung ist insofern meist eine Regiefassung, da sie je nach Ambition und/oder Befähigung oft von der Regisseur:in selbst erstellt wird. Je nach Art und Umfang der Einflussnahme wird für diese Leistung auch häufig ein Autor:innen-Credit eingefordert – und teilweise auch gewährt. Diese zusätzlichen Kosten liegen in der Regel bei der Produktionsfirma, Abzüge bei der Folgevergütung durch die VG Wort gehen dagegen zulasten der Autor:innen.[61]

Mit der gesamt-künstlerischen Leitung betraut, transportiert die Regie also ihre Vision durch die zentralen Gewerke der Produktion (Szenografie, Kamera, Kostüm, Ausstattung, Maske) und der Postproduktion (Musik, Schnitt, Mischung). Dafür ernten Regisseur:innen in der Regel auch die Lorbeeren, tragen aufgrund ihrer exponierten Position aber durchaus auch Risiken: Ist eine Regisseur:in nicht in der Lage, eine Produktion innerhalb des finanziellen und/oder zeitlichen Rahmens umzusetzen und wird das Endprodukt ein Misserfolg, wirkt sich dies durchaus auf den professionellen Leumund aus.

---

60 Insbesondere dank des VDDs und der von Drehbuchautor:innen ins Leben gerufenen Initiative K18. Deren Forderungen sind unter http://kontrakt18.org nachzulesen.
61 Die VG Wort ist eine Verwertungsgesellschaft, die die Tantiemen aus Zweitverwertungsrechten an Werken unter anderem von Drehbuchautor:innen verwaltet und verteilt.

4. AUTOR:INNEN

Da bis vor wenigen Jahren deutsche Fernsehproduktionen nahezu ausnahmslos reine Auftragsproduktionen waren, hat sich die Suche nach Ideen und Autor:innen in der Praxis lange hauptsächlich daran orientiert, ob diese in der Lage sind, bestimmte Formate und Sendeplätze zu bedienen. Umfassende Kenntnis der Serienlandschaft, des Marktes und seiner Bedürfnisse wurden und werden dabei vorausgesetzt – gleichzeitig sollen TV-Autor:innen aber bei aller Konformität auch kreative und künstlerische Genies sein.

Gerade in den letzten drei bis fünf Jahren haben sich das Bild und auch die Wertschätzung gegenüber TV-Autor:innen stark verändert. Dies geschieht jedoch nicht flächendeckend, eher scheint es zu einer Herausbildung von zwei Parallelwelten zu kommen: hier die die gute alte (westdeutsche) Fernsehwelt, dort das entfesselte Universum an Streaminganbietern, digitalen Plattformen und neuen Pay-TV-Playern, an innovativen Ansätzen und kühnen neuen Quality-Serien, vereinzelt auch bei den etablierten Sendern. Das Gros der TV-Autor:innen lebt nach wie vor (bzw. noch) von und in der „alten" Welt. Doch plötzlich scheint alles möglich. Die Welt der neuen Player dreht sich allerdings in einem ganz anderen Tempo als wir es gewohnt sind, die Anforderungen sind hoch. Sich in diesem Geflecht angemessen zu positionieren, ist eine echte Herausforderung, mit der sich derzeit vor allem die Vertreter:innen des Verbands Deutscher Drehbuchautoren (VDD) und der Initiative Kontrakt 18 auseinandersetzen.

Klassische deutsche TV-Autor:innen sind vor allem eins: extrem anpassungsfähige Allrounder, dazu hat unser System sie jahrzehntelang ausgebildet. Etwas zugespitzt formuliert: Ideale TV/Serienautor:innen sind (bzw. waren) Personen, die im stillen Kämmerlein geniale, aber dennoch programmplatzgerechte Plots oder gar ganze Formatideen entwickeln, genauso gut recherchieren wie strukturieren, mühelos plotten, Drehbücher parallel für verschiedene Formate im Wochentakt schreiben und ohne Murren (oft) überarbeiten, umwerfende Dialoge und ebensolche Punchlines ausspucken und diese idealerweise den Auftraggebern ebenso charmant wie überzeugend verkaufen. Ganz in der Tradition des romantischen Künstlergenies präsentieren sie erst das fertige Werk (bzw. dessen fertige Vorstufen) – Ideen oder alles, was noch „work in progress" ist, verlässt keinesfalls die Schreibstube bzw. die auftraggebende Produktionsfirma. Entscheidend ist also auch aus Autor:innenperspektive wieder erst das „Werk", nicht der (mehr oder minder geheime) Prozess dahin.

Was den arbeitsrechtlichen Status betrifft: TV/Serienautor:innen sind hierzulande in der überwiegenden Mehrheit freiberuflich tätig. Da das Entlohnungsmodell konsequent auf das abgenommene, an- bzw. abgedrehte Drehbuch ausgerichtet ist, können Autor:innen erst mit beauftragten, in letzter Konsequenz auch erst mit tatsächlich produzierten Drehbüchern Geld verdienen – sie sind die eigentliche geldwerte Leistung. Üblich ist bei den öffentlich-rechtlichen Sendern zum Beispiel die Bezahlung eines Drittels des Honorars bei Vertragsabschluss, eines Drittels bei Lieferung bzw. Abnahme der ersten Fassung und des letzten Drittels bei Abnahme bzw. Drehbeginn. Es gibt aber auch Modelle, die teilweise einen weit höheren Anteil erst bei Drehbeginn fällig werden lassen[62] – dabei haben die Autor:innen keinerlei Einfluss auf die Programmplanung der auftraggebenden Sender oder die Produktionsabläufe. Die Wochen, Monate und manchmal sogar Jahre, die einer ersten Drehbuchfassung vorausgehen, werden dabei vergleichsweise gering gewürdigt, das Honorar für Konzeptionen beträgt gewöhnlich kaum mehr als zehn Prozent des Gesamthonorars und wird in der Regel im Falle einer Beauftragung mit den ersten Werkstufen verrechnet. Faktisch findet bzw. fand Stoffentwicklung in Deutschland zu oft zum Nulltarif statt.

Aus diesem Grund müssen Autor:innen auch immer an mehreren Projekten gleichzeitig arbeiten, was zwangsläufig zu terminlichen Überschneidungen und Engpässen, aber auch zu kreativen Reibungsverlusten führt. Durch die vergleichsweise magere Finanzierung der Konzeptentwicklung beispielsweise

---

62 Gemeint ist unter anderem das ZDF, wo bei dem Modell „Paketvergütung" rund 40 Prozent des Honorars erst bei Drehbeginn fällig werden. Die gesamten Vereinbarungen vom Verband deutscher Drehbuchautoren (VDD) mit ARD und ZDF sind nachzulesen auf https://www.drehbuchautoren.de.

ist die Bereitschaft für endlose Überarbeitungsrunden erwartungsgemäß gering – wird aber gleichwohl erwartet. Gleiches gilt für eine termingerechte Lieferung der vereinbarten Schriftwerke; Vereinbarungen über Art und Umfang oder Timelines für ein Feedback vonseiten der Auftraggeber sind hingegen nicht üblich bzw. gibt es in verbindlicher Form meist nur bei industrialisierten Formaten mit hohen Stückzahlen, die eine straffe Organisation und die Einhaltung festgelegter Zeitabläufe zwingend notwendig machen (wie zum Beispiel Daily- und Weekly-Produktionen).[63]

Traditionell ist bzw. war die deutsche TV-Autor:in also eine Art genialische, eierlegende Wollmilchsau. Dieses vielseitige und gleichzeitig einzelkämpferische Genie muss in der Lage sein, mehrere (im schlimmsten Fall sich widersprechende) Visionen zu verschmelzen, es kämpft dennoch leidenschaftlich für die eigene Idee – weiß aber auch genau, wann der Moment gekommen ist, um jedweden Widerstand aufzugeben. In Bezug auf die Erstellung von Arbeitspapieren hat die getreue Umsetzung von Anmerkungen absolute Priorität, dennoch sind abnahmefähige Zwischenschritte wie z. B. Outlines bei allen Akteur:innen gleichermaßen unbeliebt. Sie gelten als anstrengend zu lesen, gefälliger Lesefluss in Prosa wird allgemein klar bevorzugt. Insofern haben deutsche Autor:innen vor allem auch eines gelernt: Nicht die Timeline oder die lückenlose Plotline sind von Bedeutung, sondern das Lesevergnügen!

In unserem System wird also nicht primär die Entwicklung der eigenen Vorstellung entlohnt, sondern insbesondere die Fähigkeit, die Ideen, Anmerkungen und Visionen aller Entscheidungsträger:innen unter einen Hut zu bringen. Erst dann wird der Löwenanteil des Honorars fällig, in der Regel bei Abnahme bzw. am ersten Drehtag. Alles, was zählt und bezahlt wird, ist das (verfilmte) Drehbuch – die Mühen der Stoffentwicklung gelten als notwendiges und im Preis inbegriffenes Übel. Insofern haben deutsche TV-Autor:innen auch gelernt zu akzeptieren, dass ihre sozialen und kommunikativen Kompetenzen wie auch ihr (kreatives) Schaffen zwar bis zu einem gewissen Grad und Zeitpunkt einen hohen ideellen, am Ende aber kaum wirtschaftlichen Wert haben. Es ist

---

63 Siehe Kap. V. 1.

für sie gang und gäbe, die Hoffnung auf Entlohnung (und Anerkennung) in eine unkalkulierbare Zukunft zu verlagern. Eine stolz geschwellte Brust ob des hohen Grades an Professionalisierung und Belastungsfähigkeit ist dem Gros deutscher TV-Autor:innen hingegen zumeist fremd.

Auch wenn manches hier überspitzt wirken mag: Wir behaupten, dass das Festhalten am traditionellen, sehr deutschen Kunst- bzw. Geniebegriff in Kombination mit der Einforderung von absoluter Anpassungsfähigkeit tiefe Spuren, ja fast schon Narben hinterlassen hat – quasi eine „déformation professionelle". Natürlich gibt es und gab es auch immer sehr fruchtbare und von gegenseitiger Anerkennung geprägte Kooperationen zwischen selbstbewussten Autor:innen und respektvollen Produzent:innen/Producern, Redakteur:innen und Regisseur:innen. Dennoch: Erfahrenere deutsche TV-Autor:innen sind es gewohnt, sich permanent zu verteidigen, ihre Ideen zu schützen und die anderen am Prozess Beteiligten als potenzielle Feinde zu betrachten – weil es eben zu ihrer Arbeitsrealität gehört(e), dass diese anderen in der Regel keine Autor:innen sind, aber *alle* mehr Entscheidungsmacht haben, als sie selber. Auf der anderen Seite konnten sie auch recht behütet schreiben und wurden vergleichsweise wenig mit den oft prosaischen Herausforderungen der Herstellung konfrontiert – entsprechend unerfahren sind sie in finanziellen, produktionellen und inszenatorischen Belangen. Erst die jetzt nachfolgenden Generationen, die nun in einen extrem beweglichen, offenen und hungrigen Markt vorstoßen, können hier unbelasteter und deutlich freier aufspielen. Zudem bewegen sie sich zunehmend in Produktionsformen, die kreativ von einer Autor:in angeleitet wird, die den Prozess von Anfang bis Ende begleitet – gleichzeitig steigen damit aber auch die handwerklichen Anforderungen.

5. DER PROZESS DER STOFFENTWICKLUNG

Am Anfang steht die prägende Idee (von wem auch immer), die zunächst schriftlich fixiert und beispielsweise zu einem Pitch oder Kurzkonzept ausgestaltet wird.[64] Damit versucht die Autor:in, eine Produzent:in zu finden, die den Stoff/die Idee optioniert oder weiterentwickeln lässt – was bestenfalls (aber nicht zwangsläufig) mit einem gesonderten Honorar entlohnt wird.[65] Immer noch kommt es auch vor, dass deutsche Produzent:innen Ideen bei ihren potenziellen Auftraggebern pitchen, ohne der Autor:in etwas zu bezahlen oder sich sonst wie zu committen. Diese Praxis nimmt jedoch tendenziell ab, da deutsche Autor:innen sich immer besser beraten lassen, bei der aktuell steigenden Zahl an Produktionen und Playern immer gefragter sind und zudem zunehmend den direkten Draht zu den Sendern suchen bzw. finden. Geht der Pitch aber den klassischen Weg über eine Produktionsfirma, bleibt den Autor:innen zunächst nur eins: abwarten.

Optioniert die Produktionsfirma einen Stoffvorschlag, wird anschließend mit dem inhaltlichen Input durch die Producer und/oder Produzent:in ein Konzeptpapier erstellt, das vorlagefähig ist – ob mit Weiterentwicklungsvertrag oder ohne. Einheitliche Vereinbarungen darüber, wie diese Papiere auszusehen und was sie zu beinhalten haben, gibt es nicht – auch dies ist Verhandlungssache mit der Produktion und den konkreten Ansprechpartner:innen: Während die einen es gerne genau wissen wollen, möchten die anderen beispielsweise nicht zu viel lesen müssen, manche setzen auf überbordende, aufwendig gestaltete Mappen, anderen reicht ein Bild auf dem Deckblatt. Wer einen entsprechenden Draht zu den betreffenden Redakteur:innen hat, pitcht eine Idee vorab und sichert sich so eine gewisse Aufmerksamkeit bzw. eine grundsätzliche Lesebereitschaft. Ist das wie auch immer gestaltete Papier erst einmal

---

64 Alte Hasen mit entsprechenden Referenzen/track record pitchen ihre Idee auf ein paar wenigen Seiten und bekommen sofort einen Vertrag. Unerfahrenere Kolleg:innen versuchen möglicherweise, dem fertigen Werk durch schiere Masse so nahe wie möglich zu kommen.

65 Dass Produzent:innen eine (Weiter-)Entwicklung oder gar ein Pilotbuch komplett aus eigener Tasche in Auftrag geben, ist immer noch recht selten. Aber auch das ändert sich – die Entwicklung von WIR KINDER VOM BAHNHOF ZOO von Creatorin Annette Hess und ihrem Autor:innen-Team wurde beispielsweise bis zu vorangeschrittenen Drehbuchfassungen aller Episoden von der Constantin Film eigenfinanziert.

beim Sender, bleibt Autor:in und Produktion wieder nur abzuwarten (immerhin sind sie nun schon mindestens zu zweit).

Auch hier kann ein gutes Verhältnis zu den Auftraggebern die Wartezeit verkürzen, doch verbindliche Zeitabläufe gibt es nicht – es kann Tage, Wochen, Monate oder auch Jahre dauern. Die Abläufe und Entscheidungsstrukturen innerhalb von Sendern sind extrem unterschiedlich und die genauen Kenntnisse darüber sind mit das wertvollste Kapital von Produzent:innen und Producern. Während bei den Privatsendern die Hierarchien meist etwas flacher sind, findet sich am anderen Ende der Komplexitätsskala die bereits erwähnte Gemeinschaftsredaktionssitzung der ARD, die durch nichts und niemanden in ihren Zeitabläufen zu erschüttern ist. Die Konstellationen und selbst Personalien und Zuständigkeiten bei den neuen Playern und Streaminganbietern sind erst im Entstehen – was zu großen Unsicherheiten, aber eben auch neuen Verbindungen führt. Allerdings lässt sich jetzt schon ausmachen, dass die meisten der neueren Player deutlich flexibler agieren und in der Regel sehr viel schneller zu einem Ergebnis (und damit Feedback) kommen.

Erhält die Produktionsfirma schließlich einen Entwicklungsauftrag, macht sich je nach Arbeitsumfang, Zeit und Gusto meist die ursprüngliche Autor:in daran, weiterzuentwickeln und -zuschreiben. Über Grundkonzept und Staffel- bzw. Figurenbögen wird möglicherweise noch im Team diskutiert, die Ausformulierung der Präsentation und des Pilotdrehbuches wird in der Regel jedoch auch in einem solchen Fall von einer durch die Produktion bestimmten (Head-)Autor:in durchgeführt (zumeist, aber nicht zwingend die Autor:in, die das Konzeptpapier geschrieben hat). Wenn mehrere Episodenbücher im Entwicklungsauftrag enthalten sind, kommen nun meist weitere andere Autor:innen ins Spiel. Dabei wird die Erstellung der Drehbücher (ob im Falle eines Entwicklungs- oder Produktionsauftrages) traditionell als Einzel- bzw. Individualleistung der jeweiligen Autor:innen betrachtet und auch ausgeführt, egal wie viel hier im Vorfeld als Team erarbeitet wurde. Für inhaltliche und formale Stringenz sorgen die Producer, gegebenenfalls Dramaturg:innen oder eben die Head-Autor:innen. Auch hier ist seit ein paar Jahren gehörig Bewegung im

Markt, die Entwicklungsabläufe von mehr und mehr Formaten (vor allem solchen, die in hohem Tempo entstehen müssen) nähern sich den kollaborativen Strukturen eines Writers' Rooms und partiell auch dem Modell Showrunner an. Konsequent umgesetzt werden sie bislang aber nur in Einzelfällen (vgl. hierzu Kap. V.).

Das entstandene Entwicklungspaket (meist eine Konzeption, mindestens ein Pilotbuch oder mehrere Drehbücher plus Exposés für weitere Folgen) wird den Auftraggebern erneut zur Abnahme vorgelegt, ein Produktionsauftrag ist jedoch in der Regel erst zu erwarten, wenn *alle* am Stoffentwicklungsprozess Beteiligten (also auch die den Redakteur:innen übergeordneten Instanzen) ihre Anmerkungen gemacht haben und diese zufriedenstellend eingearbeitet wurden.[66] Die Entwicklung und Produktion einer neuen Serie kann auf diese in Deutschland bislang übliche Weise schon mal drei bis fünf Jahre dauern – und dafür sind primär die Strukturen verantwortlich, und nicht die beispielsweise für eine komplexe Storyworld notwendigerweise aufwendige Recherche und/oder intensive Entwicklungsarbeit. Zudem sind viele Entscheider:innen maßgeblich an dem Prozess beteiligt – wir reden hier unter Umständen von bis zu zehn Personen (*ohne* die Autor:innen). Verbindliche Richtlinien in Bezug auf Textformen und Timelines, Entscheidungsprozesse und/oder Hierarchien gibt es nicht, sie müssen, wie bereits erläutert, immer wieder aufs Neue erkundet und verhandelt werden.

Natürlich kann man dies auch als Chance begreifen – es sorgt aber auf jeden Fall für erheblichen Reibungsverlust, sowohl auf kreativer, vor allem aber auf zeitlicher und damit wirtschaftlicher Ebene. Die neuen Anforderungen etwa von internationalen Streaminganbietern stellen diesbezüglich eine ganz andere Herausforderung für die an lange bzw. langsame Entwicklungszeiten gewöhnten Akteur:innen dar, meist wird hier eine erste Staffel innerhalb eines Jahres entwickelt, geschrieben und produziert – enormer Zeitdruck also. Zwar

---

66 Dieser Schritt entfällt in der Regel bei den meisten neuen Playern, vor allem Streamern, die häufig nicht zuerst ein Entwicklungs-, sondern gleich ein komplettes Produktionsgreenlight geben – unter Umständen auch auf Grundlage von nur relativ wenigen Seiten Konzeptpapier und Gesprächen mit Produktion und Kreativen.

ist das Tempo in Deutschland auch bei neuen Serien immer noch meistens deutlich geringer als in den USA, aber mehr und mehr aktuelle Formate, auch bei etablierten Playern, entstehen mittlerweile in einem Zeitraum von einem bis maximal zwei Jahren.[67]

Die „neue" Welt hat also schon Einfluss genommen auf unsere Entwicklungsstrukturen, vor allem bei neuen Formaten. Besondere (Kampf-)Erfahrung und Überlebenstechniken haben deutsche Produzent:innen (und Kreative) aber schon vorher insbesondere bei der Entwicklung und Herstellung von Folge-Staffeln entwickelt. Da Produktion und Ausstrahlung sich im deutschen Fernsehen normalerweise nicht (bzw. nur im Daily- und Soap-Bereich) überschneiden, werden weitere Staffeln in der Regel erst *nach* erfolgreicher (und kompletter) Ausstrahlung beauftragt. An irgendwelchen produktionellen Gegebenheiten fühlen sich Sender dabei meist nicht gebunden, auch die Zeiträume für die Beauftragung einer Fortsetzung sind oft nicht genau festgelegt bzw. werden nicht eingehalten: Es kann ganz schnell gehen und dann die Produktion gehörig unter (Zeit-)Druck setzen – oder aber genauso quälend lange dauern wie bei der „Erstzulassung". Dass in einem solchen Fall zwischen der Ablieferung einer ersten Staffel und der Ausstrahlung oder der Ausstrahlung und der Beauftragung einer weiteren Staffel möglicherweise Monate liegen und Optionszeiträume für Cast und Crew entsprechend abgelaufen sind, liegt im Verantwortungsbereich der Produktionsfirma. Wenig überraschend gibt es also auch für den Prozess der Fortsetzung eines erfolgreichen Formats keine allgemein verbindlichen Regeln oder zeitlichen Abläufe.

6. FINANZIERUNG

Die Finanzierung von Fernsehinhalten erfolgt in verschiedenen Formen. Die öffentlich-rechtlichen Sendeanstalten von ARD und ZDF finanzieren sich über Rundfunkgebühren und Werbeeinnahmen (duale Finanzierung). Die privatrechtlichen Sendeanstalten finanzieren sich hauptsächlich über Werbe-

---

67   Vgl. hierzu die Auswertung unserer Umfrage zur Serienentwicklung 2021 im Anhang.

einnahmen; Pay-TV-Kanäle und Streaminganbieter über Gebühren: entweder in einem Abo-Modell (Flatrate), durch individuell bepreiste Video-on-Demand-Angebote oder beides. Unter bestimmten Voraussetzungen stehen allen Akteuren auch diverse staatliche Fördermittel zur Verfügung.

Die Bereitschaft von Produzent:innen und Kreativen, tiefgreifende Eingriffe in den Prozess der Stoffentwicklung hinzunehmen, hat neben den bereits erläuterten kulturhistorischen Wurzeln auch ganz handfeste ökonomische Hintergründe: Bis vor wenigen Jahren wurden Fernsehproduktionen in Deutschland fast ausschließlich vollfinanziert. Der Sender war in diesem Fall eben nicht nur oberste inhaltliche Instanz, sondern trug die gesamten Kosten der Herstellung und erhielt im Gegenzug sämtliche Auswertungs- und Nutzungsrechte. Wenn Produzent:innen hingegen einen Teil der Herstellungskosten selber stellen (wie es z. B. bei Kinoproduktionen üblich ist) und dafür Verwertungsmöglichkeiten einbehalten (z. B. VoD- oder Auslandslizenzen o. Ä.), handelt es sich um eine sogenannte teilfinanzierte Auftragsproduktion. Teilfinanzierte TV-Auftragsproduktionen sind seit geraumer Zeit auch im Serienbereich möglich. Doch auch in diesem Fall hat der Sender in der Regel mehr oder weniger das komplette inhaltliche Sagen.

Das zweitbeliebteste Modell deutscher Produzent:innen war lange die Förderproduktion. Ursprünglich als Filmförderung ins Leben gerufen, galt es, Standorte und Filmkunst zu fördern – kulturell und wirtschaftlich.[68] Über viele Jahre auf Spielfilme und Kinoproduktionen fokussiert, werden heute von einigen Förderinstitutionen zunehmend auch Serienproduktionen und andere mediale Formate (z. B. Games) gefördert.[69] Allerdings: Vollfinanzierte Auftragsproduktionen sind in der Regel nicht förderfähig, wohl aber teilfinanzierte Auftragsproduktionen sowie Koproduktionen, diese werden dann als Förderproduktionen bezeichnet. Das bedeutet, die Produzent:innen müssen einen gewissen Eigenanteil in die Finanzierung einbringen – behalten dafür aber verschiedene Verwertungsrechte.

---

68 Die Film- und Medienstiftung NRW ist das älteste und gleichzeitig größte Förderhaus in Deutschland. Inzwischen gibt es einige nationale und regionale Förderinstitutionen, vgl. www.dramaturgenverband.org/service/foerderung.
69 Wie zum Beispiel vom Medienboard Berlin-Brandenburg, das seit über fünf Jahren Serien fördert.

Vor allem internationale Koproduktionen sind für Kinoproduzent:innen schon immer gang und gäbe, in der deutschen TV-Landschaft waren sie lange eher die Ausnahme. Dabei erhöhen sie nicht nur das Finanzierungspotenzial, sondern helfen auch dabei, ausländische Märkte zu erschließen (wenn z. B. durch die Besetzung ein internationales Publikum angesprochen wird). Meist gibt es eine Hauptproduzent:in (majoritäre Koproduzent:in), die den Löwenanteil der finanziellen Mittel stellt und dadurch das größte Mitspracherecht bei der Gestaltung hat. Die minoritären Produzent:innen erhalten ein Mitentscheidungsrecht, in der Regel entsprechend ihrer Beteiligung.

Neben Koproduktionen gab und gibt es natürlich noch andere Möglichkeiten der Finanzierung, z. B. Crowdfunding, Filmfonds oder auch private Finanzierungen. Doch so lange deutsche TV-Serien hauptsächlich für den (überschaubaren) heimischen Markt hergestellt wurden und bis auf wenige Ausnahmen im Ausland kaum Anerkennung, geschweige denn wirtschaftlichen Erfolg versprachen, waren die – im Vergleich zur bequemen Auftragsproduktion – organisatorisch und juristisch anspruchsvolleren Optionen einer Koproduktion wenig verlockend. Doch auch dies ändert sich gerade rasant: Bei den Originals der deutschen Streamer und der Pay-TV-Kanäle gibt es neben (klassischen) voll- und teilfinanzierten Auftrags- und Koproduktionen[70] inzwischen sogar das Modell der Produzentenserie (also die Produktionsfirma als majoritärer Finanzierer) und auch internationale Lizenzverkäufe (sogenannte Pre-Sales), die bereits im Vorfeld der Serienfertigstellung stattfinden, und die Einbindung von Distributionsfirmen, die immer häufiger schon während oder vor der Entwicklung als (meist minoritäre) Koproduzenten auftreten, gewinnen immer mehr an Bedeutung.

---

70 Der produktionsstärkste Streamer Netflix setzt nahezu immer auf hundertprozentige Auftragsproduktionen, Koproduktionen oder teilfinanzierte Auftragsproduktionen sind eindeutig die Ausnahme.

7. FAZIT

Auch wenn immer mehr vor allem neue Serienformate in diversen Formen der kollaborativen Zusammenarbeit zwischen Kreativen, Produktion und Auftraggebern entwickelt werden, ist das vorherrschende System der Stoffentwicklung immer noch das Redakteursfernsehen, wie es von den öffentlich-rechtlichen Sendeanstalten entwickelt und von den Privatsendern übernommen wurde. Die eigentliche Produktion wurde ausgelagert, die inhaltliche Kontrolle und Steuerung behalten und die Regie als ultimative kreative Instanz betrachtet – auf diese Weise hat sich ein zeit- und ressourcenintensives System etabliert, ohne dass dabei branchenweite, allgemeingültige Strukturen geschaffen worden wären. Die daraus resultierenden finanziellen Unwägbarkeiten wurden dabei konsequent an die Produktionsfirmen und letztendlich an die Autor:innen weitergereicht, obwohl sie keinerlei Einfluss auf Programmierungs- oder Produktionsprozesse haben und in der Regel auch nicht dafür verantwortlich sind, ob eine Serie überhaupt gedreht wird oder nicht – was in den allerseltensten Fällen von der Qualität der Drehbücher abhängt, die sie ja im Übrigen nicht selbstständig, sondern auf Anweisung und unter intensiver kreativer Einflussnahme durch Produktion und Redaktion geschrieben haben.

In Deutschland haben traditionell viele Beteiligte Einfluss auf die Stoffentwicklung und verstehen sie als Teil ihres Aufgabenbereiches, wohingegen Autor:innen nicht in Produktionsprozesse eingebunden sind und dementsprechend kaum solche Entscheidungskompetenzen ausbilden konnten (oder wollten). Dies ändert sich nun gerade, nicht zuletzt auf Initiative entsprechender Verbände (VDD) und Interessenvertretungen (Kontrakt 18) – bis auf Weiteres liegt die kreative Steuerung des Stoffentwicklungsprozesses in Deutschland dennoch bei der deutlichen Mehrzahl der Formate weiterhin vorrangig in vielen Händen, was immer wieder zu erheblichen Reibungsverlusten, langen Entwicklungszeiten und Konsensformaten führt, die den heimischen Markt selten verlassen. Anders als jene deutschen Formate, die in anderen Kontexten entstanden sind.

Aufgrund ihrer Monopolstellung als alleinige Auftraggeber konnten deutsche Sendeanstalten lange die Bedingungen nach ihren Bedürfnissen diktieren – doch das dürfte in naher Zukunft vorbei sein, denn das typisch deutsche Modell des Redakteursfernsehens ist seit ein paar Jahren nicht mehr alternativlos. Mit dem zunehmenden Erfolg von eigenproduzierten (High-End-)Serien für internationale Märkte und dem Druck der neuen Player steigen nicht nur die Ansprüche der Kreativen. Neue Finanzierungsmodelle und auch (internationale) Koproduktionen werden immer populärer und verschaffen auch TV-Produzent:innen mehr Unabhängigkeit. Gerade bei aufwendigen Produktionen kommen dabei auch ungewöhnliche Kooperationen zustande, die früher undenkbar waren. Dank dieser neuen Beweglichkeit profitieren immer mehr international denkende und agierende heimische TV-Unternehmen und Kreative vom zunehmend Serien unterstützenden deutschen Fördersystem.

III. DER US-AMERIKANISCHE SERIENMARKT

Nachdem wir uns mit unserer Kulturhistorie und dem deutschen Serien-markt beschäftigt haben, widmen wir uns nun den USA, dem Mutterland der modernen Serie, die dort nahezu untrennbar mit dem Modell Writers' Room verbunden ist. Um zu verstehen, aus welcher Kultur sich dieses Modell herausgebildet hat und wie sich in diesem Umfeld neue Qualitätsstandards in Sachen Serien und Serienentwicklung etablieren konnten, ist es auch hier sinnvoll, zunächst das Fernsehsystem genauer zu betrachten. Dies ist sicher jetzt kein Spoiler mehr: Die US-amerikanische Fernsehlandschaft ist funda-mental anders als die deutsche.[71]

Hunderte Sender bzw. Sendergruppen buhlen um die Aufmerksamkeit der gut 120 Millionen Fernsehhaushalte – der Markt ist als rund dreimal so groß wie der deutsche.[72] Auch hierzulande bekannt sind die großen Networks ABC, CBS, NBC und Fox („The big four") und The CW, zu denen eine Vielzahl an Sen-dern gehört, die neben eigenen Inhalten auch die Inhalte des Mutter-Networks ausstrahlen und sich mit Werbung finanzieren, Free-TV also. Ebenso bekannt dürfte das nichtkommerzielle und durch Spenden und staatliche Zuschüsse finanzierte Network PBS sein, dem wir zum Beispiel die SESAMSTRASSE verdan-ken und das bis heute einen Bildungsanspruch vertritt – ähnlich also wie unser

---

71 Einen guten Überblick über die US-amerikanische Fernsehgeschichte geben: Robert D. Thompson und Steve Allen: Television in the United States. In: Encyclopaedia Britannica, https://www.britannica.com; sowie über die frühen Jahre der Klassiker: Eric Barnouv: Tube of Plenty: The Evolution of Ameri-can Television. New York 1990.
72 Zum Vergleich: In Deutschland gab es 2020 ca. 38,5 Millionen Fernsehhaushalte, www.statista.com.

öffentlich-rechtliches Fernsehen in Deutschland. Zahlreiche Pay-TV-Sender-gruppen der großen und anderer Anbieter (Cable Networks) ergänzen das Programm. Je nach Qualitätsstufe („Basic" oder „Premium Cable") finanziert sich auch das US-Pay-TV über Werbung und/oder monatliche Gebühren. Und zu all dem kommt noch eine Menge an lokalen und Ballungsraumsendern hinzu, von den Streamern (Netflix, Prime Video, Hulu, Disney+, Apple TV+ etc.) ganz zu schweigen. Das US-Publikum hat also eine geradezu erschlagende Auswahl an Vollprogrammen, an höchstspezialisierten Spartensendern und S-VoD-Anbietern – und bezahlt dafür.

Es ist in den USA seit dem Aufkommen der Cable Networks in den 1970er und 8oer Jahren üblich, Fernsehen, vor allem Qualitätsfernsehen, über Abo-Gebühren zu beziehen,[73] also lange bevor Premiere in Deutschland erstmals ein ähnliches Modell anbot. Cable – oder das teurere, weil in der Regel werbeunterbrechungsfreie Premium Cable – wird in Paketen gebucht, die gleich eine ganze Palette an verschiedensten Sendern mitliefern. Seit der Geburtsstunde des Pay-TV ist die Ausstrahlung großer Sportveranstaltungen das beste Verkaufsargument, seit einigen Jahrzehnten kommen aber auch hochwertige Serien hinzu. HBO etwa konnte so den Schritt von einem Abspielsender hochwertiger Kinofilme hin zum Pionier im anspruchsvollen Fernsehen schaffen und über Jahre hinweg nahezu unangefochten eine Führungsposition bei innovativen und herausragend erzählten Serien verteidigen.

Warum ausgerechnet Serien? Weil Serien wie gemacht sind für das Fernsehen. Und für Werbung. Und damit haben nahezu alle US-Fernsehsender von Anfang an ihr Geld verdient. Letzteres wurde mit dem Aufkommen von Cable für die Free TV Broadcaster aber immer schwieriger. Das zwar wachsende Publikum verteilte sich auf immer mehr Sender, der Konkurrenzkampf wurde immer heftiger geführt – die Fragmentierung des Marktes begann hier also wesentlich früher als bei uns. Und so machten die US-Networkbosse in den 1980er

---

73 Laut statista.com geht die Zahl der Cable-TV-Abos zwar kontinuierlich zurück, aber 2020 konsumierten noch rund zwei Drittel aller US-Fernsehhaushalte Pay-TV, mehr als die Hälfte davon bezahlen zwischen 100 und 200 Dollar im Monat dafür. Gebühren für einzelne Streaming-Plattformen kommen hier noch hinzu.

Jahren zunächst das, was uns womöglich bekannt vorkommt: *more of the same*. Immer mehr Varianten der damals populärsten Gattungen Spielshow, Talkshow und Soap dominierten das Programm, konnten aber andere serielle Formate wie Sitcoms, Crime, Thriller oder Medical Procedurals, wie es sie seit den 1950er Jahren gab, nie ganz verdrängen. Zeitgleich schien es jedoch nötig, auch neue Wege zu gehen, um das Publikum trotz des ständig wachsenden Angebots zu halten.

1. DIE SERIEN(R)EVOLUTION

Der Weg hin zur horizontal erzählten, hochwertigen Serie, wie wir sie heute kennen, begann mit Formaten wie HILL STREET BLUES (NBC), einer Polizeiserie, die erstmals 1981 ausgestrahlt wurde und mit einer Verschiebung des narrativen Fokus auffiel. Statt Kriminalfällen wurden zwischenmenschliche Konflikte in einem Revier, Figurenentwicklungen, Multiperspektivität und horizontale Erzählbögen in den Mittelpunkt gestellt. Andere Formate wie CAGNEY UND LACEY (CBS, 1981) folgten dem neuen Erzählansatz und konnten dem etwas in die Jahre gekommenen Genre der Cop Show neues Leben einhauchen.[74] Im Bereich Medical stach ST. ELSEWHERE (NBC, 1982) hervor, eine Serie, die das alte Genre als Workplace-Drama mit großem Ensemble neu interpretierte.

Eine nicht weniger wichtige Station auf dem Weg zur modernen Qualitätsserie war die – wenn auch eher budgetäre – Aufwertung der Soap.[75] Diese Strategie der Zuschauerbindung ging bestens auf: Mit DALLAS hob CBS bereits 1978 eine Soap mit deutlich größerem finanziellen und Produktionsaufwand als üblich ins wöchentliche Hauptprogramm. 1981 legte CBS nach dem Spin-off

---

74 Übrigens: Als CAGNEY UND LACEY wegen mangelnden Erfolges abgesetzt werden sollte, gründete sich in den USA eine Vereinigung, die im Namen bereits einen noch heute gebräuchlichen Kategorienbegriff für dieses neuartige Fernsehen trug: die Viewers of Quality Television, eine Non-Profit-Organisation, die bis zu ihrer Auflösung im Jahr 2000 als Fürsprecher hochwertigen TVs auftrat, ursprünglich aber schlicht die Absetzung von CAGNEY AND LACEY verhindern wollte.

75 Soaps wurden klassischerweise (werk-)täglich im Morgen- oder Nachmittagsprogramm ausgestrahlt, seit der wöchentlichen Ausstrahlung wird zwischen Daily Soaps und Weekly unterschieden, die in der Regel mit längeren Episoden erzählt werden. Inhaltlich bzw. strukturell aber gibt es kaum Unterschiede.

KNOTS LANDING mit FALCON CREST nach und im selben Jahr präsentierte ABC mit DYNASTY ebenfalls eine Edelsoap, die wie die anderen ein Welterfolg wurde.

Auch die klassischen Genres Medical, Crime und Cop Show entwickelten sich weiter, wenn hier auch eher mit neuen Figuren und originellen Genre-kombinationen variiert wurde, als auf horizontale Erzählbögen und Multi-perspektivität zu setzen.[76] Erst in den 1990er Jahren setzten die Networks wieder verstärkt auf episodenüberspannende Storylines, Multiperspektivität, große Ensembles und eine komplexe Handlung. Den Anfang machte die auch aus heutiger Sicht immer noch höchst originelle und eigensinnige, komplett horizontal erzählte Mystery-Serie TWIN PEAKS (ABC, 1990). Als Genrehybrid aus Familien- und Krimiserie erregte 1992 PICKET FENCES (CBS) enorme Aufmerk-samkeit. Gleiches gilt für die Cop Shows NYPD BLUE (ABC, 1993) oder ästhetisch und erzählerisch aufregende neue Formen der Medical wie ER (NBC, 1994) oder CHICAGO HOPE (CBS, 1994).

Die 1980er, vor allem aber die 1990er Jahre waren in den USA eine Zeit der Serienerneuerung. Der Medienhistoriker Robert D. Thompson benennt 1996 in seinem Buch *Television's Second Golden Age* zwölf Kriterien, die diese neue Generation an Serien, die Qualitätsserien, definieren: formale Komplexität, Realismus, offener Umgang mit Genres und Genrekombinationen, große En-sembles mit sich entwickelnden Figuren, kontroverse Inhalte, episodenüber-greifendes (also horizontales) Erzählen, gesellschaftsrelevante Themen, Erfolg bei Kritikern, Erfolge bei Branchenpreisen, Intertextualität (Verweise auf die Film- und Fernsehgeschichte), wenig Publikum (eher Nische) und: Autor:innen als wesentliche Schöpfer.[77]

So streitbar manche dieser Kriterien (vor allem aus heutiger Sicht) auch sein mögen, so benennt Thompson doch einige Merkmale, die sich auch bei

---

76 Z.B.: MURDER SHE WROTE (1984, CBS), MATLOCK (1986, NBC) oder DOOGIE HOWSER M.D. (1989, ABC).
77 Vgl. Robert D. Thompson: Television's Second Golden Age – From Hill Street Blues to ER. New York 1996, S. 13 ff.

aktuellen Qualitätsserien finden lassen.[78] Vor allem ist sein Verweis auf die zentrale Rolle der Autor:innen ein für uns überaus interessanter Aspekt. Denn die (R)Evolution der Serie in den USA war direkt verknüpft mit der Aufwertung der schreibenden Zunft. Hatten bis in die 1970er hinein immer Studio Executives das kreative Sagen (übrigens waren sie auch die einzigen, die eine neue Show beim Sender pitchen durften), änderte sich der Status der Autor:innen immens. In den letzten Seasons der Sitcom THE MARY TAYLOR MOORE SHOW (CBS, 1970) bekamen die Autor:innen erstmals kreative Freiheiten, um die Qualität der lang laufenden Serie aufrechtzuerhalten. HILL STREET BLUES wurde von extra hierfür engagierten Autoren (zunächst tatsächlich nur Männer) entwickelt – und nicht, wie bis dato üblich, von ohnehin beim Studio unter Vertrag stehenden Autor:innen und einer Masse an Freelancern, die die Ideen eines Studiomenschen eben umsetzen sollten.[79] Auch das zunehmend größere Publikumsinteresse an vielschichtigen, überraschenden Figuren und an einer stringent umgesetzten Einheitlichkeit und „Vision" einer Serie erforderte Autor:innen, die – ausgestattet mit zumindest einigen Freiheiten – nicht nur Dienst nach Vorschrift machten, sondern konsequent eigene Ideen umsetzten.

Mehr produzentische Befugnisse und Pflichten bekamen die Autor:innen, als es dann Probleme bei der filmischen Umsetzung gab bzw. als die Vision der Bücher nicht so ohne Weiteres den Dreh- und Postproduktionsprozess überstand – der Writer-Producer war geboren. Nur wenige Jahre später, vermutlich Ende der 1980er/Anfang der 1990er Jahre, wurde schließlich ein weiterer neuer Begriff erfunden, um die Person zu kennzeichnen, die kreativ die *volle* Verantwortung für eine Serie hatte: der Showrunner – von Anfang also an eine Position, die vom Schreiben kommt.[80]

Den letzten Schritt zur Vollendung der Serienrevolution vollzog nach Jahren der Dominanz der großen Networks ausgerechnet das Cable Network HBO, das

---

78 Einiges davon übernimmt auch die neuseeländische Medienwissenschaftlerin Trisha Dunleavy, ihre Hauptkriterien des „American Quality Drama" sind: konzeptuelle Innovation, Ausrichtung auf ein gebildetes Publikum, horizontale und komplexe Erzählweisen, kreative Autonomie bei den Autor:innen sowie Genremixes und Selbstreferenzialität. Trisha Dunleavy: Complex Serial Drama and Multiplatform Television, New York 2018, S. 44 ff.
79 Vgl. Cindy Y. Hong: When did people start saying „Showrunner"?, www.slate.com.
80 Ebenda.

bis dato mit der exklusiven Ausstrahlung von Kinofilmen und Sportgroßveranstaltungen seine Kunden an sich band – auch wenn der Pay-TV-Sender bereits seit den 1970er Jahren kleinere Eigenproduktionen (vor allem Sitcoms) im Programm hatte.[81] Doch die Abo-Zahlen stagnierten schon mit dem Aufkommen von Videogeräten Mitte der 1980er und noch einmal mit dem Aufkommen von DVDs und ersten Pay-per-View-Angeboten Mitte der 1990er Jahre. Warum sollte sich noch jemand ein HBO-Abo zulegen? Eine neue Idee musste her.

Die Entscheidung, auf Serien zu setzen, wurde durch deren Beliebtheit beim großen Publikum leicht gemacht. Allerdings auf Serien, die die ganzen Vorteile des Pay-TVs nutzten, die also weder von Werbung unterbrochen wurden noch übermäßige Einschränkungen bei der Darstellung von Gewalt und Sex sowie bei der Verwendung expliziter Sprache hinnehmen mussten und so das Publikum Woche für Woche vor den Fernseher locken konnten – und somit auch für eine permanente Verlängerung des Abos sorgten. Dabei war HBO klar, dass sie anders als die Free TV Networks gerade nicht ein großes Massenpublikum mit ihren Serien ansprechen, sondern in erster Linie auffallen mussten. Durch Qualität einerseits, aber auch durch die Auseinandersetzung mit heiklen, tabubehafteten, noch nie oder kaum im Fernsehen erzählten Themen, Figuren und Settings. Im Grunde war die Strategie von HBO, zu identifizieren, was sich das Free-TV nicht traut, was einem zunehmend an Qualität gewöhnten Publikum noch fehlt und was aufgrund der gewagten Inhalte und außergewöhnlichen Umsetzung genug mediale Aufmerksamkeit erregt (etwa durch gute Kritiken und Preise), um landesweit wahrgenommen zu werden. Wer also nicht wegen der Kinofilme oder der Sportausstrahlungen ein HBO-Abo kaufte, sollte dies wegen sensationellen, tabubrechenden, kompromisslosen, mitunter auch spitzen, also eher auf ein Nischenpublikum zugeschnittenen Serien tun, für die HBO in Zukunft stehen wollte.

Die besten Kreativen (die im und durch das Network-System groß geworden waren) sollten sich bei HBO aufgehoben fühlen, dort nie gekannte künst-

---

81   Über HBO und seine Bedeutung für die US-amerikanische Serienrevolution wurde viel geschrieben, mehr hierzu zum Beispiel in: Alan Sepinwall: The Revolution Was Televised. New York 2015; oder Gary R. Edgerton und Jeffrey P. Jones (Hrsg.): The Essential HBO Reader. Lexington 2008.

lerische Freiheit und Vertrauen genießen und so eben jene Qualität herstellen, auf die HBO setzte. Diese Kombination aus Anspruch, Radikalität, Mut und damit einhergehender PR-Strategie erwies sich als absolutes Erfolgsrezept. Dies bewies 1997 gleich die erste der neuen HBO-Serien, das harte Gefängnisdrama Oz. Kritiker zeigten sich beeindruckt, die Show erhielt Emmy-Nominierungen. Und so hielt der spätere Seriengigant an dem Konzept fest und sorgte mit bahnbrechenden Formaten und kommerziell erfolgreichen Superhits wie SEX AND THE CITY (1998), THE SOPRANOS (1999), SIX FEET UNDEr (2001) oder THE WIRE (2002) ein ums andere Mal für neue Qualitätsstandards in der modernen Serie.

Natürlich wurde die Strategie von HBO von vielen anderen Cable Networks imitiert, und auch das Free TV kam bald nicht mehr an der Komplexität, Vielschichtigkeit und Konsequenz der Cable-Serien vorbei. Zunehmend orientierte es sich an dieser neuen Art und Weise herausragenden Serienerzählens, die immer größere Teile des immer größer werdenden Serienpublikums nun schlichtweg auch erwarteten. Auffallen um jeden Preis, besser und origineller sein als andere, war (und ist) schließlich die einzige Chance, um ein immer fragmentierteres Publikum auch im Free TV bei der Stange zu halten. Autor:innen spielten dabei – dies hatte die Branche mittlerweile gelernt – eine enorm wichtige Rolle und so kam es zu einem regelrechten *war on talents*.[82]

Bis heute buhlen alle Sender und auch Plattformen um die Gunst der besten Serienkreativen – und das nicht erst, seit Netflix 2013 mit HOUSE OF CARDS in die Serieneigenproduktion eingestiegen ist und bewiesen hat, dass dies auch für Streamer eine enorm lukrative Angelegenheit sein kann. Die Budgets stiegen (und steigen immer weiter) ins Unermessliche, große Hollywoodstars übernahmen immer öfter Serienrollen. Die moderne Serie wurde zur Königsklasse für alle Kreativen und ist mittlerweile in Sachen Relevanz und künstlerischem Anspruch dem Kinofilm mindestens ebenbürtig. Alle versuchen, die neue potenzielle *Most-talked-about*-Show zu entdecken, vielversprechende neue Talente sofort an sich zu binden und möglichst viel auszuprobieren, um wenigstens statistisch die Chance auf den nächsten Superhit zu erhöhen – und

---

82 Eine ähnliche Entwicklung lässt sich derzeit auch in Deutschland und Europa beobachten.

das bei kontinuierlich steigender Zahl an produzierenden Streaming-Anbietern und Playern. Eine echte Serienexplosion war die Folge, jährlich wächst die Zahl der produzierten Formate immer noch deutlich.

2019 gab es laut statista.com in den USA sage und schreibe 532 aktuell produzierte und ausgestrahlte *original scripted series* (TV Drama, Comedy und Sitcom, Dramedy – ohne Soaps, Kinderserien, Shortform-Series und Serien in Mediatheken). Ein Ende ist nicht in Sicht[83], auch wenn Fernsehkritikerin Emily Todd VanDerWerff bereits 2013 konstatierte, dass das neue *Golden Age of Television* seinen Höhepunkt mit BREAKING BAD (AMC, 2008) und MAD MEN (AMC, 2007) bereits erreicht hätte.[84] Die Kritikerin verwies allerdings damals schon auf die Streamer. Die weltweite Serienrevolution, die durch global agierende und produzierende Plattformen ausgelöst wurde und auch nichtenglischsprachige Serien zu Hits in den USA machte, ist auch heute noch in vollem Gange.

Was also führte zu dieser Serienrevolution in den USA (und damit im Rest der Welt)? Nichts anderes als enormer Konkurrenzdruck und somit im Wesentlichen ökonomische Interessen. Publikum und Werbekunden mussten gewonnen und gehalten werden, und zahlreiche US-Sender wählten nicht etwa die Strategie des Kompromisses (Konsensware für möglichst alle), sondern setzten früh auf Vielfalt und Innovation, auf Qualität und das Besondere, um im überbordenden Fernsehschungel aufzufallen. Und Qualität fällt auf und verkauft sich oder sorgt zumindest für Renommee, was wiederum langfristig dann auch für neues Publikum sorgen kann.[85]

Dass ausgerechnet dieser grundkapitalistische und so gar nicht romantische Gedanke zu einem neuen *Golden Age of Television* führte, mag uns hierzulande ein wenig befremden: Geht es in den USA immer nur ums Geld?! Ja.

---

83 Zwar sank die Zahl an US-Serien im Pandemie-Jahr 2020, aber schon für 2021 wird, zumindest von den Optimist:innen, ein weiterer Anstieg erwartet.

84 Emily Todd VanDerWerff: The golden Age of TV is dead, https://tv.avclub.com.

85 Vor allem den zahlreichen Cable Networks ging es mit der Produktion hochwertiger Serien um die Stärkung ihrer Profile. Dabei stand nicht der Massengeschmack im Vordergrund, sondern z. B. Serien, die sowohl bei Kritiker:innen als auch einem zahlungskräftigen Bildungsbürgertum gut ankamen, die Gesamtquote war also weniger entscheidend als die Anzahl an Zuschauer:innen in einer für die Werbekunden interessanten Zielgruppe.

Und nein. Entscheidend ist, dass US-amerikanische Fernsehanbieter und die kreativsten Talente kein Problem damit haben, miteinander „ins Bett zu gehen". Kunst und Kommerz gehen in den USA bis heute permanent Ehen ein, in denen es natürlich nicht selten auch mal kracht, aber dennoch wissen alle Partner, dass sie einander brauchen und voneinander profitieren.

Der moderne Writers' Room entspricht als Modell exakt dieser fruchtbaren Verbindung von höchster Kreativität und enormer ökonomischer Effizienz: Nahezu alle US-amerikanischen Serien sind in Writers' Rooms entstanden.

Ursprünglich entstammt dieses Arbeitsmodell dem Studiosystem der frühen US-Fernsehindustrie, in dem vor allem Soaps, Sitcoms und Procedurals von Vertragsautor:innen in einer Gruppe geschrieben wurden. Dies ging gar nicht anders, denn wieder aus rein ökonomischen Gründen musste in sehr kurzer Zeit und strengen Schedules folgend eine enorme Masse an Inhalten entwickelt und – weil wirtschaftlich sinnvoll – in enger Verzahnung mit der Produktion hergestellt werden. Gleichzeitig galt es, die Werbung in der Entwicklung mitzuberücksichtigen, und so entstanden dramaturgische Strukturmodelle und Schablonen für die Inhalte (siehe Kap. IV. 5.), die sich an den Werbepausen orientierten. Diese Schemata wiederum machten die Arbeit in einem Writers' Room noch effektiver, weil damit in gewisser Weise auch der dramaturgische Entwicklungsprozess industrialisiert wurde.

Die dramaturgischen Vorgaben und auch die über die Jahre perfektionierten Arbeitsprozesse und Tools wurden dann für die neuen Qualitätsserien weitestgehend übernommen. Talentierte Autor:innen, die zunehmend mehr Freiheiten erhielten, wussten, dass sie diese ökonomisierten Abläufe und strengen Zeitvorgaben nicht aufweichen konnten und holten stattdessen auf kreativer Ebene alles aus diesen Limitierungen heraus. Die Einführung des Showrunners sorgte schließlich für noch mehr künstlerische Stringenz und Konsequenz. Heutzutage kennt jede US-amerikanische Fernsehautor:in die grundlegenden Writers'-Room-Tools genau und weiß um die Regeln, Prinzipien und Arbeitsprozesse, die enorm hilfreich dabei sind, um die geforderte hohe Qualität in enorm kurzer Zeit herzustellen und um die *immer* kommerziell ausgerichteten Auftraggeber (Sender oder Plattform) zufriedenzustellen. So entsteht seit vielen Jahren – zumindest häufig, denn auch ein Writers' Room ist keine Garantie für Qualität – hochwertiges Serienfernsehen, das den hierzulande so gerne beschworenen Widerspruch von Kunst und Kommerz weitestgehend auflöst.

2. DAS (SELBST-)VERSTÄNDNIS VON US-SERIENAUTOR:INNEN

Natürlich lassen sich nicht alle Kolleg:innen aus den USA über einen Kamm scheren. Wir haben nach zahlreichen Interviews und Gesprächen dennoch den Eindruck, dass es dort ein vorherrschendes Mindset zu geben scheint, das sich fundamental von dem vieler deutscher Kolleg:innen unterscheidet (vgl. Kap. I. 2. und II. 4.). Ein anderes Selbstverständnis und eine andere Haltung zur Drehbucharbeit im kommerziellen Kontext, die im System Writers' Room nicht einfach nur von Vorteil, sondern schlicht notwendig ist.

Schreiben wurde in den USA immer schon anders betrachtet als hierzulande – egal ob fürs Fernsehen, Kino, in der Literatur oder im Journalismus. Der englische Begriff Storytelling spielt dabei eine zentrale Rolle und meint mehr als die wörtliche Übersetzung „Geschichten erzählen". Der seit einigen Jahren auch in verschiedensten deutschen Kontexten – vor allem im Marketing und in der Unternehmenskommunikation – verwendete Begriff meint die mit Mitteln der Rhetorik und in unserem Falle der Dramaturgie strategisch auf eine Rezipientengruppe hin ausgerichtete Vermittlung von Werten, Haltungen sowie expliziten und impliziten Informationen über eine narrative Struktur. Storytelling heißt, dass es in den USA beim Schreiben *immer* um die optimale Vermittlung, um bestmögliche Kommunikation mit dem Publikum geht. [86]

---

86 Um einem Missverständnis vorzubeugen: Dies meint nicht automatisch, eine möglichst große oder breite Gruppe zu bedienen oder eine Art universell verständliche Konsensnarration zu erschaffen – wie genau das spezifische Publikum aussieht und wie die Kommunikation gestaltet werden soll (z. B. irritierend, intellektuell herausfordernd, emotional anbindend etc.), kann werk- und formatabhängig sehr Verschiedenes bedeuten.

Ausgangspunkt ist eine Idee, aber sie ist immer nur eine unter vielen, eher ein Impuls und somit Mittel zum Zweck, ein Katalysator, der den Prozess des Storytellings in Gang setzt. Die Person, die in der Lage ist, unendlich viele solcher impulshaften Ideen zu haben (Talent und Kreativität) und die Fähigkeiten besitzt, von diesen Ideen aus ins je nach Kommunikationskanal erforderliche Erzählen zu kommen (Handwerk), hat die Kompetenz, Geschichten zu erfinden – ist also Autor:in, die über die Kompetenz und Tätigkeit und weniger über deren Ergebnis (Werk) definiert ist. Allein diese Kompetenz wird in den USA in einem uns unbekannten Ausmaß wertgeschätzt und im System Writers' Room auch gut bezahlt (vgl. Kap. IV. 2.) – unabhängig von einem fertigen Werk oder gar einem umfassenden Geniestreich. Ideen haben und handwerkliche Schreibkompetenz sind in der US-Serienherstellung also geldwertes Potenzial.[87]

In den strengen Zeitplänen der US-Rooms kann es sich kein Mensch leisten, erst das Ganze, ein Werk also, zu beurteilen. Bereits die allererste Idee wird vom Showrunner oder seinen Stellvertretungen auf den Prüfstein gestellt, bei einer Ablehnung muss die Autor:in unmittelbar mit der nächsten Idee aufwarten, und danach mit der nächsten usw. Es gilt, permanent und step-by-step kleinere erzählerische Herausforderungen zu meistern – und sich dabei der vorgegebenen Vision einer Serie unterzuordnen. US-Serienautor:innen sind grundsätzlich nicht für das große Ganze verantwortlich, das ist immer der Showrunner, auf dessen oder deren kompetente Führung und Anleitung sich die Autor:innen verlassen können müssen. Häufig sind sie noch nicht einmal allein für ihre vielen kleinen Schritte verantwortlich, denn die anderen Kolleg:innen im Writers' Room arbeiten ja mit, in echter Teamarbeit. Wenn die funktioniert, weiß am Ende des Tages kaum mehr jemand, von wem welche Idee kam.

Das beschriebene US-Mindset mag sich für manche so anhören, als wären US-TV-Autor:innen haltungslose Befehlsempfänger ohne Herzblut oder künstlerischen Anspruch und Eigensinn. Dem ist aber ganz und gar nicht so, denn natürlich sind die eigene Haltung, das künstlerische Talent, die Sensibilität usw. neben den handwerklichen Fähigkeiten für alles Erzählerische und neben dem

---

87 Bei Autor:innen in Deutschland gilt das fast nur für die Dailys. Wohl nicht ganz zufällig genau das Genre/Format, für dessen Produktion das amerikanische System weitgehend übernommen wurde.

Einhalten der Vorgaben des Showrunners entscheidend. Und natürlich wird in den US-Rooms mitunter auch viel und kontrovers diskutiert. Je nach Stil eines Showrunners werden die Autor:innen vielleicht auch ausdrücklich dazu aufgefordert, Zweifel zu artikulieren oder zu widersprechen und (erzählerisch-dramaturgisch!) zu argumentieren, warum sie etwas anders sehen. Den Raum und Rahmen für diese Kontroversen gibt aber immer der Showrunner vor, der vielleicht solche Diskussionen braucht, um die im Sinne der Serie bestmöglichen Entscheidungen treffen zu können. Andere dulden nahezu keinen Widerspruch und verbitten sich größere Diskussionen.[88]

Dieses unermüdliche und – natürlich in den Grenzen der eigenen (künstlerischen) Haltung und des eigenen Könnens – flexible „Erfüllen" wird als kreative Leistung wertgeschätzt und vor allem: bezahlt. Eine gute US-amerikanische TV-Autor:in muss also kein Genie sein, sondern schlicht kreativ, talentiert, anpassungsfähig, handwerklich kompetent und teamfähig.

Und was ist mit den Showrunnern – sie sind doch auch (meistens) Autor:innen? Entspricht dieses Konzept nicht genau dem mitunter fatal dominanten deutschen Geniegedanken? Auf den ersten Blick mag es so aussehen. Und zweifelsfrei gibt es unter den vielen Showrunnern in den USA einige Genies. Aber diese Kreativen haben sich in der Regel mühsam dahin hochgearbeitet und wissen, dass auch sie sich der Vision der Serie unterordnen müssen – und nicht umgekehrt: „The hardest part in being a showrunner is to always decide what's right for the show. Not right for me or the network or the appreciated colleague", erklärte Alex Gansa (24, HOMELAND) auf einem Panel vor einigen Jahren und beschrieb, wie er habe lernen müssen, allen im Team immer zuzuhören, weil schließlich alle eine wirklich gute und für die Serie richtige Idee haben könnten. Zudem ist ein US-Showrunner in einer Kultur des Storytellings aufgewachsen und sieht sich ohnehin verpflichtet, bestmöglich zu kommuni-

---

88 Das Ausmaß an künstlerischem Eigensinn, Durchsetzungswillen und Kampfgeist, den Showrunner von ihren Leuten erwarten, variiert – es soll durchaus solche geben, die permanenten heftigen Streit im Room geradezu brauchen, um selbst am besten zu sein. Ein Showrunner wird sich bei Kontroversen am Ende jedoch immer durchsetzen. Das weiß auch jede Autor:in – und muss sich bei anhaltenden inhaltlichen oder auch zwischenmenschlichen Differenzen fragen, ob es nicht besser ist, den Room und damit die Show zu verlassen – idealerweise, bevor der Showrunner diese Entscheidung trifft.

zieren und ein wie auch immer gedachtes, mitunter auch sehr spezifisches oder vielleicht auch ganz breites Publikum zu erreichen und einem Sender oder einer Plattform so Aufmerksamkeit und/oder Quote bzw. Abos zu bescheren, damit die enormen Kosten einer aufwendigen Serie gerechtfertigt werden können. Und das geschieht durch gutes Storytelling, das so verschieden aussehen und stattfinden kann, dass freilich zum Beispiel auch jedes dogmatische Regelwerk des Erzählens früher oder später hinfällig wird oder sich als unbrauchbar herausstellen kann. Wobei dieses Regelwerk eher als Toolbox verstanden wird – und in eine solche Toolbox nicht hineinzugucken, wäre aus US-Sicht geradezu fahrlässig, denn bei dem enormen wirtschaftlichen, künstlerischen und zeitlichen Druck, unter dem Serien in den USA hergestellt werden, muss *alles* genutzt werden, was hilfreich sein kann. Das macht große Showrunner aus: Sie haben neben ihrer immensen Erfahrung, ihrem außerordentlichen Talent, ihrer Kreativität und all den professionellen Kompetenzen eine übervolle Toolbox und sind bestens mit diesen Tools vertraut. Sie wissen intuitiv und auch sofort, welche Tools wann und wie funktionieren. Oder wann die ganze Toolbox quasi in die Ecke gestellt werden kann und neue, für das Format besser geeignete Tools erfunden werden müssen.

Die allermeisten US-TV-Autor:innen sind sich völlig im Klaren darüber, wie viel es braucht, um ein wirklich guter Showrunner zu sein, und dass ganz sicher nicht jede gute Autor:in das Zeug dazu hat. Und so arbeiten sie entweder sehr hart daran, immer besser zu werden und dieses Ziel zu erreichen, oder geben sich gar nicht so selten damit zufrieden, einfach eine sehr gute TV-Autor:in zu sein – eine in den USA zu Recht gut bezahlte und respektierte Profession.

3. DAS STUDIOSYSTEM

Generell findet die TV-Serienherstellung in den USA im sogenannten Studiosystem statt, das wir aus dem Hollywood-Kinobereich kennen. Das bedeutet: Ein Network gibt eine Serie beim Studio in Auftrag. Das Studio stellt die Serie zwar her (und engagiert dafür in der Regel über eine Produktionsfirma die

Crew inklusive Showrunner), ist aber nicht unbedingt mit der eigentlichen Produktion befasst. Das Studio selbst geht dafür traditionell mit einem Eigeninvestment von ca. zwei Drittel der Produktionskosten ins Risiko, dafür gehört dem Studio auch die Serie. Der Rest des Budgets wird vom Network aufgebracht, das dafür die ersten Ausstrahlungslizenzen erhält.[89] Ein Studio rechnet also fest damit, dass sich die eigene Investition durch spätere Weiterverkäufe der Lizenzen und Ausstrahlungsrechte lohnt und Gewinn bringt.

Während sich die Studios traditionell vor allem um die Finanzierung kümmern und die Infrastruktur (z. B. Studioräume, Büros und Außensets) stellen, ist die Aufgabe der Produktionsfirmen (wie bei uns) zunächst, die Show mit dem Creator zu entwickeln (also vor dem Greenlight) und dann im Auftrag des Studios umzusetzen (nach dem Greenlight eines Senders oder einer Plattform). Nicht selten taucht aber auch der Begriff *production company* auf, wenn eigentlich ein Studio gemeint ist, weil dieses auch wie eine deutsche Produktionsfirma agieren kann. Eine US-Produktionsfirma kann (überwacht vom Studio) die gesamte Herstellung verantworten und ausführen oder unter Umständen und je nach Größe auch nur bestimmte Bereiche übernehmen, sie kann mit einem in der Regel vergleichsweise geringen Betrag koproduzieren – zum Beispiel wenn die Produktionsfirma dem Showrunner gehört – oder sie kann schlicht der erste Zugang zum Studio sein, den alle Kreativen brauchen.[90]

---

89 Natürlich ist auch der US-Markt gehörig in Bewegung, sodass das klassische Finanzierungsmodell längst nicht mehr das einzig mögliche ist. Auch in den USA werden die Finanzierung von Serien und die Möglichkeiten, mit der Serie Geld zu machen, immer komplexer und variantenreicher, vor allem seit die Cable Networks groß ins Seriengeschäft eingestiegen sind. Vgl. Jon Nathanson: The economics of a Hit TV show, https://priceonomics.com.

90 Viele der namhaften Produktionsfirmen haben einen First-Look bzw. Exklusiv-Deal mit einem Studio. Das sind sogenannte „production overall deals" (PODs, manchmal auch „production only deal"). Die Abkürzung wurde zum Synonym für Produktionsfirmen, die exklusiv und in der Regel gleichzeitig mehrere Serien für das Studio herstellen. POD kann aber auch die Abkürzung für „producer with overall deal" sein, dann ist die Firma eher eine kleine Entwicklungsfirma, die von einem Studio bezahlt exklusiv Ausschau nach vielversprechenden Stoffen und Creators halten soll, die die Firma dann ans Studio vermittelt. Große und namhafte Creators überwachen gleichzeitig mit ihrer Firma und POD mehrere Shows exklusiv für ein Studio, wie zum Beispiel im Falle von Shondaland (von Creator- und Showrunner-Legende Shonda Rhimes). Vgl. Chad Gervich: How to manage your agent: a writer's guide to Hollywood representation. Burlington 2014, S. 65 oder Richard Hatem: The TV Year. In: Linda Venis (Hrsg.): Inside the room. Writing television with pros at UCLA extension writers' program. New York 2013, S. 217 f.

Große Networks (bzw. die Medienkonzerne, zu denen die Networks gehören) haben in der Regel auch eigene Studios, die früher relativ autark agierten. Inzwischen beinhalten die meisten Network-Aufträge eine Klausel, die ihr eigenes Studio involviert – auf diese Weise sichern sich der Medienkonzern und somit auch das Network dauerhaft die Rechte an der Serie. Studios haben zudem üblicherweise feste Deals mit Kreativen (Schauspieler:innen oder namhafte Showrunner) über einen bestimmten Zeitraum, die dann vom Studio auch beschäftigt bzw. eingesetzt werden müssen. Vor ein paar Jahren ging der sensationelle Exklusiv-Deal von Netflix mit Creator und Showrunner Ryan Murphy auch durch die deutsche Presse: Für geschätzte 250 bis 300 Millionen Dollar soll Murphy fünf Jahre lang exklusiv Serien für den Plattform-Giganten entwickeln und produzieren, davor war er exklusiv bei 20th Century Fox unter Vertrag. Überhaupt: Die Streaming-Plattformen haben das bisher gültige System ein wenig auf den Kopf gestellt. Sie sind zumeist gleichzeitig auch Studios, die komplett und exklusiv sich selbst beauftragen und dementsprechend auch von Anfang an alleinige Inhaber der Serien (*Originals*) sind.[91]

Bis zum Aufkommen der Plattformen vor rund zehn Jahren haben sich mehr oder weniger alle großen Networks an branchenübergreifende Abläufe gehalten, die zum Beispiel auch dafür sorgten, dass bis auf wenige Ausnahmen immer zur selben Zeit neue Serien gesucht, entwickelt, umgesetzt und auch zur selben Zeit ausgestrahlt wurden. Der US-amerikanische sogenannte Zweijahreszyklus der Networks gab im Grunde jeden einzelnen Schritt der Serienherstellung für alle Beteiligten vor. Und auch wenn der Zyklus selbst für die großen Networks nicht mehr verbindlich gilt und sich der US-Markt rasant verändert, ist es wichtig, die traditionellen, ehemals festgeschriebenen Abläufe genauer zu betrachten. Zum einem, um die TV-Serien-Produktionskultur der USA besser zu verstehen, und zum anderen, um sich zu verdeutlichen, wie das System Writers' Room selbst von Anfang an in klare Prozessstrukturen eingebettet war und immer noch ist.

---

91 Allerdings sind die Plattformen bislang (noch) auf außenstehende Produktionsfirmen und externe Infrastruktur angewiesen. Netflix ist gerade dabei, Studiostrukturen aufzubauen, um auch selber herstellen zu können.

4. DER TRADITIONELLE NETWORK-ZWEIJAHRESZYKLUS

Viele kennen die Legenden von irgendwelchen sofort gekauften Elevator-Pitches oder dem Taxifahrer, der einem mitfahrenden Sender Executive seine Idee zu CSI vorstellte und am nächsten Tag das Greenlight für die Serie bekam. Auch wenn es genug Beispiele gibt, in denen der Entscheidungsprozess von Networks, Plattformen und Studios tatsächlich sehr schnell ging: der traditionelle Weg in einen Writers' Room sieht (bzw. sah) anders aus und beginnt (bzw. begann) immer im April[92]:

April/Mai – Jahr 1

Bis zum Frühjahr haben US-Autor:innen ein sogenanntes *Proposal* entwickelt, was vieles Verschiedenes sein kann: ein fesselnder Kurzpitch, ein Serienkurzkonzept, das sogenannte *Format* oder sogar eine *Bible*.[93] Vielleicht haben sie auch schon einen *Spec-Pilot* oder einen sogenannten *Backdoor Pilot*[94] geschrieben. Wenn die Autor:in gut vernetzt ist, kann sie oder er auch schon *packagen* – also vielleicht die namhafte Schauspielerin vorsichtig anfragen – oder den hocherfahrenen Director of Photography (DoP) zu einem *Letter of Intent* überreden.

Mit diesem wie auch immer gestalteten Proposal sucht der Creator nun eine Produktionsfirma (wenn er oder sie keine eigene hat), die die mehr oder weniger ausgearbeitete Idee kauft, optioniert oder zumindest mündlich oder

---

92 Wer tiefer in den Zweijahreszyklus der Networks einsteigen will, dem empfehlen wir Pamela Douglas bemerkenswertes Buch: Writing the TV Drama Series. How to succeed as a professional writer in TV. 4th edition. Studio City 2018, S. 29 ff; sowie die packende und sehr subjektive Schilderung des Creators Richard Hatem: The TV Year, S. 217 ff – niemand hat unseres Wissens nach diese Abläufe detaillierter und ehrlicher beschrieben als die beiden.

93 Bible und Format werden oft synonym verwendet, gebräuchlicher ist allerdings der Begriff „Bible", auch wenn die Writers Guild of America (WGA) in ihrem über 700 Seiten umfassenden Basic Agreement klar definiert, wann aus einem Kurzpitch oder sonst wie genannten kurzen Dokument ein Format wird und was dann wiederum der Unterschied zu einer Bible ist. Die ist laut WGA deutlich umfangreicher und muss detailliert die Storylines beinhalten; bei horizontalen Serien für die gesamte erste Season und mindestens einige einzelne Episoden, sowie die Charaktere deutlich detaillierter beschreiben (vgl. Theatrical and Television Basic Agreement 2020/2017, www.wga.org).

94 Also ein Spielfilmdrehbuch, das auch als Pilot oder als Doppelfolge funktionieren kann. Ein Backdoor Pilot kann aber auch eine Episode einer bestehenden Serie sein, die wiederum als Pilot für eine neue Serie funktioniert (also ein Spin-off) und dementsprechend den eigentlichen Fokus des Formats auf eine bisherige Nebenfigur oder ein anderes Setting verschiebt.

schriftlich eine Zusammenarbeit zusichert (bzw. die Agent:in oder Manager:in tut dies), anschließend wird gemeinsam in der Regel weiterentwickelt oder das Proposal finalisiert.[95] Die Produktionsfirma stellt dann den Zugang zu den Studios her – etwa weil sie vertraglich bereits gebunden ist, zumindest aber über die nötigen Kontakte verfügt und womöglich qua ihrer erfolgreichen Filmografie den Status des vielleicht mittelmäßig bekannten neuen Creators massiv aufwertet.

Je nach Status und Herzblut oder Berufsethos der Creators wird das Proposal mehr oder weniger umfangreich ausfallen oder erst dann intensiv ausgestaltet, wenn es ein wenig mehr braucht, um potenzielle Auftraggeber zu überzeugen.[96] Bekanntere Autor:innen schreiben vielleicht nur ein paar Seiten, haben aber womöglich eine ganze ausgeplottete Staffel in der Hinterhand – für den Fall, dass jemand erfahren will, wie es denn in dieser neuen Serie weitergeht. All das wird in der Regel nicht primär schriftlich präsentiert und gelesen, sondern mündlich gepitched.

Mündliche Pitche, die auch in Deutschland immer wichtiger werden, sind der Kern des Verkaufens einer Serie in den USA – natürlich inklusive einer schicken Präsentation, vielleicht auch einem *Mood-Reel* (also einem kurzen Teaser bestehend aus *Found Footage*), der *Look and Feel*, also die Stimmung der Serie und deren Prämissen möglichst sinnlich vorführt. Vor allem aber muss der Pitch beim Zuhören überzeugen. Und zwar so, dass er gegebenenfalls auch korrekt weitergegeben werden kann. Denn meist dauert es eine Weile, bis der

---

95 Gerade neue und unerfahrene Creators bekommen in der Regel nur dann Geld von der Produktionsfirma, wenn es zum Beispiel zu einer Art Proposal-Entwicklungsvertrag (also beauftragte Rewrites) kommt. Auch üblich ist ein sogenanntes Shopping Agreement. Dies gibt der Produzent:in das Recht, ohne Zahlung an die Autor:in eine Idee oder einen Pitch anzubieten – im Gegenzug verhandeln aber beide Parteien (Urheber:in und Anbieter:in) im Falle eines Zuschlages unabhängig voneinander mit dem Auftraggeber bzw. dem Studio. Erfahrene Creators haben entweder selber eine Produktionsfirma und gehen damit direkt zu den Studios oder aber so gute Kontakte, dass sie ganz individuelle und auch lukrative Deals mit den Produzent:innen aushandeln können.

96 Als die Duffer Brothers beispielsweise STRANGER THINGS auf die Spur setzen wollten, schien ein knappes, knackiges Papier und ihr Pitch allein nicht auszureichen. Also gestalteten sie ein umfangreicheres, auch visuell schon sehr der späteren Hit-Serie entsprechendes Serienkonzept, das dann schließlich Netflix überzeugte.

Pitch dann wirklich bei den Personen mit ultimativer Entscheidungsgewalt ankommt – zumindest dann, wenn man kein Star-Creator ist.

Bei vielen Serien gibt es also anfangs nicht zwingend ein umfangreiches, detailliert ausgearbeitetes und mit Bildern aufgemöbeltes Konzeptpapier, wie es in Deutschland üblich ist. Was es aber in den USA immer von Anfang an geben muss: eine klare, mitunter bis in Details genau beschreibbare Vorstellung davon, was diese Serie sein wird, wie und was sie erzählt, wie sich anfühlt, was sie auslöst etc. – eine erste, aber eindeutige Vision also.

MAI/JUNI – JAHR 1

Mit dieser klaren Vision begeben sich Produktionsfirma und Creator auf Studio-Suche – und präsentieren das Proposal idealerweise einem Studio Executive. Und ebenfalls je nach Status und Strategie kann es sinnvoll sein, dass der Creator gemeinsam mit der Firma pitcht oder aber alleine. Oder dass nur die Firma pitcht, weil sie ein Meeting mit dem Studio hat, mit dem sie vertraglich verbunden ist und bei dem sie gleich alle Serien vorstellt, die sie an Land gezogen hat. Natürlich kann es auch vorkommen, dass ein Studio einen namhaften Creator/Showrunner direkt einlädt, wenn es erfährt, dass die Person gerade einen Job sucht und frei ist – oder dass Plattformen dies tun, die ja ohnehin gleichzeitig auch ein Studio sind und Kreative gerne direkt ansprechen. Auch kann es passieren, dass das Studio eine Art erste Idee entwickelt hat und dafür nun einen Co-Creator und vor allem späteren Showrunner sucht.

So oder so, das Studio entscheidet sich (manchmal auch nach mehreren Pitches desselben Projektes) für die Proposals, mit denen sie ins Rennen gehen wollen – und dann wird's ernst![97]

JULI/AUGUST – JAHR 1

In der sogenannten *Open Season* sagen die Networks, was sie wollen und suchen: vielleicht eine neue Medical, ein neues Cop Procedural, eine Serie für

---

97 Um einen Eindruck von der finanziellen Größenordnung zu geben: die WGA hat festgelegt, dass ein Format-Papier für ein Network Prime Time Format mindestens gut 12.000 Dollar wert ist, eine umfangreichere Bible mindestens ca. 62.000 Dollar. Namhafte Creators können natürlich bei den Studios noch ganz andere Summen allein für eine Option aufrufen.

die ganze Familie und eine High Concept Fantasy Show. And then it's pitching season, baby!

Jedes Network hört sich in wenigen Wochen mindestens 500 (manche sprechen von 1.000)[98] Pitches von Studios, Firmen und Creators an, die die (jetzt) drei Partner gemeinsam unter Umständen noch einmal neu gestaltet haben. Während der Studio-Pitch traditionell eher auf das kommerzielle Potenzial des Stoffs ausgerichtet ist, muss der Network-Pitch in erster Linie Leidenschaft für das Projekt transportieren, er soll quasi emotional packen und verzaubern – so wie es die Serie später mit einem Publikum tun soll.

Natürlich kommt es zu Überschneidungen, denn ein Stoff wird normalerweise bei mehreren Networks gepitcht[99] – aber natürlich stets so, also käme nur der eine Sender dafür infrage. Am Ende dieser für alle extrem ermüdenden Wochen fällt das Network (gegebenenfalls nach Pitch-Wiederholungen) eine erste Entscheidung – nicht für die ganze Serie, sondern zunächst nur für ein Pilotdrehbuch.

SEPTEMBER BIS NOVEMBER – JAHR 1

Von den ca. 500 bis 1000 Pitches pro Network bleiben am Ende etwa 10 bis max. 20 Prozent übrig, es werden also pro Network etwa 50 bis 100 Pilotbücher in Auftrag gegeben. Wenn es schon ein Pilotbuch gibt, kann dieser Schritt übersprungen oder die gewonnene Zeit dafür genutzt werden, um das Pilotbuch zu überarbeiten. Oder aber es wird noch einmal komplett neu geschrieben. Und das nicht unbedingt vom eigentlichen Creator bzw. mindestens mit Unterstützung – denn dafür gibt es in Hollywood hochspezialisierte Fachleute, die genau wissen, wie zum Beispiel ein Pilot für einen bestimmten Executive von ABC aussehen sollte und genau das dann in Absprache mit dem Creator auch liefern. Versierte Expert:innen rufen hierfür Gagen auf, die in die Hundertausende Dollar gehen können. Das bezahlt das Studio aber gerne,

---

98 Die Zahlen variieren von Jahr zu Jahr und auch von Network zu Network. Vgl. Gervich, S. 67 und Douglas, S. 53.
99 Da Networks die Studios eingebunden haben möchten, die zum selben Konzern wie sie selbst gehören (Rechtesicherung), wird ein Studio also zunächst und vor allem beim entsprechenden „Schwestersender" pitchen.

denn das Pilotbuch ist jetzt alles, worauf es ankommt. Das Pilotbuch muss unter allen Umständen die Vision klar und deutlich machen und voll und ganz überzeugen. Dafür haben die Autor:innen bis November Zeit.

Dezember/Januar – Jahr 1

Ab Dezember kommt es zu einem Austausch mit dem auftraggebenden Network, vielleicht hat das Network, oder auch das Studio, ein paar Anmerkungen und will einen Rewrite des Piloten. Bis Januar aber wird das Network eine weitere Entscheidung treffen und den Piloten, im Erfolgsfall, beauftragen. Heißt: Das Buch soll produziert werden – oder aber die Reise der Serie ist an dieser Stelle beendet.

In den letzten Jahren hat man sich gerade bei sehr teuren Serien manches Mal an dieser Stelle darauf geeinigt, nicht den ganzen Piloten zu produzieren, sondern vielleicht nur die ersten 20 Minuten oder Teile davon (ein sogenanntes *Testimonial* bzw. eine *Presentation*). Wieder bleiben hier ca. 10 bis 20 Prozent der zur Verfügung stehenden Vorschläge übrig. Je nachdem, wie viele neue Serien das Network haben will, werden von den bis zu 100 Pilotbüchern ungefähr 10 bis 20 beauftragt und vom Studio produziert. Alle anderen sind raus und können ihr Glück entweder beim nächsten Zyklus und einem anderen Network probieren oder, da ein abgelehntes Pilotbuch als „verbrannt" gilt, ein neues Proposal erarbeiten.

Februar bis April – Jahr 1 (Ende des ersten Jahres)

Die Studios produzieren nun entweder den Piloten oder, in Ausnahmefällen, eine kürzere Version. Das Network wird dafür nicht viel Geld zur Verfügung stellen und natürlich muss hier also das Studio auch selbst investieren. Und da wird nicht gespart: Dieser Pilot muss die Vision der Serie ganz deutlich machen und die potenziellen Auftraggeber (und später das Publikum) im besten Fall umwerfen. Namhafte (aber vielleicht sehr teure) Schauspieler:innen schaden da natürlich genau so wenig wie aufwendige Sets oder Special Effects. Oft ist der Pilot deshalb die teuerste Folge einer neuen Serie – die Kosten können schnell mehrere Millionen betragen und müssen dann bei der Produktion der restlichen Episoden wieder reingeholt werden. Die Mitwirkung an Piloten ist für alle Beteiligten ein zweischneidiges Schwert: Einerseits kann man in allen Gewerken bereits auf sich aufmerksam machen und gerade neue und frische Talente buhlen hier engagiert um einen Platz im Team oder Ensemble, andererseits kann es passieren, dass fast niemand die Arbeit zu Gesicht bekommt.[100]

Die fertigen Piloten oder Testimonials werden nun einem Test-Publikum vorgeführt, das dann ganze Fragenkataloge zu beantworten hat. Traditionell findet dieser erste Publikumstest in Las Vegas statt, weil hier offenbar – durch die vielen Touristen – eine repräsentative Bandbreite des US-Publikums anzutreffen ist und man auch eine Nischenzielgruppe als Testpublikum imitieren kann.

Mai – Jahr 2

Nun liegen also ein Pilotbuch, ein gedrehter Pilot oder mindestens Teile davon und die Ergebnisse der Meinungsforschung bzw. Publikumsbefragung vor. Jetzt kann das Network eine Entscheidung treffen. Dies geschieht anlässlich der sogenannten *Upfronts* in New York, bei denen die Networks den Werbekunden ihr Programm für die kommende Season vorstellen, dem aufregenden Höhepunkt des Auswahlprozesses, der nun zu einem ersten Ende kommt. Pro Network wurden also aus mindestens 500 Pitches ca. bis zu 100 Pilotbücher, daraus dann um die 10 bis 20 Piloten oder Testimonials und daraus dann 3 bis 5, vielleicht auch ein paar mehr neue Serien. Greenlight!

Neben dem Worst Case (einer finalen Absage der Serie) hat das Network dabei eine ganze Bandbreite an möglichen *Orders*:

Full Season Order: 22 bis 24 Episoden, das ist bzw. war die klassische Season-Länge bei den Broadcasting Networks. Das ist der Hauptgewinn, bingo!

---

100 Es gibt in den USA eine regelrechte Pilot-Industrie. Und so merkwürdig es uns erscheint, einen Piloten anfertigen zu lassen, noch bevor die anderen Episoden ausgearbeitet sind, so sehr wird hier deutlich, wie bereits in der Anfangsphase in die Kreativen investiert wird, damit diese zeigen können, wie die Serie werden soll. Natürlich sind diese Investitionen für alle ein Risiko, da eine Menge Geld ausgegeben wird, bevor eine endgültige Entscheidung getroffen wurde.

Heute geht die Tendenz allerdings genau wie bei den Cable Networks (die für gewöhnlich 8 bis 12 Episoden pro Season bestellen) zu kürzeren Seasons.

Full Season Order mit Ausstiegsklausel (13+9): Das Network gibt zunächst nur 13 Episoden in Auftrag und entscheidet später, ob es den Rest der Season haben will.

Short Order: Das Network gibt nur sechs oder acht Episoden in Auftrag, weil es erst mal sehen will, wie die Serie ankommt.

Split Season Order: Die eigentliche Season wird in zwei Phasen gesendet, dementsprechend muss auch erst die eine Hälfte produziert werden.

Midseason Order: Das Network will die Serie, verschiebt sie aber erst mal auf später (z. B. weil eine andere neue Serie, die das Network auch in Auftrag gibt, die ganze Aufmerksamkeit haben soll).

Backup-Scripts: Eigentlich schon fast eine Absage, das Network ist noch nicht überzeugt und beauftragt weitere Episodenbücher.

JUNI – JAHR 2

Staffing Season! Die Writers' Rooms werden zusammengestellt und bezogen. Natürlich sind schon im Vorfeld Gespräche gelaufen, denn viel Zeit ist nun wirklich nicht und zudem sind Talente in allen Gewerken heiß umworben – je früher man sich da jemanden sichert (vielleicht sogar mit einem Deal), umso besser. In der Regel ist der Creator als Showrunner gesetzt. Ist er oder sie aber vielleicht noch relativ unerfahren in dieser Führungsposition, kann das Studio oder auch das Network darauf bestehen, dass ihm oder ihr sehr erfahrene Kolleg:innen zur Seite gestellt werden (siehe Kap. IV. 2.).[101]

---

101 Oder es kommt so weit, dass eine andere Person das eigentliche Showrunning übernimmt. In beiden Fällen werden diese Personen mit Sicherheit *vor* dem Greenlight gefunden werden müssen.

Für die glücklosen Creators heißt es jetzt, sich schnell um einen Job in einem anderen Writers' Room zu kümmern. Es finden hunderte Auswahlgespräche statt, die Agent:innen versuchen jetzt, alle ihrer Schützlinge unterzubringen, die noch ohne Job dastehen.[102] Und dafür haben sie sehr wenig Zeit.

JULI/AUGUST – JAHR 2

Die Produktion der üblicherweise ersten vier Episoden läuft an. Während also mit Riesentempo im Room entwickelt und geschrieben wird (natürlich auch schon an den Episoden 5 bis 8), laufen Castings, werden die Drehs vorbereitet und das Team final besetzt. Und es wird gedreht. Und postproduziert. Ab jetzt laufen alle Vorgänge – also Stoffentwicklung, Schreiben, Vorproduktion, Produktion und Postproduktion – parallel und gleichzeitig.

SEPTEMBER/OKTOBER – JAHR 2

Der Herbst ist traditionell *die* TV-Season im US-amerikanischen Fernsehen: Die ersten Episoden der neuen Serien werden ausgestrahlt, weitere Episoden geschrieben und gedreht. Bei einer 13+9-Order wird zumeist nach den ersten Ausstrahlungen entschieden, ob die letzten neun Episoden auch noch produziert werden.

NOVEMBER BIS CA. MÄRZ – JAHR 2

Es entstehen die restlichen Episoden, das Network muss sich zudem so langsam darüber klar werden, ob es eine zweite Staffel in Auftrag geben will oder nicht – auch das wird dann wieder offiziell bei den Upfronts im Mai verkündet.

APRIL/MAI – JAHR 2

Wir sind am Ende des Zweijahreszyklus angekommen: Geht die Serie weiter, haben die Kolleg:innen *Hiatus* und machen Urlaub. Allerdings nur, wenn sie bei der Serie bleiben und nicht gefeuert bzw. ersetzt werden oder auf eigenen Wunsch die Serie verlassen. In einem solchen Fall und wenn die Serie abgesetzt wird, beginnt der Zyklus für die US-Kolleg:innen von Neuem.

---

102 Für die Autor:innen in den USA ist es nahezu unmöglich bzw. undenkbar, ohne Agent:innen (und Anwält:innen) zu arbeiten – zu komplex sind die Verhandlungen, zu eingespielt ist das Agentur-System.

Um das nochmal deutlich zu machen: nach dem Greenlight des Senders bei den Upfronts im Mai haben die Kolleg:innen gerade mal etwa drei Monate Zeit, um die ersten vier Episoden sendefertig abzuliefern. Wenn der Writers' Room bezogen wird, dauert es nur knapp neun Monate, bis die *gesamte* Season ausgestrahlt ist. Und zum Zeitpunkt des Greenlights gibt es mitunter nur sehr wenig Material: ein Pilotbuch oder einen bereits produzierten Piloten und/oder eine knappe Bible vermutlich, außerdem eine erste, mal mehr, mal weniger detaillierte Version von Season-Bögen und -Plots, die aber natürlich noch angepasst und verändert werden.

Was es aber immer gibt mit dem Greenlight: eine klare, sogar vor Publikum getestete und von allen Beteiligten erkannte und abgenommene Vision der Serie. Und die reicht aus, um anschließend in unfassbarer Geschwindigkeit entwickeln, schreiben und drehen zu können.[103] Der Zweijahreszyklus startet natürlich jedes Jahr neu und verläuft überlappend mit dem Zyklus des Vor- und Folgejahres – sodass sich daraus für die US-Autor:innen folgende Phasen ergeben[104]:

In der *Pilot Season* (Januar bis Mai) werden neue Formate erdacht, Piloten beauftragt und umgesetzt, die Zeit im Jahr, um vielleicht selbst ein Proposal zu entwickeln oder sich für einen beauftragten Piloten zu bewerben.

In der *Staffing Season* (April bis Juni) werden die Writers' Rooms besetzt, die Showrunner führen erste Gespräche oder suchen Ersatz für gefeuerte oder ausgestiegene Kolleg:innen, das ist die Zeit der Bewerbungsgespräche.

In der *Development Season* (Juni/Juli – Oktober/November/Dezember) brummt es: die Writers' Rooms nehmen ihre Arbeit auf oder setzten sie

---

103 Dieses Tempo ist für uns bislang schwer nachvollziehbar: Vor einigen Jahren saß Alex Gansa in der Filmuniversität in Babelsberg und hat aus seinem Nähkästchen geplaudert. Nebenan, im Studio Babelsberg, wurde gerade seine Serie HOMELAND gedreht, die ersten Folgen dieser Staffel waren bereits im US-Fernsehen gelaufen. Gegen Ende der Veranstaltung sagte Gansa, dass er noch nicht wisse, wie die Berlin-Staffel enden werde, er deshalb jetzt leider dringend los und arbeiten gehen müsse. Verrückt, oder?

104 Vgl. Gervich, S. 66 ff.

für eine weitere Staffel fort – die Zeit, in der man als Autor:in idealerweise in einem Room sitzt oder ohne Job dasteht.

Wie gesagt, so war es jahrelang. Doch dann kam die große Serienexplosion. Die schiere Masse an Beauftragungen von immer mehr Playern mit ganz eigenen Regeln hat viel verändert.

5. PLATTFORMEN UND (MANCHE) CABLE NETWORKS

Dank der vielen neuen Streamer – und auch Cable Sender – ist der Zweijahreszyklus mit seinen parallel laufenden Produktionen und den festgeschriebenen Phasen und Zeiten inzwischen nicht mehr das Maß aller Dinge. Schließlich wird eine Plattform-Serie in der Regel vollständig produziert und erst dann komplett online gestellt bzw. ausgestrahlt – und das über das gesamte Jahr verteilt.

Wenn Netflix, Amazon Prime Video oder Hulu eine Serie greenlighten – und das tun sie in der Regel auf der Basis eines knappen Packages, nicht erst nach Testphasen oder Pilotbuch- oder gar Pilotbeauftragung[105] –, dann muss die Serie im Schnitt maximal ein Jahr später fix und fertig vorliegen.[106] Denn eine beauftragte Serie passt eben gerade im Moment ins Portfolio. Und das wiederum muss möglichst vielfältig und immer wieder überraschend sein, damit es eine große Breite an potenziellen neuen Kunden interessieren kann und verhindert, dass Bestandskunden sich langweilen und ihr Abo kündigen.

---

105 Vor einigen Jahren hat Amazon Prime Video mit einer eigenen Pilot-Season experimentiert, bei der die produzierten Piloten auf der Plattform zur Verfügung gestellt wurden und die User darüber abstimmen sollten, aus welchem Pilot eine Serie wird. Dieses Vorgehen wird Amazon Prime Video nach eigenen Angaben aber nicht wiederholen. In den letzten Jahren haben immer wieder auch die großen Networks auf die Beauftragung von Piloten verzichtet und schnell eine sogenannte *direct* oder *straight-to-series-order* vergeben, etwa wenn ein Projekt dank großer Namen oder aus sonstigen Gründen so vielversprechend ist, dass das Network die Serie unbedingt und schnellstmöglich haben will. Dies scheint zuzunehmen. Vgl. Nellie Andreeva: Upfronts 2021, https://deadline. com. Auffallend ist aktuell zudem, dass die Zahl der produzierten Piloten bei den Networks deutlich zurückgehen. Die Zahl der anlässlich der Upfronts georderten Serien aber bleibt relativ stabil. Vgl.: https://deadline.com/category/primetime-pilot-panic/.

106 Manchmal auch schon neun oder sieben Monate später. Man hört von den deutschen Plattform-Serien, dass diese internationalen Player auch in Deutschland ein solches Tempo inzwischen erwarten.

Dies ist sicher einer der Gründe, warum Streamer-Serien selten mehr als sechs, acht oder zehn Episoden lang sind und ebenso selten – selbst im Erfolgsfall – mehr als drei oder vier Seasons haben. Oft sind sie schon nach der ersten Staffel vorbei. Denn die Länge und Anzahl der Seasons *einer* Serie sind für den kommerziellen Erfolg eines Streamers nicht annähernd so entscheidend, wie ständig erfolgreiche *neue* Serien abzuliefern. Die dann idealerweise talk of the town werden – und sei es nur zwei Wochen lang. Anders verhält es sich bei einem werbefinanzierten Free-TV-Sender, der mit einer erfolgreichen Serie, erst recht mit langer Season, über viele Jahre hinweg 22 Wochen pro Jahr teure Werbezeiten verkaufen kann.[107] Es liegt also – wieder einmal – am Geschäftsmodell.

MINI-ROOMS UND ALL-YEAR-STAFFING

Wie sehr der US-Markt in Bewegung ist, zeigt sich auch an dem Experimentieren mit neuen Abläufen, die – nicht nur bei Streamern, sondern auch bei den Networks – ohne das Pilot-Modell auskommen und das Geld in dieser Vorphase zum Beispiel lieber in die deutlich günstigeren sogenannten *Mini-Rooms* („mini" wegen der kleinen Besetzung, kurzen Phase oder beidem)[108] investieren, in denen eine Handvoll Autor:innen in ein paar Wochen zum Beispiel Episoden entwickelt und mitunter bis in die Drehbuchform ausschreibt, auf deren Grundlage dann ein Sender über ein Greenlight entscheidet.[109] Diese Mini-Rooms können auch dazu dienen, dem Creator und/oder dem Studio mithilfe von ausgearbeiteten Figuren und Storylines Impulse für die Serie und dadurch eine klarere Vision zu vermitteln.

---

107 Der Trend zu kürzeren Seasons ist aber eindeutig – auch bei Network-Serien, was vermutlich mit sich verändernden Sehgewohnheiten des Publikums zu tun hat. Einer Serie 22 Wochen lang zu folgen ist so ziemlich das Gegenteil des mehr und mehr trendenden *One-Weekend-* oder gar *One-Day-Bingings*.

108 Als „Mini-Rooms" werden häufig auch die regulären, mit nur wenigen Autor:innen besetzen Rooms der kurzen Streamer-Serien bezeichnet, die zudem häufig nicht mehr parallel entwickeln und produzieren, sondern erst drehen, wenn die meisten Bücher der kurzen Season final vorliegen.

109 Während manche US-KollegInnen davon sprechen, dass das Entwickeln von Episoden ohne vorliegenden Piloten extrem schwierig sei, sagen andere, dass ein ausentwickelter Seasonbogen bzw. mehrere entwickelte Episoden viel hilfreicher seien (um die Vision der Serie fassen zu können) als der beste Pilot. Oder auch hilfreicher, um sich im Klaren darüber zu werden, wie viele Schauplätze und Motive die Serie in einer Season beispielsweise tatsächlich braucht und welches Budget wirklich nötig sein wird.

Viele Autor:innen betrachten diese Mini-Rooms sehr ambivalent – einerseits sind diese kurzen Engagements gerade für Anfänger:innen eine tolle Chance, um auf sich aufmerksam zu machen bzw. die Arbeit in dem möglichen späteren „echten" Writers' Rooms zu erproben. Andererseits entwickelt man frustrierenderweise zu viel, was nie umgesetzt wird. Außerdem hat man nur einen Job für sehr kurze Zeit, ohne jegliche Garantie, dass es weitergeht.[110]

Mit der stetig steigenden Anzahl an Pay-TV- und Streamer-Serien brechen die ehemals allgemeingültigen US-Abläufe, selbst bei den großen Networks, immer weiter auf – und das sehen viele der etablierten und erfolgreichen Autor:innen eher kritisch. All-year-staffing statt *einer* Staffing-Season heißt schließlich, immer für spannende Projekte verfügbar sein zu müssen, oder kann dazu führen, ausgerechnet für die eine große Show nicht engagierbar zu sein, weil man gerade in einer anderen, unter Umständen weniger attraktiven steckt. Und statt eine Jobgarantie für die vielen Monate einer 22-Episoden-Season zu haben, werden Autor:innen für die paar Wochen eines Mini-Rooms angefragt, ohne zu wissen, ob sich daraus ein längerfristiger Job ergibt. Und selbst wenn, wird der deutlich kürzer sein als klassischerweise bei den Networks. Und schließlich heißt, sich für eine Serienentwicklung fernab des zumindest noch teilweise stattfindenden Network-Zyklus zu entscheiden, dass man in diesen auch unter Umständen nicht so schnell wieder hineinkommt. Das ist sicher auch einer der Gründe, warum gerade Cable Networks und Streamer Autor:innen immer öfter exklusive Mehr-Jahres-Deals anbieten. Zum einen natürlich, um sich ein Talent zu sichern, zum anderen aber auch, um diesem Talent zu garantieren, dass es über längere Zeit beschäftigt sein wird. Andererseits schätzen einige auch die kürzeren Seasons der Cable Networks und Streamer, da es so möglich wird, im Idealfall zumindest, selbst innerhalb eines Jahres in mehreren verschiedenen Writers' Rooms zu sitzen und also eine größere inhaltliche Abwechslung im Berufsleben zu haben.

Doch egal ob bei Free TV Networks, Cable oder bei Plattformen: Wird der Prozess erst einmal durch ein Greenlight in Gang gesetzt, sind sich alle

---

110 Dies alles mag uns sehr bekannt vorkommen, für die US-TV-Kolleg:innen ist das relativ neu. Vgl. Joy Press: Is this the end of the writers' room as we know it?, www.vanityfair.com.

Akteur:innen über die zeitlichen Abläufe, die Herstellungsweisen und auch die Entscheidungs- und Hierarchie-Strukturen einig.

6. FAZIT

Das US-amerikanische Fernsehen war von Anbeginn an nahezu ausschließlich kommerziell ausgerichtet. Der konstant wachsende Konkurrenzdruck durch immer mehr Auftraggeber und durch das sich immer weiter fragmentierende Publikum hat schließlich aus rein ökonomischen Gründen vor allem ab den 1990er Jahren zu der Strategie geführt, Qualität und Innovation herzustellen. Vorreiter des neuen Golden Age of Television war der Pay-TV-Sender HBO, dessen Strategien darin bestanden, Autor:innen große kreative Freiheit zu geben und gleichzeitig tradierte und infrastrukturell gewachsene, ökonomisch sinnvolle Abläufe und Arbeitsweisen zu übernehmen.

Der Erfolg dieser Strategien hatte geradezu (r)evolutionären Einfluss auf die gesamte TV-Kultur, die in den USA massiv vom Studiosystem und dem Selbstverständnis der Kreativen als Storyteller geprägt ist, deren Aufgabe darin besteht, ein wie auch immer definiertes Publikum zu erreichen. Was in den USA in keiner Weise im Widerspruch zu (künstlerischem) Anspruch steht. Autor:innen sind im Laufe der Zeit die zentralen Kreativen einer Serie geworden. Deren Befugnisse wurden wieder aus wirtschaftlichen Gründen über die Jahrzehnte zunehmend um produzentische erweitert, bis sich daraus schließlich das Showrunner-Modell entwickelte. Der Grad an Professionalisierung ist in allen Bereichen der US-TV-Herstellung immens, dazu gehörten auch jahrelang feste, branchenüberspannend verbindliche Schedules der großen Networks, die über einen radikalen Filtrationsprozess und eine schrittweise und finanziell aufwendige Annäherung an die Serienvision und deren Potenzial (über mündlichen Pitch, Pilotbuch, Pilotbeauftragung bis zu Publikumstests) zur Entscheidung für oder gegen eine Serie führ(t)en.

Allerdings brechen viele (nicht nur neuere) Auftraggeber diese Verfahrensweisen und Strukturen zunehmend auf, setzen aber dabei nach wie vor auf handwerklich bestens im System ausgebildete Kreative. Dank der industriell ausgerichteten Effizienz von Writers' Rooms und höchster Professionalität sind sie – idealerweise zumindest – in der Lage, in immer kürzerer Zeit Serien herzustellen, und werden im Erfolgsfall zunehmend auch exklusiv gebunden, eine weitere Strategie der Auftraggeber, um dem gigantischen Konkurrenzdruck des US-Systems standhalten zu können.

IV. DER US-WRITERS'-ROOM

Im Writers' Room[111] schlägt das kreative Herz der Serie. Der Room ist ein ge-schützter und regelrecht heiliger Ort, in dem alle Fäden zusammenlaufen und von dem aus alle entscheidenden Impulse für die Serie ausgehen. Der Begriff selbst ist dabei eigentlich irreführend, denn der Room ist praktisch nie nur *ein* Raum, sondern hat in den USA eher die Größe einer Fabrik- oder mindestens einer Büroetage und besteht aus vielen Räumen. US-Writers'-Rooms befinden sich normalerweise auf dem Studiogelände und damit in unmittelbarer räum-licher Nähe zu den Büros der anderen Gewerke, des Studiosets und/oder den Werkstätten und Schneideräumen – ein Showrunner muss schließlich schnell zum Set oder ins Büro des DoP kommen können. Die inhaltliche und produk-tionelle Symbiose manifestiert sich also nicht nur in der machtvollen Position des Showrunners, sondern auch in der räumlichen Ausgestaltung.

1. RÄUME UND AUSSTATTUNG

Normalerweise hat jede Autor:in ein eigenes Schreibbüro. In manchen Fäl-len teilen sich vielleicht zwei Autor:innen einen Raum, was nicht zwangsläu-fig budgetäre Gründe haben muss, sondern vielleicht daran liegt, dass die

---

111 Im Folgenden beschreiben wir im Wesentlichen die Strukturen eines Drama Writers' Rooms, klassi-sche Comedy/Sitcom Rooms arbeiten zwar mit sehr ähnlichen Prinzipien, haben aber zum Teil ande-re Abläufe und Hierarchien. Ähnlich ist es bei Daily-Produktionen – die Besonderheiten eines Daily Rooms beschreiben wir in Kap. V. im deutschen Branchenkontext, weil hier die Arbeitsweise aus den USA weitgehend übernommen wurde.

Drehbucharbeit in Zweierteams stattfindet oder Anfänger:innen einander helfen sollen. Das Showrunnerbüro ist in der Regel etwas größer, um dort Vier- oder Sechsaugenbesprechungen abhalten zu können. Auch die Assistenzen haben einen eigenen Raum, da dort häufig ungestört telefoniert werden muss. Je nach Größe des Teams besteht ein Room also schon mal aus mindestens fünf bis zehn Büroräumen.

Das Zentrum eines jeden Writers' Rooms ist ein großer Konferenzraum, in dem alle Autor:innen, der Showrunner und etwaiges weiteres Personal um einen großen Tisch herum Platz finden. Vielleicht wird auf den Tisch aber auch verzichtet und stattdessen mittels im Kreis stehender bequemer Sessel eher auf eine Art Wohnzimmeratmosphäre gesetzt. Entsprechend den Vorlieben des Showrunners hängen Schauspieler:innen- und Motivfotos an den Wänden. Außerdem Moodboards der Art Direction, Kostümentwürfe und Entwürfe der Studioaufbauten. In der Ecke des Raumes steht vielleicht eine kleine (oder große) Recherchebibliothek mit Lexika, Nachschlagewerken und Bildbänden, bei einer Medical ein Skelett und zahlreiche Schautafeln von Körperfunktionen, bei einer biografischen Serie hängen vielleicht Zitate der porträtierten Person an der Wand, bei einer historischen Serie möglicherweise die Titelseiten einiger zeitgenössischer Tageszeitungen oder Fotos, Ansichtskarten, Werbeanzeigen etc. aus der Zeit. Auf den Schreibtischen stehen aber vielleicht auch private Fotos der Autor:innen, Glücksbringer, abgedrehte Requisiten oder absonderliche Dinge wie etwa kleine Gummitiere, die auf den ersten Blick keinen Sinn machen und so gar nichts mit der Serie zu tun haben. Kurz: Absolut alles, was inspiriert und hilft, die Kreativität zu steigern oder Recherchezwecken dient, darf in einem Writers' Room sein – so lange der Showrunner das akzeptiert bzw. verlangt.[112] Betritt man einen Writers' Room, betritt man im besten Fall die Vision der Serie. Die Tonalität, die „Farbe", das Gefühl, die Visualität, all das findet sich in irgendeiner Form in der Ausgestaltung des Rooms wieder.

Und noch etwas hängt an den Wänden der Büros und vor allem des Konferenzraums: Plot. Wortwörtlich. Die sogenannten Beatboards gehören zu

---

112 Auch unter den US-Kolleg:innen soll es einige Purist:innen geben, bei denen die Wände nicht so voll sind und die ihren Writers' Room lieber neutral halten.

den grundlegenden Tools von Writers' Rooms. Vor einigen Jahren gab es dabei hauptsächlich einen Glaubensstreit zwischen der Fraktion Whiteboard und der Fraktion Pinnwand. Während die einen Showrunner den Plot einer Season und einzelner Episoden ausschließlich per Boardmarker aufnotieren lassen, setzen andere auf Hunderte Karteikarten in verschiedenen Farben, die an riesigen Pinnwänden angebracht sind oder mittlerweile auch auf wiederbeschreibbare Magnetkarten, die an Whiteboards haften. Seit geraumer Zeit gibt es eine dritte Fraktion: die digitale. Statt Boards hängen riesige Monitore an den Wänden, auf denen digitale Beatboards den Raum beleuchten. Aber festzuhalten ist, dass der Plot einer Serie oder auch nur einer Episode im Writers' Room veräußerlicht wird und an der Wand hängt.

Hängen dort mehrere Episodenboards der Serie nebeneinander, kann man also buchstäblich durch die Handlung einer ganzen Season hindurchlaufen, statt in Unmengen an Seiten hin- und herzublättern und viel lesen zu müssen. Aus den Beatboards und all den Fotos, Zeichnungen, inspirierenden Zitaten, Plänen und Postern wird eine Art lebendige Ausstellung der Serie. Das ist ein ganz wesentlicher Aspekt des Writers' Rooms: Er macht Geschichten, Plots und die Vision physisch erfahrbar und die Entwicklung als Prozess sichtbar – für alle im Raum zugleich.

Allerdings ist diese Ausstellung höchst exklusiv: im Writers' Room hat niemand außer den dort beschäftigten Personen etwas zu suchen. Keine Sendermenschen und keine Studio Executives. Es sei denn, sie melden sich an oder werden explizit eingeladen und der Room kann sich auf die Ankunft einer wichtigen Entscheidungsträger:in vorbereiten und vielleicht die Dartscheibe mit dem Konterfei des Hauptdarstellers entfernen (die enorm dabei hilft, den Frust über schwierige Schauspieler:innen loszuwerden). Oder besagte Gummitiere auf den Schreibtischen verstecken, die für Außenstehende vielleicht etwas infantil wirken könnten.

Zur Grundausstattung jedes Writers' Rooms gehören außerdem Unmengen an Büromaterial: buntes Papier, Stifte in allen Stärken und Farben, Post-its,

Berge an bunten Karteikarten (wenn mit solchen gearbeitet wird). Alle Wände – auch die der Schreibbüros – sind dank Pinnwänden bestückbar oder dank Whiteboards beschreibbar. Jede Autor:in hat einen Laptop und einen eigenen Drucker, und alle schreiben mit demselben Drehbuchprogramm, in der Regel Final Draft.

Hier wird nicht gespart: Wenn es Autor:innen beim Plotten unmöglich ist, vier Storylines mit verschiedenfarbigen Karteikarten zu gestalten, weil es eben nur zwei Farben gibt; wenn es 20 Minuten dauert, um die ersten Drehbuchseiten auszudrucken, weil der Gemeinschaftsdrucker gerade besetzt ist und man deshalb völlig aus dem Flow kommt; wenn die Formatierung des Drehbuchs dank kostenlosem Drehbuchprogramm beim E-mailen crasht oder wenn die Karteikarten nach zwei Wochen von der Wand fallen, weil die deutlich billigeren Styroporplatten anders als Pinnwände ausfransen, dann leiden darunter der gesamte Arbeitsprozess und die Atmosphäre im Room. Solche banalen Kleinigkeiten können dazu führen, dass der Room weniger effizient ist, als er sein könnte – und das gilt es unter allen Umständen zu vermeiden.

Als vor einigen Jahren ein US-Consultant den Writers' Room einer neuen deutschen Serie betrat, nickte er, ja, so ungefähr würden US-Writers'-Rooms auch aussehen, nur drei Dinge fehlten augenscheinlich: *„Where is the food? Where are the toys? And where are you guys sleeping?!"* Mit Essen meinte er im Wesentlichen Süßigkeiten, die alsbald auch in rauen Mengen angeschafft wurden, aber eine Schlafgelegenheit? Und Spielzeug? Ein Writers' Room müsse immer auch eine Art Spielplatz sein, erklärte der Consultant. Und so befremdlich das für manche klingen mag, so plausibel ist doch diese Vorstellung, wenn wir uns vergegenwärtigen, dass Geschichtenerzählen viel mit Fantasieren, Ausprobieren und „Rumspinnen", mit Begeisterung, Leidenschaft und auch mal mit Frust zu tun hat, den es möglichst schnell wieder abzubauen gilt. Das macht die Tätigkeit in einem Room ganz und gar nicht weniger ernsthaft oder undiszipliniert, ganz im Gegenteil: Manchmal wirkt ein Boxsack eben Wunder, wenn man gerade in einem Plot feststeckt. Oder fünf Minuten kickern, flippern oder Tischtennis spielen mit den Kolleg:innen. Geschichten erfinden hat eben nicht zwangsläufig nur mit Geist und Worten zu tun, sondern kann durchaus auch als ein physischer Prozess verstanden werden. Bei Plot-Konflikten mit der Co-Autor:in sich mal schnell zwei Schaumstoffschwerter zu schnappen und sich zu duellieren, kann deutlich schneller Blockaden und gedankliche Knoten lösen helfen als sich im Kreis drehende und hochschaukelnde Diskussionen. Es gibt US-Rooms mit kleiner Minigolfanlage und einem Basketballcourt im Hof, eigenem Yogastudio und fest angestelltem Masseur. Das alles bezahlen die Studios nicht aus purem Altruismus, sondern weil sie wissen, dass ein Room effizienter, schneller und besser ist, wenn dieser Raum das optimale Umfeld zur Freisetzung von Kreativität darstellt – was das auch immer für die jeweiligen Kreativen, vor allem aber für den Showrunner bedeutet.

Besagter US-Consultant musste allerdings auch lernen, dass deutsche Autor:innen kaum bereit sind, einfach mal im Room statt zu Hause zu schlafen, um vier Stunden später aufzustehen und weiterzumachen. Das aber kommt in den USA schon mal vor, wenn die Maschinerie voll am Laufen ist und das Drehbuch oder der Plot einfach fertig werden *muss*. Das erklärt die vielen Sofas, die häufig in den US-Rooms zu finden sind. Und dies zeigt, wie US-Kolleg:innen einen Writers' Room verstehen: als ihr Zuhause auf Zeit. Und als das Zuhause der Serie.

2. DAS PERSONAL

Das Ausmaß an Effektivität und Professionalisierung des Systems Writers' Room wird auch deutlich, wenn es um die Zusammenstellung des Personals, dem eigentlichen *Writing Staff* und den anderen Personen geht, die zu einem Room gehören. Die Anzahl der Autor:innen und assistierenden Personen variiert dabei von Format zu Format. Wenn es darum geht, 22 Episoden in den beschriebenen Zeitabläufen abzuliefern, wird natürlich mehr Personal benötigt als bei einer 10-Episoden-Staffel. Mit üppigem Budget ausgestattete Formate haben für gewöhnlich auch größere Rooms als kleine Serien. Auch gibt es Showrunner, die möglichst viel selber schreiben und solche, die das gar nicht tun. Oder Formate, bei denen im Room viel am Plot gearbeitet werden muss, und solche, bei denen die Creators fast alle Storylines im Vorfeld bereits ausgearbeitet haben und es im Wesentlichen um die Drehbucharbeit geht.[113] Im Drama Writers' Room sitzen also je nach Format ca. 3 bis 10 Personen, die zum Writing Staff gehören, dazu kommen der Showrunner und assistierende Personen, mitunter auch beratende bzw. coachende Kolleg:innen.

Dabei besteht ein Writing-Staff-Team aus Personen mit verschiedenen Qualifikationsleveln.[114] Im Laufe der Jahre hat sich in den USA eine Art Karriereleiter herausgebildet, die von der Einstiegsposition bis hin zum „Thron" des Showrunners verschiedene Stufen bzw. Positionen benennt:

- Writers' Assistance (bzw. Writers' PA und/oder Script Coordinator)
- Staff Writer
- Story Editor, Executive Story Editor
- Co-Producer, Producer
- Supervising Producer
- Co-Executive Producer
- Executive Producer/Showrunner

Auch wenn für die jeweilige Position die konkreten Aufgaben von Room zu Room ein wenig variieren und manche Showrunner davon sprechen, dass diese Begriffe nicht automatisch eine konkrete Jobbeschreibung bedeuten, beinhalten sie zumindest recht allgemeingültig definierte Pflichten und Rechte. Auch gibt es für einige der Positionen in den verpflichtenden Regelungen der Writers' Guild of America (WGA) fest ausgehandelte Credit-Vereinbarungen und Mindest-Wochen- und Werksgagen, die abhängig vom Status der Serie (Primetime oder nicht, High oder Low Budget, Network, Cable oder Streaming) eine bestimmte Summe garantieren.

---

113 In einem Comedy Writers' Rooms sitzen in der Regel deutlich mehr Personen als in einem Drama Room – obwohl die Episoden kürzer sind: die hohe Dichte an Gags und Punchlines bei Comedyserien und Sitcoms, die fast immer mit 22 bis 24 Folgen pro Season entwickelt werden, verlangen einfach nach einer größeren Bandbreite an (komischen) Talenten.

114 Vgl. Douglas, S. 139 ff, Ken Miyamoto: Simple Guide to the TV Writers' Room Hierarchy, https://screencraft.org, Christopher Ming: Inside the Writers' Room, https://christopherming.com oder Eric Haywood: Writers' Room 101. TV Writer Job Titles, https://scriptmag.com.

Einige im Writing Staff erhalten zunächst eine wöchentliche Grundgage, also eine Gage für die schiere Präsenz. Je nach Status wird auch im Vorfeld eine Wochengarantie ausgehandelt – Anfänger:innen erhalten in der Regel hierbei zunächst nur Garantien für wenige Wochen der Beschäftigung, um sie im Zweifelsfall schnell und günstig austauschen zu können. Gestandene Autor:innen können da natürlich anders verhandeln und sich Garantien für mehr Wochen bzw. die gesamte Entwicklungszeit zusichern lassen.[115] In den USA werden Serienautor:innen also z. B. auch fürs Plotten bezahlt, fürs Ideenentwickeln, einfach fürs (kreative) Da-Sein – unabhängig von jedweder Werkstufe oder ob dieses Tun überhaupt in ein Werk (also Drehbuch) führt.

Writers'-Room-Autor:innen haben bzw. erarbeiten sich in ihrer professionellen Laufbahn einen bestimmten Status und versuchen natürlich, von Produktion zu Produktion, von Writers' Room zu Writers' Room bzw. von Season zu Season jeweils eine Position aufzusteigen. Schritt für Schritt steigt so ein ums andere Mal auch die Bezahlung. Die Aufgaben und Verantwortlichkeiten, mit denen die jeweiligen Autor:innen betraut werden, werden bei jedem Schritt aber auch komplexer und vielfältiger. Nach und nach kommen produzentische und Produktionsaufgaben zu den eigentlichen Schreibpflichten hinzu.

Zumindest theoretisch. Denn zum einen gibt es Autor:innen, die zwar die Karriereleiter nach oben steigen, aber kein Interesse an produzentischen Aufgaben haben und also auch zum Beispiel mit einem Producer-Credit nichts anderes tun als schreiben. Und zum anderen gelingt ein stringenter Karriereleiter-Aufstieg natürlich nicht immer. Für manche ist es klüger, ein weiteres Jahr auf der gleichen Stufe zu arbeiten, wenn man dafür den Schritt von einer kleinen Cable Show in den Room eines Network-Primetime-Formats geschafft hat – oder wenn man nach zwei Jahren Karriere-Flaute froh ist, überhaupt wieder in einen Room gebucht zu werden.

Die Karriereleiter macht nicht nur die klaren Hierarchiestufen deutlich, sondern auch, dass das System Writers' Room als eine Art Ausbildungssys-

---

115 Um dies ein wenig fairer für die Autor:innen zu machen, hat die WGA aber festgelegt, dass die weekly compensation umso höher ausfällt, je weniger Wochen garantiert werden.

tem gedacht ist – und dem sind sich alle Autor:innen und ihre Agent:innen, Produzent:innen, Studios und Sender in den USA bewusst. Hat man sich auf einer Stufe bewährt bzw. nachweislich genügend gelernt und trainiert, wird dies von der Branche anerkannt und gewürdigt, es geht zur nächsten Position.[116] Showrunner haben beim Erreichen dieser höchsten Stufe dementsprechend eine ganze Menge an Erfahrung und sukzessive mehr von dem gelernt, was sie dann an der Spitze der Karriereleiter brauchen.

Positionen, Credits, Hierarchien

Sehen wir uns diese Karriereleiter also mal genauer an. Doch ein Hinweis vorweg: noch vor einigen Jahren gab es die WGA-Regel, dass eine bestimmte Anzahl an Episodendrehbüchern aus dem Writers' Room an Freelancer vergeben werden müssen. Diese Freelancer waren nicht Teil des Rooms und schrieben – so wie wir in Deutschland meistens auch – zu Hause ihr Drehbuch für eine Episode und bekamen dafür die marktübliche Gage (obwohl diese Drehbücher nur in seltenen Fällen wirklich umgesetzt wurden). Oft landeten diese Bücher jedoch zuerst in Aktenschränken und schließlich im Schredder. Was steckte hinter dieser Regel? In einer Zeit mit einer relativ begrenzten Anzahl an (neu zusammengestellten) Writers' Rooms war es mitunter unmöglich, als neues Talent in einen Room engagiert zu werden. Um unbekannteren und eher am Anfang ihrer Karriere stehenden Autor:innen die Chance zu geben, auf sich aufmerksam zu machen, wurde die Freelance-Screenplay-Abmachung eingeführt. Auch wenn diese angesichts der gigantischen Zahl immer neuer Serien nicht mehr verpflichtend ist, gibt es viele Serien, die immer noch Freelance-Episoden vergeben. Zum einen, weil alle Showrunner natürlich stets daran interessiert sind, neue Talente kennenzulernen, und zwar gleich in ihrer Fähigkeit, das entsprechende Format zu bedienen. Zum anderen, weil diese Freelance-Screenplays – wenn sie gut werden – als Backup-Scripts fungieren können, für den Fall, dass etwas im Writers' Room nicht so funktioniert, wie erhofft, und der Zeitdruck es unmöglich macht, neu zu entwickeln.

---

116 Natürlich kommt es auch vor, dass Positionen übersprungen werden oder – in sehr seltenen Fällen – jemand bereits von Anfang an hoch einsteigt, vielleicht weil sie oder er ein sensationelles Talent ist oder ein großer Name im Kinobereich.

WRITERS' PRODUCTION ASSISTANT (PA), WRITERS' ASSISTANT, SCRIPT COORDINATOR
Je nach Budget kann ein und dieselbe Person alle drei Positionen übernehmen – auf der anderen Seite gibt es Writers' Rooms mit mehreren Production
Assistants (PAs), Assistants und Coordinators, deren Aufgaben nicht immer
gleich aufgeteilt sind. Auch hat nicht selten der Showrunner selbst noch mindestens einen eigenen Showrunner's Assistant, der ihm oder ihr persönlich
zur Verfügung steht und ihm oder ihr von Telefondienst bis Terminvergaben
und Reisebuchungen alles Mögliche an Logistik und Organisation abnimmt.

Während ein PA in der Regel lediglich Kaffee kocht, Essen bringt, kopiert,
aufräumt und ans Telefon geht, sind der Writers' Assistant und der Script Coordinator ein möglicher Einstieg in ein Writers'-Room-Team. Dabei handelt es sich
um höchst verantwortungsvolle Jobs, die nicht selten von ausgebildeten Nach-
wuchs-Autor:innen übernommen werden. Doch sie schreiben (noch) nicht, zumindest nicht kreativ. Meist gehört jede Art von Recherche zu den Aufgaben
von Writers' Assistants. Die wichtigste Aufgabe ist aber das Protokollieren der
Diskussionen und Besprechungen im Room. Dies ist eine immens schwierige
Aufgabe, denn natürlich kann ein Assistant nicht einfach sämtliche der vielen
und mitunter ausschweifenden Gespräche stenografieren (wer sollte das auch
alles lesen wollen?!). Assistants müssen gleichzeitig mehreren, auch mal emotional diskutierenden Autor:innen zuhören, objektiv zusammenfassen, komplexe und hitzige Debatten auf klare An- und Aussagen herunterbrechen und
ein Destillat der Abmachungen und kreativen Entscheidungen abliefern können, mit dem dann verlässlich weitergearbeitet werden kann. Dafür braucht
es ein grundsätzliches dramaturgisches bzw. erzählerisches Verständnis.
Allerdings sollte ein solcher Assistant auch keine gestandene Autor:in sein, die
dann (unter Umständen unbewusst) wertend protokolliert und die Idee, die er
oder sie persönlich am besten findet, besonders hervorhebt, anstatt neutral
zusammenzufassen und dem Showrunner zu folgen.

Script Coordinators hingegen lesen die Drehbücher der Autor:innen or-
thografisch Korrektur, formatieren sie, sorgen für ein konsistentes zentrales
Ablagesystem der verschiedenen Fassungen, achten darauf, dass alle Namen

richtig geschrieben sind bzw. die Figuren die richtigen Namen haben, listen die Veränderungen von einer Fassung zur nächsten auf, achten auf die Continuity und müssen nicht selten rechtliche und andere Fragestellungen klären („Darf ein Polizist dieses oder jenes überhaupt?" – „Hat dieser Schauspieler nicht im Vertrag, dass er niemals nackt gezeigt werden darf, obwohl er laut Buch aus der Dusche kommt?" – „Kann das Motiv ‚Bahnhof' überhaupt nachts bespielt werden?" etc.). Zusammengefasst bereiten die Script Coordinators die Rohfassungen der Autor:innen für die nächsten Arbeitsschritte vor und sorgen für Einheitlichkeit der Dokumente und Fassungen.

Weder PAs, noch Assistants oder Coordinators erhalten für gewöhnlich Credits (allerdings werden sie bei aktuellen Serien immer öfter im Abspann genannt). Zudem ist nirgends festgeschrieben, was diese wichtigen Personen verdienen, allerdings kann dies durchaus eine Menge sein: Wenn ein Showrunner einen hervorragenden Writers' Assistant gefunden hat, wird er oder sie alles daransetzen, um diese Person zu halten, obwohl der Assistant vielleicht nichts lieber täte, als endlich zu schreiben, und unbedingt endlich Autor:in werden will. Ähnlich wie bei Regieassistent:innen gibt es aber auch zahlreiche Personen, die diesen Job jahrelang und teuer bezahlt machen – und auch nichts anderes (also auch nicht Autor:innen) sein wollen.

Diese Positionen ermöglichen einen wertvollen Einblick in die Funktionsweise von Writers' Rooms und die Arbeit von Serienautor:innen und Showrunnern und bereiten potenziell angehende Autor:innen perfekt darauf vor, selbst Teil des Writing Staffs zu werden. Zudem vergeben viele Showrunner Freelance-Episodenbücher an Assistent:innen, zumindest dann, wenn sie mit ihnen zufrieden sind – und bieten ihnen so die Chance, sich für die nächste Stufe zu qualifizieren (und einen gar nicht so kleinen Bonus einzustreichen).

STAFF WRITER – DIE ERSTE STUFE ALS AUTOR:IN
Um ein Missverständnis gleich auszuräumen: In Deutschland sind mit dem Begriff „Staff Writer" meist *alle* Autor:innen im Writers' Room gemeint, die unter einem Headwriter bzw. Showrunner arbeiten. Dies ist in den USA an-

ders, der Staff Writer wird dort gerne auch mal *Baby Writer* genannt und steht also auf der ersten Stufe, die eine schreibende Autor:in erreichen kann.

Staff Writers absolvieren eine Art sehr gut bezahltes Praktikum mit noch vergleichsweise wenig eigener Verantwortung – außer der Pflicht, tagtäglich ihr kreatives Können unter Beweis zu stellen. In der Regel plotten Staff Writers bei den Episoden mit, überarbeiten eventuell Figurenbiografien, machen nach Vorgaben des Showrunners auch mal Rewrites oder polishen eine Episode, wenn der Showrunner ihnen genügend vertraut. Ein eigenes Episodendrehbuch schreiben dürfen sie jedoch eher selten und wenn, dann nur unter der Aufsicht von erfahrenen Kolleg:innen. Staff Writers erhalten in der Regel keinen Credit[117], selbst wenn der Rewrite ein wenig umfangreicher war, genannt werden sie in der Regel nur in dem seltenen Fall, wenn sie ein eigenes Episodendrehbuch zugeteilt bekommen.[118]

Ganz schön unfair? Na ja, dafür erhalten Staff Writer für ihre Arbeit eine ordentliche Gage: laut WGA-Vereinbarung mindestens 4.000 bis 5.000 Dollar pro Woche für eine Network Primetime Serie. Im Falle eines eigenen Drehbuchs bekommen Staff Writer allerdings keine Bonusgage und vor allem neue Gesichter werden nur eine überschaubare Garantie für sechs bis zehn Wochen mit der Option einer Verlängerung im Falle guten Arbeitens erhalten. Wenn sich Staff Writer bewähren, geht's zur nächsten Stufe:

STORY EDITOR UND EXECUTIVE STORY EDITOR: DIE SERIENAUTOR:IN
Auch dieser Begriff ist in der deutschen Branche verbreitet, meint aber wieder etwas anderes (siehe Kap. V. 1.). In den US-Rooms meint der Begriff das, was wir in Deutschland unter Serien- bzw. Episodenautor:innen verstehen:

---

117 Seit geraumer Zeit tauchen Staff Writer in den Abspännen von vor allem Streamer-Serien immer häufiger auf.
118 Bei Anfänger:innen bzw. unerfahrenen Autor:innen (und auch bei Freelance-Beauftragungen) kann es dabei auch zu sogenannten *step deals* kommen, das heißt, es wird immer nur der eine nächste Arbeitsschritt vereinbart – falls das Ergebnis nicht ist wie gewünscht, übernimmt jemand anderes aus dem Team. Wenn diese Übernahme dazu führt, dass mehr als 50 Prozent neu erstellt werden müssen, erhält die überarbeitende Person allein den Credit, sind die Veränderungen weniger dramatisch, erhalten beide einen, bei sehr niedrigem Überarbeitungsaufwand vielleicht auch nur die ursprüngliche Autor:in.

Sie oder er plottet und schreibt die Drehbücher. Und bekommt dafür auch einen Credit, der wiederum von der konkreten Tätigkeit abhängig ist: Reines (Mit-)Plotten (inkl. Schreiben einer Vorstufe wie etwa der Outline) bringt den *Story-by-Credit*, die (Ko-)Autorenschaft an einem Drehbuch den *Teleplay-by-Credit*. Den bekannten *Written-by-Credit* erhält nur, wer die Episode sowohl (mit-)geplottet als auch in Drehbuchform gebracht hat.[119]

In der Regel haben Story Editors vor allem bei den 22-Episoden-Seasons die Garantie für mindestens zwei eigene Episoden mit Written-by-Credit, was automatisch zu einem beachtlichen Bonus (in Form von Werksgagen) führt, der zu den wöchentlichen Grundgagen noch dazukommt.[120] Für Rewrites und Polishing erhalten sie ebenfalls extra Geld und auch hier hat die WGA Mindestgagen verhandelt. Um ein Story Editor zu werden, muss man allerdings mindestens eine Season lang in einem Writers' Room gesessen haben. Weil dies nicht unbedingt viel Erfahrung ist, betrachten manche die Story Editors immer noch als Baby Writer, die erst mal zeigen müssen, was sie können. Ist ein Story Editor schon einen Schritt weiter, kann er zum Executive Story Editor aufsteigen, was in der Regel eine höhere Wochengage, eine umfangreichere Credit-Garantie, aber auch mehr Verantwortung mit sich bringt. Mitunter kann eine Person im Status Executive Story Editor bereits den Showrunner im Room vertreten, wenn dieser und seine Vertreter:innen mit anderen Aufgaben beschäftigt sind.

Co-Producer und Producer – die erfahrenen Serienautor:innen

Co-Producer und Producer sind in erster Linie erfahrene Autor:innen. Manchmal ausschließlich das – nur mit mehr Gage –, doch meist mit zusätzlichen produktionellen Aufgaben, dementsprechend besteht ab dieser Stufe die Möglichkeit von Gewinnbeteiligungen, neben den Gagen für die Schreibarbeit, außerdem zusätzliche Honorare für eben jene Produktionsaufgaben.

---

119 Die jeweiligen Credits sind mit Mindestwerkgagen verknüpft, „story by" alleine ergibt ca. ein Drittel, „teleplay by" ca. zwei Drittel der Gesamtgage für ein Episodendrehbuch. Vgl. Writers Guild of America: Schedule of Minimums 2020, www.wga.org.

120 Laut WGA-Deal: Written-by für eine Episode, One-Hour-Drama, Network Primetime z. B. mindestens knapp 40.000 Dollar. Theoretisch erhalten Story Editors laut WGA-Regelung mindestens dieselbe „weekly compensation" wie Staff Writer, werden aber in der Regel höhere Wochengagen aushandeln können.

Obwohl dies nicht automatisch zum Job von (Co-)Producern im Writers' Room gehört, ist es je nach Format, Teamgestaltung oder Stil bzw. Erwartung des Showrunners häufig so, dass sie oder er bei diversen Produktionsmeetings dabei ist oder diese auch leitet, z. B. das Casting überwacht, verantwortlich Vorbesprechungen mit der Regie übernimmt und am Set oder im Schneideraum als verantwortlicher Producer den Showrunner vertritt, vor allem bei den Episoden, die sie oder er auch geschrieben hat. Auch sind es meistens die Producer, die mit all ihrer Erfahrung einspringen können (und müssen), wenn ein Buch unmittelbar vor dem Dreh doch noch einmal überarbeitet oder während des Drehs angepasst werden muss, falls der Showrunner das nicht selbst übernimmt. Autor:innen mit Producer-Titel gestalten im US-System also – natürlich immer im Sinne des Showrunners – entscheidend mit. Dafür bekommen sie auch ein Gehalt, das weit über dem eines Story Editors liegt.[121]

Supervising Producer – die Upper-level oder Senior Writers

Supervising Producer (SP) ist ein ehrenvoller Titel und bezeichnet sehr erfahrene Autor:innen mit hohem Ansehen und teilweise erweiterter Verantwortung. Sie leiten in manchen Fällen das Plotting und den ganzen Room, wenn der Showrunner oder der Co-Executive Producer nicht vor Ort sind. Sie sind im Grunde so etwas wie die Headwriter vom Dienst und genau wie die Producer oder auch Co-Executive Producer für die Qualitätssicherung innerhalb des Rooms zuständig.

In vielen Fällen ist der Supervising Producer der stets ansprechbare direkte Vorgesetzte der anderen Autor:innen im Room. SPs stehen kurz davor, selbst Showrunner zu werden. Allerdings schreiben sie in aller Regel auch noch viel selbst. Was genau Supervising Producer verdienen, lässt sich nur grob schätzen und im Vergleich zu den WGA-Mindestsätzen und Episodendrehbücher erahnen. Auch SPs erhalten in der Regel Gewinnbeteiligungen und Gagen für Produktionsverantwortlichkeiten. Das durchschnittliche Gehalt liegt deutlich über dem von Producern, allerdings gibt es ab dieser Stufe keinerlei Mindestgagen-Vereinbarungen mehr.

---

121 Mitunter verzichten Producer auch auf ihre Gagen zugunsten höherer Gewinnbeteiligungen, was sich zum Beispiel bei einer länger erfolgreich laufenden Show extrem rechnen kann.

CO-EXECUTIVE PRODUCER – DIE NUMMER 2

Stellt man sich den Showrunner als Kapitän:in der Serie vor, ist der Co-Executive Producer so etwas wie die erste Offizier:in oder auch Staffkapitän:in. Die rechte Hand des Showrunners, ausgestattet mit enormem Vertrauen und ebenso vielen Verantwortlichkeiten und Aufgaben, die je nach Stil und Vorlieben des Showrunners zum Beispiel auch darin bestehen können, den Room verantwortlich und dauerhaft zu leiten (also wie ein Headwriter bei uns), während der Showrunner sich mit der Produktion herumschlägt. Oder umgekehrt, manchmal will der Showrunner lieber selbst viel im Room sein und überlässt die Arbeit und die Entscheidungen in der Produktion überwiegend seiner Nummer 2. Doch selbst wenn Co-Executive Producer zum Beispiel die eigentliche Entwicklungsarbeit verantworten: Sie tun dies zu 100 Prozent im Namen des Showrunners. Ein Kollege hat Co-Executive Producer mal als *Showrunner to be* (also etwa: Showrunner im Werden) beschrieben: die letzte Stufe vor dem Thron. Und natürlich schlägt sich auch das in der Bezahlung nieder, aus der die Kolleg:innen in den USA ebenso ein Geheimnis machen, wie bei den Gagen eines Showrunners: nach oben scheint es hier keine Grenzen zu geben, und spätestens ab der Position Co-Executive Producer sind viele verschiedene Deals möglich – von pauschalen Buy-outs bis hin zu mehr oder weniger reinen, aber dann um so höheren Gewinnbeteiligungen.

EXECUTIVE PRODUCER – DER SHOWRUNNER

Wir sind an der Spitze der Karriereleiter angekommen, beim unangefochtenen Boss im Writers' Room und der gesamten Produktion: dem Showrunner. In Tara Bennetts launigem Interview-Buch *Showrunners* definiert Andrew Marlowe, Showrunner von CASTLE, diese Position ganz schlicht: „Being a showrunner means that you're responsible for all the creative and financial aspects of the show".[122] Showrunner sind also voll verantwortlich für die Serie und in sämtliche inhaltlichen und produzentischen Prozesse eingebunden und haben bei wirklich allen Entscheidungen das letzte Wort.

OK, streng genommen hat das allerletzte Wort natürlich auch in den USA der Auftraggeber, sprich der Sender oder die Plattform. Und natürlich wird

---

122 Marlowe in: Tara Bennett: Showrunners. The Art of Running a TV Show. London 2014, S. 20.

ein Showrunner immer alles in Absprache mit den Networks oder Streamern (und auch dem Studio) entscheiden, beziehungsweise: Auch ein erfahrener Showrunner wird für einige Entscheidungen ein *approval* von Network- oder Streamerseite brauchen – allerdings hat er oder sie hier in der Regel einen viel größeren Freiraum, als dies bei uns üblich ist. Showrunner und Creator sind dabei übrigens nicht zwingend eine Person. Dies ist zwar häufig der Fall, aber gerade bei weniger erfahrenen Creators kommt es durchaus vor, dass das eigentliche Showrunning eine andere Person übernimmt, und zwar eine Person, der man diese sagenhaft komplexe Position wirklich zutraut und die über die entsprechenden Kompetenzen und Erfahrung verfügen muss. Da diese Position im System Writers' Room so elementar ist, werden wir sie ein wenig ausführlicher betrachten. Welche Aufgaben, Rechte, Pflichten und Verantwortlichkeiten stecken also hinter dem Begriff?

Ein Showrunner verantwortet alle produzentischen und kreativen Belange: Er oder sie besetzt den Writers' Room, gibt Seasonbögen oder Episodenstorylines, die narrative Stilistik und Tonalität vor, macht eventuell Rewrites und Polishes oder schreibt sogar manchmal selber noch die eine oder andere Episode. Sie oder er nimmt alle Entwicklungsschritte, alle Bücher ab, aber auch die Motive und Kostüme, die Auflösung oder die Kalkulation und den Herstellungsplan. Showrunner entscheiden, wer die Regie übernimmt, besetzen die Head of Departments, casten die Schauspieler:innen. Sie oder er legt fest, wie die Serie aussehen und sich anfühlen wird. „The keeper of the vision" – so definiert Showrunner Alex Gansa die Position. Das heißt also vor allem auch, dass Showrunner eine klare Vision einer Serie haben und diese – unter allen Umständen – verteidigen. Dabei meint „Vision" in unserem Zusammenhang nicht etwa die seit Helmut Schmidts berühmtem Zitat als Grund für einen Arztbesuch geltende vage oder wirre Vorstellung von etwas zukünftigem Ungefähren, sondern das konkrete Wissen darum, was die Serie ist oder nicht ist bzw. wird oder nicht wird – und zwar in *jedem* Moment und in Bezug auf *jeden* Aspekt der Entwicklung und Umsetzung.

Man sollte sich vergegenwärtigen, was es bedeutet, in jedem Moment die volle inhaltlich-kreative und produzentische Verantwortung für eine Serie zu tragen. Manchmal nicht nur für die Einhaltung des Budgets zu sorgen, sondern auch die finanzielle Verantwortung zu schultern. Das ist zwar nicht mehr so üblich, aber gerade erfolgreiche Showrunner produzieren mit der eigenen Firma auch mal mit und gehen als Co-Produzent:innen durchaus ein Stück weit finanziell ins Risiko.[123] Scheitert die Serie und bringt zum Beispiel zu wenig Publikum, ist dafür der Showrunner verantwortlich. Scheitert ein Schauspieler an seiner Rolle, sieht die Ausstattung billig aus, ist das die Schuld des Showrunners. Hölzerne Dialoge in einer Szene? Hätte der Showrunner verhindern müssen! Regiefehler? Dann hat der Showrunner einer falschen Person die Regie anvertraut! Showrunner können sich nicht verstecken – im Guten wie im Schlechten sind sie die Serie und Vorgesetzte des gesamten Teams. Die Qualität einer Serie steht und fällt mit ihrem oder seinem Können und der Qualität ihrer oder seiner Arbeit.

Showrunner sollen im Writers' Room präsent sein, am Set stehen, den nächsten Studioaufbau abnehmen, im Schneideraum letzte Montage-Entscheidungen treffen und mit den Komponist:innen über die Musik sprechen – und da in den USA häufig parallel entwickelt, geschrieben, produziert, gedreht und postproduziert wird, geschieht dies alles gleichzeitig. Ein Höllenjob, bei dem alle Gewerke und ein Team von Hunderten Menschen erwarten, dass die eine Person immer und jederzeit Antworten auf wirklich *alle* Fragen hat. Das erwarten auch das Studio und der Sender (oder die Plattform), denn natürlich ist es auch die Aufgabe eines Showrunners, zwischen den Bedürfnissen, Vorgaben und Erwartungen der Auftraggeber und der eigenen Vision zu vermitteln – oder im Zweifelsfall sich eben durchzusetzen.

Showrunner dürfen im Rahmen von ausgehandelten Vorgaben autark handeln. Und ja, es stimmt, Showrunner müssen sich meistens nicht zwangsläufig an die Drehbuch-Notes zum Beispiel des Senders halten (siehe Kap. IV. 8.). Sie kommen aber dauerhaft nur dann damit durch, wenn die Serie bzw. die

---

123 Inzwischen riskieren die wenigsten Showrunner hierbei wirklich „alles", sondern sichern sich durch gute Verhandlung immer finanziell ab. Dennoch hat der Erfolg oder Misserfolg einer Serie mitunter massive finanzielle Konsequenzen, je nachdem welche Gewinnbeteiligungen ausgehandelt sind, die im Falle eines Flops eben dann wegfallen.

Episode eben gut und erfolgreich wird – Zeit für umfangreiche Stoffbesprech-
ungen und ein Ausdiskutieren gibt es im US-amerikanischen Produktionsprozess ohnehin nicht. Und natürlich folgen auch Showrunner mitunter zum Beispiel den Senderideen für eine Story oder den Cast-Vorschlägen der Partner
– wenn das Studio etwa einen Deal mit einem Star hat, der unbedingt eine
Hauptrolle bekommen muss. Oder vielleicht dringt das Studio darauf, bestimmte Kreative ins Team aufzunehmen, weil diese Exklusiv-Deals mit dem Studio
haben und vertragsgemäß beschäftigt werden müssen. Showrunner folgen
diesen Vorgaben aber nur dann, wenn damit einerseits die eigene Vision nicht
beschädigt wird und andererseits Ruhe einkehrt. Was vielleicht bedeutet, dass
der Sender seinen gar nicht komplett ungeeigneten Star für eine Hauptrolle
kriegt, dafür aber dann dem Showrunner in der Besetzung anderer wichtiger
Rollen gänzlich freie Hand lässt. Das ist gutes, ausgleichendes Management.

Überhaupt: Showrunner sind Manager. Und Autor:innen, denn sie kommen in der Regel vom Schreiben. Und sie sind Produzent:innen. Und das alles
in Personalunion – quasi als CEOs einer Serie. Und genau wie CEOs einer Firma
können auch sie unter Umständen von den Auftraggebern schnell gefeuert
werden, wenn die Serie nicht ist oder wird oder liefert, was versprochen war,
die Erwartungen also nicht erfüllt.

Kompromissloses Handeln gehört ebenfalls zum Wesenskern von US-Show-
runnern – die durchaus auch mal über Leichen gehen (müssen): „You have to
be willing to piss people off (...) because you've got to see the people that are
standing between you and your vision", sagt Jane Espenson, Showrunner von
CAPRICA und THE NEVERS.[124] Harte oder auch unpopuläre Entscheidungen zu
treffen ist unumgänglich. Und gleichzeitig gilt es natürlich dabei, die Moral der
Truppe immer hochzuhalten und nicht durch unklare oder falsche Entscheidungen zu gefährden.

„Showrunner" ist in den USA ironischerweise kein Credit. Showrunner
werden immer als Executive Producer (EP)[125] betitelt und sind dabei nicht die

---

124 Espenson in: Bennett, S. 21.
125 Der Katalog an Pflichten und Befugnissen, den dieser Titel mit sich bringt, findet sich auf der Home-
     page der Producers Guild of America (PGA): https://producersguild.org.

einzigen. In den Vor- und Abspännen tauchen meist zahlreiche Personen mit einem EP-Credit[126] auf – was vieles bedeuten kann, aber eines nie: dass es mehrere Chef:innen gibt. Boss der Serie bleibt immer der Showrunner. Dieser Begriff ist sogar deshalb erfunden worden, um unter all den vielen Executive Producern die eine Person benennen zu können, die wirklich den Hut aufhat. In manchen Fällen sind dies allerdings tatsächlich zwei Personen, die sich die Showrunning-Arbeit aufteilen: Die eine Person ist dann beispielsweise allein für den Inhalt und somit für die Arbeit im Room zuständig, die andere übernimmt alle anderen Aufgaben. Oder sie wechseln sich dabei ab, weil sie im Grunde – und das müssen sie auch – wie eine Person mit „one vision and one voice" agieren. Nicht selten sind solche „Showrunner-Couples" tatsächlich Ehepaare (z. B. die Sherman-Palladinos, THE MARVELOUS MRS. MAISEL), Geschwister (z. B. die Duffer Brothers, STRANGER THINGS) oder eben langjährige Arbeitsduos (z. B. Souders/Peterson, THE HOT ZONE).

Doch egal, ob es sich um ein Couple oder eine Einzelperson handelt: Natürlich braucht ein Showrunner immer ein Team an Menschen, denen sie oder er bedingungslos vertrauen kann und an die Jobs und Entscheidungen delegiert werden können. Showrunner brauchen einen Kameramenschen, der die Vision versteht und dessen Auflösung nicht ständig korrigiert werden muss. Sie werden immer mit Regisseur:innen zusammenarbeiten wollen, deren kreatives Talent die Vision bestmöglich unterstützt und die man dann natürlich auch machen lassen kann oder mehr noch, deren kreativer Eigensinn nicht nur der Vision zuarbeitet, sondern sie noch glanzvoller auch in der Inszenierung zur Geltung bringt. Showrunner haben idealerweise im Writers' Room Kolleg:innen, die eine zeitweise Abwesenheit kompensieren können, weil sie genau wissen, wie dieses oder jenes von ihr/ihm entschieden werden würde. Manche Show-

---

126 Anspruch auf einen EP-Credit haben die Executives des Auftraggebers und des Studios, ebenso in der Regel die Produzent:in der Firma, der mit dem Creator am Konzept gearbeitet hat, der seinerseits auch einen EP-Credit bekommt, falls er oder sie nicht selbst Showrunner ist. Auch kann der Credit als eine Art Ehrentitel an den Star der Serie vergeben werden. Die erste Regisseur:in (also des Piloten, des ersten Drehblocks oder bei Mini-Serien vielleicht auch der ganzen ersten Staffel), die oder der mit der Regiearbeit und unter der Führung des Showrunners Inszenierungsstil und die Ästhetik mitentwickelt und vorgibt; der sogenannte *Conceptualizing Director*, erhält in der Regel ebenfalls einen EP-Credit. Und auch überaus erfahrene und renommierte und einfach nur (herausragend) schreibende Autor:innen können den lukrativen und ehrenvollen Credit im Einzelfall zugesprochen bekommen.

runner überlassen die Leitung des Tagesgeschäfts im Writers' Room wie bereits erwähnt vertrauensvoll ausgewählten Stellvertreter:innen (Supervising oder Co-Executive Producer), die dann ähnlich unseren Headwritern agieren, andere sind stattdessen sehr selten selbst am Set und delegieren diese Verantwortung dann an hochkompetente Producer. Showrunner Kelly Souders (SMALLVILLE, SALEM, THE HOT ZONE) schilderte auf einem Panel, dass kein Mensch wirklich alle Jobs der Serienherstellung gleichzeitig, in voller personeller Präsenz und gleich gut bewältigen könne: „You have breaking stories[127], the writing, the preproduction, the production and the post. You can't do all of them with the same level of commitment so pick and choose. Put other people you can trust in the area or in two areas you are less talented in or focused on."[128]

Showrunner sind nicht die besseren Regisseur:innen, Editor:innen, Film-musiker:innen oder Maskenbildner:innen oder reden aus dem Bauch heraus in die Logistik der Szenografie hinein. Aber sie müssen die Herausforderungen, Belange und Denk- und Arbeitsprozesse jedes einzelnen Gewerks *kennen*, nur dann können ihre Ansagen und Abnahmen konsistent, schlüssig und verständlich sein und akzeptiert werden.

Gute Showrunner führen ein Team an kreativen Könnern und wissen, wem sie wann vertrauen können, wer nicht funktioniert, wenn er oder sie dauernd Ansagen bekommt, und wer wann klare, vielleicht auch harte Anweisungen braucht. So entsteht eine Teamleistung, die größer als die Summe der einzelnen Talente sein kann, auch größer als der Showrunner selbst je gedacht hätte. Doch die stringente Vision bleibt immer das Maß der Serie und verbindet diese vielen kreativen Stimmen – im Idealfall zumindest – zu einer einzigen, starken und strahlenden.

Natürlich gelingt dies nicht immer, natürlich scheitern auch Showrunner, sogar die ganz berühmten, erfolgreichen und sehr erfahrenen. Garantien für ein Gelingen gibt es selbst in der extrem professionalisierten US-Branche nicht.

---

127 Also plotten, vgl. Kap. IV. 5.
128 Dabei sei erwähnt, dass nahezu jeder Showrunner die Postproduktion auf alle Fälle persönlich über-wacht, hier wird schließlich final entschieden, wie genau die Serie in die Welt hinausgeschickt wird.

Und das, obwohl die für das Showrunning verpflichtete Person in der Regel völlig zu Recht da steht, wo sie steht. Weil sie das Talent, die Kompetenz und Erfahrung, die Vision und den künstlerischen Eigensinn hat. Und vor allem, weil sie das über viele Jahre trainiert und bewiesen hat: „Showrunner" ist die Spitzenposition einer jahrelangen Karriere, die klassischerweise als Assistent:in oder Staff Writer im Writers' Room begonnen hat.

Weitere Positionen und Titel

Neben den beschriebenen Standardpositionen gibt es noch andere, die nur teilweise in Rooms anzutreffen sind, wie zum Beispiel *Consulting Producer*, die hochkarätige (Upper/Senior-Writer/Producer-Level) beratende Positionen begleiten. Consulting Producer werden aufgrund ihrer spezifischen Erfahrung eingesetzt, um in besonders herausfordernden Bereichen der Produktion oder/und Entwicklung das Team und vor allem den Showrunner zu unterstützen. Sie haben meist einen *Overall Deal* mit dem Studio und können so also auch mal nur für einige Wochen oder Monate in einen Raum geschickt werden, um dort die Arbeit zu unterstützen und so den Deal abzuarbeiten. Hinter manchen Positionen und Credits kann zudem alles Mögliche stecken: der *Creative Consultant* kann zum Beispiel eine hochkarätige punktuell eingesetzte Fachberater:in, eine Dramaturg:in, die Yogalehrer:in des Showrunners oder aber eine Art Ghost-Showrunner sein – wenn zum Beispiel der Showrunner kreativ am Taumeln ist und das Studio oder Network dies nicht allzu publik machen will.[129]

Es ist also so eine Sache mit den Credits und auch mit den beschriebenen Positionen: Zwar gibt es hierbei in den USA eine viel größere Klarheit mit zumindest einigermaßen abgesteckten Verantwortlichkeiten, Aufgaben und Hierarchien als hierzulande, aber natürlich ist auch dort nichts zu 100 Prozent in Stein gemeißelt. Positionen und deren Ausgestaltung überlappen sich und/oder können sich von Format zu Format, von Room zu Room unterscheiden.

---

129 Vgl. Douglas, S. 145.

3. DIE TEAMZUSAMMENSTELLUNG

Wie genau ein Writing Staff aussieht, ist von vielen Faktoren abhängig. Und natürlich muss nicht zwangsläufig jede einzelne Position und Funktion besetzt sein – dies ist schließlich auch eine finanzielle Entscheidung: Staff Writer und Story Editors sind eben sehr viel günstiger als zum Beispiel Producer. Je nach Showrunner und budgetären Möglichkeiten wird ein Room idealerweise so bestückt, dass er optimal im Sinne des Formats und nach dem Gusto des Showrunners arbeiten kann.[130]

Vielleicht will der Showrunner zwei vertrauensvoll arbeitende und höchst erfahrene Co-Executive Producer haben, die ihm viel Arbeit abnehmen können, spart dafür dann an Producern und stellt stattdessen mehr Story Editors oder gar Staff Writers an, weil der Showrunner zudem auf eine Kombination aus frischen und unverbrauchten Nachwuchsperspektiven und alten Hasen setzt. Oder aber ein Showrunner duldet kaum jemanden neben sich, die oder der fast so gut ist wie er oder sie selbst und verzichtet weitgehend auf Kolleg:innen, die ein ähnliches Standing haben.

Natürlich hat jeder Showrunner auch einen Pool an Kolleg:innen, mit denen er immer wieder gerne arbeiten möchte, ein bewährtes Stammteam, das je nach Möglichkeiten und Verfügbarkeiten dann mit anderen und neuen Talenten ergänzt wird.

Grundsätzlich sagen die meisten Showrunner übereinstimmend, dass ein Writers' Room möglichst divers sein sollte – jung und älter, verschiedene Geschlechter, sexuelle Orientierungen, Haltungen, kulturelle Prägungen, verschieden in Sachen Herkunft und Lebensumfeld. Denn diverse Erfahrungen, Weltsichten und Perspektiven tun jeder Art von Serie gut. Die im Room entstehenden Storylines, die gepitchten Ideen, Einfälle und Vorschläge sind dann

---

130 Derzeit wird in den USA viel über die Besetzung der Rooms bei den Streamer-Serien diskutiert. Weil diese kurze Staffeln haben und sehr schnell hergestellt werden müssen, setzen hierbei viele Rooms auf eine kleine Besetzung mit dann aber vor allem auch in der Produktion erfahrenen Upper-level Writern und vielleicht ein paar günstigen Staff Writern – die „Mitte" der Autor:innen fehlt also, die dann erste Produktions- bzw. Producing-Erfahrungen machen könnten, um später zu Upper-level Writern bzw. Producern aufzusteigen. Hier sehen viele den Ausbildungscharakter des Writers' Rooms bedroht.

automatisch so vielfältig und divers wie der Writing Staff. Wie Showrunner-Legende Tom Fontana zum Beispiel beschreibt, ist es manchen wichtig, eben genau keine Autor:innen im Team zu haben, die so schreiben, wie sie es selbst tun würden: „I don't want to be handed back scenes I could write myself. I want someone giving me something where I can go ‚Holy Shit, I never thought of that' ...".[131]

Doch Vorsicht – Diversität als alleiniges Besetzungsargument kann auch zu Problemen führen, die einen Room regelrecht zum Erliegen bringen können. Wenn beispielsweise jede der Hauptfiguren eine Art Stellvertreter:in im Room hat, können plötzlich die für eine spannende Handlung äußerst sinnvollen Konflikte und Reibungsflächen der Figuren ganz realer Teil der täglichen Arbeit werden und den Prozess des gemeinsamen Entwickelns immens erschweren. Die unbedingt wünschenswerte Diversität, die dadurch entstehenden Reibungen und aufeinanderprallenden Perspektiven müssen zu einem kreativ sinnvollen Diskurs- und Resonanzraum führen, in dem dann etwas entstehen kann, was idealerweise größer ist als die Summer der einzelnen Teile (also die Autor:innen). Dieser Diskurs- bzw. Resonanzraum darf die Arbeit an der Serie nicht ausbremsen, sondern muss sie beständig voranbringen. Und hierfür braucht es eine starke und fokussierte Führung.

Ein Showrunner muss zudem darauf achten, dass jede Person des Writing Staffs „auf dem Format ist" und bleibt – also wirklich die Vision versteht, egal wie verschieden die Personen sind, die an ihr arbeiten. Handwerkliches Können und Talent sind sowieso unerlässlich, das ist eine Grundvoraussetzung. Und mitnichten ist es so, dass in US-Rooms einer Medical nur Medical-Expert:innen sitzen müssen. Wenn der Writing Staff nur aus Leuten derselben Bubble besteht, wird der kreative Prozess unter Umständen sehr langweilig und einseitig und wird kaum zu wirklichen Überraschungen oder gar Innovationen führen.

Es geht also einerseits darum, ein Team zusammenzustellen, das im Sinne der einen Vision dennoch verschiedene Perspektiven, Temperamente, Emo-

---

131 Fontana in: Christina Kallas: Inside the Writers' Room. Conversations with American TV Writers. Basingstoke 2014, S. 55.

tionen, Tonalitäten, Stile und Haltungen abdeckt. Andererseits muss es aber auch unter hohem Druck – zwischenmenschlich und in Bezug auf die Arbeit – hervorragend funktionieren und verschiedenste individuell-persönliche wie handwerkliche Stärken optimal kombinieren und gleichzeitig die verschiedenen Schwächen kompensieren. CASTLE-Showrunner Andrew Marlowe vergleicht den Prozess mit der Zusammenstellung eines Sportteams, das eben nur als Team eine optimale Leistung bringen kann – und jedes (Sport-)Team hat diese Mitglieder, deren größte Leistung eher im Aufrechterhalten der Moral als im konkreten Tun besteht.[132] Eine mittelmäßig talentierte Autor:in mit enormen sozialen und diplomatischen Fähigkeiten kann unter Umständen für ein Team viel hilfreicher sein als ein Top-Talent, das aber als Ego-Shooter beim Rest des Staffs beständig für Ärger sorgt: „You want to make sure you have the right chemistry. One bad apple can detail a room", resümiert Dee Johnson, Showrunner von NASHVILLE.[133] Am Ende des Tages – so beschreibt Kelly Souders den Prozess –, basiere die Auswahlentscheidung sehr viel mehr auf Intuition als auf objektiven Kriterien, eigentlich wie bei der Partnerwahl. Obwohl natürlich zunächst in aller Regel Arbeitsproben und die Biofilmografie darüber entscheiden, ob jemand zu einem Bewerbungsgespräch überhaupt erst eingeladen wird.

Zudem kommt es gar nicht so selten vor, dass Autor:innen, vor allem weniger erfahrene, ausgetauscht werden. Auf diese Weise kann die Auswahl bzw. Zusammenstellung des Teams nachjustiert oder eine Fehlentscheidung korrigiert werden. Bei neuen Autor:innen helfen da (aus Produktionssicht) die überschaubaren Wochengarantien, bei Producern kann ein Austausch schon eine größere finanzielle Belastung bedeuten, weil diese in der Regel deutlich umfangreichere Garantien aushandeln konnten, die dann selbst bei einem frühen Rausschmiss fällig werden. Aber wenn die Qualität der Serie und der Arbeit leidet, kann es mehr kosten, eine den Room störende Kolleg:in zu behalten, als sie oder ihn im Sinne des Rooms und der Vision zu entlassen. Auch wenn uns dies aus menschlicher und auch arbeitsrechtlicher Perspektive brutal erscheint, ist und bleibt das oberste Gebot: Alles immer im Sinne der Serie.

132 Marlowe in: Bennett, S. 87.
133 Johnson in: Bennett, S. 87.

4. ARBEITSPROZESSE

Kein Writers' Room ist wie der andere. Dennoch lassen sich bestimmte Abläufe bei nahezu allen US-Writers'-Rooms beobachten, die primär auf der Tatsache beruhen, dass die Produktion einer Serienstaffel in den USA immer unter enormem Zeitdruck steht und ein Room das Kunststück zustande bringen muss, binnen weniger Wochen und Monate aus einer Vielzahl an Stimmen ein konsistentes Format zu machen. Und das geht nur mit einem Höchstmaß an dramaturgischer, formaler und arbeitsstruktureller Klarheit. Das ganze System ist dabei voll und ganz darauf ausgerichtet, dass ein abgeschlossener Arbeitsschritt nicht oder nur im absoluten Notfall wiederholt werden muss.

Bei einer neuen Serie gehört es zu der größten Herausforderung eines Showrunners und des Rooms, die Vision der Serie in konkrete Ästhetik und Tonalität, in einen bestimmten Stil, in komplexe Figuren und deren Ausgestaltung und eben Handlung zu überführen.[134] Dabei ist das mit der Vision so eine Sache – einerseits muss eine Vision zum Zeitpunkt des Beziehens eines Writers' Rooms so klar wie nur möglich definiert sein, andererseits wird sie erst nach einer gewissen Entwicklungszeit wirklich konkret sichtbar. Doch unabhängig davon muss ein Showrunner bei Bezug des Rooms klar wissen, was seine Serie ist und was sie nicht ist. Anders formuliert: ein Showrunner muss idealerweise bei jeder an ihn herangetragenen Entscheidung sofort mit Sicherheit und konsistent „ja" oder „nein", „so" bzw. „so nicht" sagen können und möglichst selten auf ein weiches „vielleicht" ausweichen. Die Vision funktioniert wie ein Kompass bei einem klaren Ziel – die Arbeit im Room (und dann am Set und im Schneideraum etc.) ist der Weg zu diesem Ziel. Ohne funktionierenden Kompass ist die Gefahr unnötiger Umwege ungleich größer, oder schlimmer: besteht die Gefahr, sich komplett zu verlaufen bzw. (noch schlimmer) die Orientierung oder (im schlimmsten Fall) sogar das Ziel aus den Augen zu verlieren.

---

134 Wir sprechen der Einfachheit halber im Folgenden überwiegend vom „Showrunner" als Entscheidungsinstanz – es kann aber, wie bereits beschrieben, durchaus sein, dass die geschilderten Aufgaben punktuell, zeitweise oder komplett von einer Stellvertretung (etwa einem Co-Executive Producer oder Supervising Producer) ausgeführt werden.

Vision klären, das Format definieren und Arbeitsweise festlegen

Eine Serien-Vision mit Adjektiven einfach nur zu beschreiben, gleicht ein wenig dem Versuch, Musik mit Worten auszudrücken. Wie also die Vision einer neuen Serie vermitteln?

In der Regel liegt ein mehr oder weniger umfangreiches Serienkonzept, zumindest aber ein Pilotbuch und umgesetztes Szenen-Material, vielleicht auch eine ganze Pilotepisode vor, wenn der Writers' Room mit seiner Arbeit beginnt. Mit Sicherheit wird jeder Showrunner zunächst seinen Writing Staff fragen, was sie im Piloten gesehen bzw. im Serienkonzept gelesen haben, wie sie das neue Format und die Figuren verstehen, welche Assoziationen bei ihnen ausgelöst wurden oder worum es ihrer Meinung nach eigentlich geht in dieser neuen Serie. Obwohl das die neuen Autor:innen vermutlich bereits in den Bewerbungsgesprächen beantwortet haben, ist es nun wichtig, das Team auf einen Stand zu bringen, alle mit allen auf das neue Format und dessen Vision – und aufeinander! – einzuschwingen. Gleich zu Beginn müssen etwaige letzte Missverständnisse – zum Beispiel in der Betrachtung einer Figur – ausgeräumt werden oder muss der Showrunner im Falle sich widersprechender Ansichten verschiedener Autor:innen eine klare Ansage machen. Es kann natürlich vorkommen, dass ein Showrunner sich hier auch noch eine gewisse Offenheit gönnt und das gemeinsame Diskutieren dafür nutzt, die Vision fein zu justieren oder in den Details ein wenig zu verändern. Dafür allerdings muss Zeit sein. In der Regel haben die Showrunner deswegen eine sehr klare Vorstellung, die es umzusetzen gilt – und das wird auch von ihnen erwartet. Diese Vorstellung zu vermitteln, gelingt am besten mit Beispielen. Nicht umsonst setzen die US-Kolleg:innen früh auf eine erste Ausgestaltung ihrer Vision in Form eines Pilotbuchs bzw. eines produzierten Piloten oder zumindest einiger umgesetzter Szenen und/oder extrem aufwendiger Moodboards, die als eine Art Basis-Referenz, als modellhaftes Beispiel eine Vision besser vermitteln können, als es noch so viele blumige Umschreibungen je könnten.

Sich der Vision eines Showrunners über konkrete, sicht- oder lesbare Beispiele anzunähern, anstatt über allzu viele beschreibende Worte, diese Methode zieht sich durch den gesamten Prozess: „Show, don't tell!" Auch das kostet Zeit (und somit Geld), ist aber auf jeden Fall effektiver, als bei der Lektüre einer ersten Outline oder gar einer ersten Drehbuchfassung festzustellen, dass die Interpretation einer Figur, die Erzählweise, das Tempo oder der Ton so gar nicht der vorher ausgiebig besprochenen Vision entsprechen.

Es ist nun an den Autor:innen, die erzählerischen und ästhetischen Potenziale der Vision einer neuen Serie auszuloten, indem sie Vorschläge machen und Impulse liefern, die der Showrunner mit der beschriebenen Klarheit bestätigt (erfüllt die Vision) oder ablehnt (dient nicht der Vision). Je nach Persönlichkeit und Format des Showrunners wird mitunter sehr früh sehr konkret über Storylines bzw. Handlungsmöglichkeiten der Figuren innerhalb der herzustellenden Staffel gesprochen. Da zumindest in den klassischen Abläufen fast zeitgleich mit der Vorproduktion begonnen wird, kann ein Showrunner seinem Writing Staff auch schnell und ganz konkret zeigen, was sich beispielsweise die Art Direction parallel ausdenkt oder wie Motive gestaltet sein und welche Schauspieler:innen für den Cast in Betracht gezogen werden oder bereits an Bord sind.

Showrunner Kelly Souders erzählte, dass sie immer als Erstes in einem neuen Writers' Room danach frage, was die Autor:innen in der Serie sehen wollten – sowohl an Handlungselementen („Figur x und Figur y haben eine geheime Affäre") als auch ganz konkret an Szenen oder Bildern („Wohnung der Hauptfigur explodiert"). Ein ganz und gar freier und assoziativer Brainstorm, der sich sozusagen von außen an die Vision heranarbeitet. Kelly hat am Ende eines solchen ersten Brainstorm-Tages zahlreiche vollgeschriebene Boards mit Ideen, Hunderte davon. Und nun wählt sie aus und erklärt den Autor:innen, warum was in die Vision der Serie passt („explodierte Wohnung" passt, weil die Hauptfigur maximal unter Druck gesetzt werden muss und es daher es eine schöne Idee ist, wenn sie plötzlich obdachlos ist) und warum was ihrer Meinung nach nicht funktioniert („Affäre" passt nicht, weil Figur x hypermoralisch ist). Erst jetzt rückt Kelly mit den eigenen Ideen und Vorgaben für Storylines heraus und ergänzt diese mit den passenden Ideen der Autor:innen. Ein solcher Brainstorm und der rasche und eindeutige Filtrationsprozess führen dazu, dass Autor:innen schneller und besser verstehen, wo die erzählerische Reise mit der Serie hingehen wird und somit auch, was die Vision der Serie ausmacht. Diese Vorgehensweise macht auch deutlich, worin ein Großteil der Entwicklungsarbeit vieler Showrunner besteht: Zwar erfinden sie natürlich auch selbst mindestens wesentliche Elemente der Storylines, aber vor allem *wählen sie aus* – aus den vielen, wirklich vielen Ideen, Impulsen und Vorschlägen der Autor:innen.

Natürlich geht es jetzt auch darum, sich so gut wie in kurzer Zeit eben möglich kennenzulernen, zu begreifen, wer vom Team welchen persönlichen Zugang zu welchen Figuren und dem Stoff hat, welche Autor:innen miteinander sofort auf einer Wellenlänge und sich in der Einschätzung von Storyelementen sofort einig sind (vielleicht auch zu einig) und wo es Reibungen gibt, die idealerweise wiederum für die Show genutzt werden können. Da helfen solche Brainstorms natürlich immens, jede Idee und die Art und Weise, wie sie vorgetragen wird, erzählt auch immer etwas über die Person, die sie hat und artikuliert. Gute Showrunner werden solche ersten Gruppengespräche und Diskussionen sehr genau beobachten und daraus schlussfolgern können, wer mit wem im Sinne der Serienqualität am besten zusammenarbeiten sollte, welche Kombinationen vielleicht aus persönlichen Gründen eher Probleme mit sich bringen oder wer noch ein bisschen mehr von wem an die Hand genommen werden muss. Auch wenn die Zeit drängt: Dafür muss Zeit sein und die meisten Showrunner nehmen sie sich auch, da die reibungslose (und deswegen effiziente) Zusammenarbeit des Teams für einen langen Zeitraum gewährleistet sein muss, um die Timeline erfüllen zu können.

REGELN UND SCHEDULING

Ebenso eindeutig wird zu Beginn eines Writers' Rooms erklärt, wie und in welchen zeitlichen Abläufen gearbeitet werden wird. Die Kernarbeitszeit im Room wird festgelegt, manche verlangen hierbei die klassischen acht bis neun Stunden pro Tag Präsenz, andere nur vier Stunden und stellen den Autor:innen frei, ob sie am Nachmittag im Room bleiben oder von zu Hause arbeiten.[135]

---

135 Die Kernarbeitszeit wird in den seltensten Fällen immer eingehalten werden können – Überstunden im Writers' Room sind eher die Regel als eine Ausnahme.

Es wird verkündet, dass vielleicht jeder Tag im großen Konferenzraum mit allen gemeinsam beginnt oder dass dies nach einer ersten Gemeinschaftswoche nur montags und mittwochs stattfindet. Es gibt Rooms, in denen eine Anwesenheit täglich verpflichtend ist, und solche, die vielleicht nur drei, vier Tage die Woche gemeinsam verbringen, während an ein, zwei Tagen individuell gearbeitet werden darf.

Es wird außerdem ganz klar angesagt, welche Arbeitspapiere verlangt werden (Exposés, Outlines etc.) und wie sie auszusehen haben. Ein sogenanntes *Writers' Delivery Schedule* mit allen Deadlines der Papiere und Drehbuchfassungen der ganzen Staffel wird verteilt. Die darin genannten Termine müssen *unter allen Umständen* eingehalten werden, denn die Maschinerie der gesamten Serie, zumindest die Vorproduktion, läuft ja in der Regel bereits an, wenn der Writers' Room mit der Arbeit beginnt.[136] Es wird festgelegt, welche Papiere wann zum Showrunner kommen oder ob vielleicht ein Supervising Producer zunächst alles polishen wird, bevor das Papier auf dem Schreibtisch der Chef:in landet.[137] Es wird außerdem geklärt, wer welche Verantwortlichkeiten hat und wer wann für wen ansprechbar ist, wenn der Showrunner mit einer seiner zahlreichen produzentischen Aufgaben beschäftigt ist. Es wird für alle offen und transparent erklärt, wer wie viele „eigene" (also: written-by) Episoden bekommt, wer mit wem woran zusammenarbeiten soll bzw. wann dies entschieden werden wird.

In gewisser Weise wird gemeinsam ein extrem detaillierter, weiterer Arbeitsvertrag geschlossen, der über den juristischen Vertrag hinausgeht und im Verlauf der Entwicklung beständig an aktuelle Gegebenheiten angepasst werden wird. Die meisten Showrunner werden darauf achten, dass sich alle wohl und respektiert fühlen, sodass die Arbeit gut vorangehen kann – aber dennoch sind diese formalen Regeln klare Vorgaben, an die sich die Autor:innen halten müssen. Natürlich sollte ein Showrunner auch offen sein, wenn etwa sein Writing

---

136 Dies gilt sehr häufig auch im Falle von Streamingserien, weil da die gesamte Staffel in recht kurzer Zeit fertig produziert sein muss und online geht, auch wenn viele der kurzen Streamer-Serien erst drehen, wenn zumindest die meisten Bücher fertig sind.

137 Strenggenommen geht jedes Papier zunächst zum Script Coordinator, der selbiges für die nächsten Schritte vorbereitet.

Staff mit guten Argumenten die Änderung bestimmter Abläufe anregt. Er oder sie bleibt ohnehin immer der Boss – aber ein guter Boss hört zu und ist entgegenkommend, wenn dadurch die Stimmung im Room besser und die Arbeit effektiver wird.

Hinzu kommt ein ganzer Katalog an weiteren Ansagen, die diskutiert, aber schnell und klar entschieden werden, wenn sie nicht schon längst entschieden sind: die inhaltlichen, dramaturgischen, erzählerischen und strukturellen Prämissen des Formats. Wie lange sind die Episoden, was muss in allen Episoden gleich sein, worin dürfen sie sich unterscheiden? Welche Figuren sollen wie viele erzählerische Anteile haben, welche Spielorte dürfen pro Episode wie oft vorkommen? Was genau treibt die Handlung an, ist die Serie character-, arena-, story-driven oder sorgen mehrere Prämissen für das nötige Momentum der Serie? Seriendramaturgie ist ein komplexes Feld.[138] Im Grunde werden alle erzählerischen Charakteristika so genau wie möglich geklärt, damit der Room von Anfang an so wenig wie möglich „falsch" macht. Auch hier kann es im Prozess immer wieder zu Nachjustierungen und Anpassungen kommen, weil im Lauf der Zeit bestimmte, vielleicht auch überraschende Erfahrungen hinzukommen, von denen am Anfang auch der Showrunner noch gar nichts wissen konnte.[139] All diese Anpassungen – und das ist der große Vorteil der gemeinsamen Präsenz im Room – können sofort allen mitgeteilt und in die Arbeit integriert werden.

Vor allem für die erzählerische Strukturierung der Episoden nutzen viele US-Rooms Tools, die dramaturgische Entscheidungen und Vorgaben im Plotten so konkret umsetzbar wie möglich machen.

---

138 In Sachen Seriendramaturgie empfehlen wir zum Beispiel: Neil Landau: The TV Showrunner's Roadmap. Burlington 2014 oder Gunther Eschke und Rudolf Bohne: Bleiben Sie dran! Dramaturgie von TV Serien. 2. Auflage, Köln 2018. Oder Kerstin Stutterheim und Silke Kaiser: Handbuch der Filmdramaturgie. 2. Auflage, Frankfurt am Main 2011.

139 Beispielsweise kann sich nach den ersten Proben- oder Dreherfahrungen herausstellen, dass eine Schauspielerin überraschend ein gewisses komisches Talent hat, das wunderbar für die Figur genutzt werden kann, also wird der Showrunner die Autor:innen anweisen, der Figur komische Momente einzuschreiben.

5. DAS PLOTTEN

Bevor wir detailliert über den Prozess des Plottings in einem US-Writers'-Room sprechen können, ist es jedoch unabdingbar, einen dramaturgischen Begriff zu klären, der die Grundlage des gesamten Entwicklungsprozesses der meisten US-Serien darstellt: den sogenannten *Beat*.

Wenn man US-amerikanischen Kolleg:innen erklärt, dass hierzulande selten mit Beats gearbeitet wird bzw. nicht einmal jede Autor:in weiß, was ein Beat im Serienkontext überhaupt ist, sorgt dies meist für eine Mischung aus Ungläubigkeit und Erstaunen. Beats sind für die US-Kolleginnen und Kollegen in etwa das, was Ziegelsteine fürs Häuserbauen sind: Die kleinsten dramaturgischen Bausteine, aus denen das komplette erzählerische Gebilde einer Serienstaffel gebaut wird. Aus ökonomischer und – wie sich zeigen wird – auch aus handwerklicher Sicht ist die Arbeit mit Beats vor allem im Team ungeheuer sinnvoll und unseres Erachtens einer der ganz wesentlichen Erfolgsgaranten der Writers'-Room-Methodik.

EXKURS: WAS ALSO IST EIN BEAT?
Ein Beat ist die kleinste erzählerische Handlungseinheit oder auch ein Handlungsschritt. Klingt ganz einfach, oder? Ist es mitnichten. Am ehesten ist ein Beat mit dem schönen deutschen Wort „Vorgang" zu übersetzen, wie ihn zum Beispiel Bertolt Brecht geprägt hat.[140] Ein Vorgang bzw. Beat beschreibt die Beziehung zwischen mehreren Figuren zueinander oder aber das Motiv einer Figur alleine. Innerhalb des Vorgangs bzw. Beats hat eine Figur ein Motiv, also eine *Haltung*, ein Wollen, ein Ziel und agiert dementsprechend (das ist die Durchführung des Motivs). Im Falle von Vorgängen mit mehreren Figuren haben alle ein Motiv und agieren oder reagieren dementsprechend. Zu einem *dramatic beat*, also einem dramatischen Vorgang, wird ein Beat, wenn das Agieren der einen Figur in antagonistischer Opposition zu dem Wollen und

---

140 Brechts Arbeiten und dramaturgische Überlegungen und vor allem die Workshops seines Weggefährten Erwin Piscator in New York hatten enormen Einfluss auf das moderne US-Theater und somit auch indirekt auf das Drehbuchschreiben, da zahlreiche Theater-Autor:innen der 1940er und 50er Jahre auch für das Fernsehen arbeiteten.

Agieren einer anderen Figur (oder mehreren) steht. Ein *Konflikt* führt also zu einer Kollision und am Ende des Vorgangs oder Beats hat entweder a) eine Figur ihr Ziel erreicht, die andere nicht, b) beide haben ihr Ziel erreicht oder c) keine der Figuren hat ihr Ziel erreicht.

Ein Vorgang/Beat besteht also aus (Figuren-)Motiven und deren Realisierungen und somit einer bestimmten Beziehungsqualität zwischen mehreren Figuren, die innerhalb des Vorgangs gleich bleibt. Sehen wir uns ein Beispiel an:

> Figur A ist wütend auf Figur B und greift sie an. Figur B will ihre Ruhe haben und den Angriff schnell abwehren. Anfangs argumentiert Figur A ruhig, Figur B reagiert mit Schweigen. Figur A wird laut, Figur B rechtfertigt sich laut, Figur A schlägt aggressiv auf den Tisch, Figur B geht.

Die Beziehung der beiden Figuren A und B bleibt qualitativ gleich: A ist im Angriffsmodus, B in Abwehrhaltung. Die jeweiligen gleichbleibenden Motive (Haltungen) drücken sich aber durch verschiedene Realisierungen aus (argumentieren, schweigen, schreien, zurückschreien, auf den Tisch schlagen, gehen). Ein Vorgang bzw. Beat endet und ein neuer beginnt, wenn ein neues Motiv und somit auch eine *andere Realisierung* erzählt wird, in unserem Beispiel etwa:

> Figur B kommt zurück, kniet sich vor Figur A hin und bittet um Entschuldigung. Figur A nimmt die Entschuldigung an und formuliert, was zum vorherigen Angriff führte. Figur B geht darauf ein, was zu einer Versöhnung führt.

Das Motiv von Figur B hat sich also qualitativ geändert, statt den Angriff weiter abzuwehren, will sie Frieden, geht auf Figur A zu und entschuldigt sich (aktives Friedensangebot), Figur A wechselt daraufhin ebenfalls ihr Motiv beziehungsweise ihre Haltung (von Angriff zu Versöhnung) und nimmt die Entschuldigung an.

Ein Beat bzw. Vorgang kann aber auch mit einer Figur allein erzählt werden:

> Manisch putzt Figur C die Wohnung, dabei wischt sie immer wilder, immer wütender mit einem Lappen über einen Fleck auf einem Tisch, der einfach nicht verschwinden will. Schließlich wirft Figur C den Lappen auf den Boden und schreit so laut sie kann.

Augenscheinlich geht es der Figur C hierbei nicht um das banale Motiv, sauber zu machen, sondern darum, mittels einer physischen Handlung Aggressionen loszuwerden, was diese aber verstärkt und schließlich zu einer befreienden Explosion führt. Idealerweise führt ein Beat zum nächsten und sorgt so für ein Momentum in der Handlung. Dramatisches Momentum bedeutet also sich bedingende/auslösende Handlungseinheiten.

Im US-amerikanischen Serienerzählen galt lange, dass eine Szene aus genau *einem* Beat zu bestehen hat und ein Beat genau einer Szene entspricht. Dies ist mittlerweile kein Muss mehr: Ein Beat bzw. Vorgang kann auch aus mehreren Szenen bestehen. Viele Jahre lang war zudem im US-TV geradezu dogmatisch vorgegeben, dass ein Beat bzw. Vorgang und somit auch jede Serien-Szene maximal zwei Minuten, sprich ca. zwei Drehbuchseiten lang sein darf. Auch wenn zahlreiche neuere Serien mit diesen früheren Dogmen brechen, ein Beat mal mehrere Minuten dauern oder auch eine lange Szene aus mehreren Beats bestehen kann, gelten die ehemals in Stein gehauenen Regeln als zumindest grobe Orientierung zu weiten Teilen noch immer.[141]

Im Writers' Room sind es dann auch Beats, mit denen die Boards bestückt werden. Ein Karteikärtchen auf dem Beatboard entspricht in der Regel nicht einer Szene oder einer Sequenz, sondern *immer einem Beat* – ganz gleich ob der aus einer oder drei Szenen besteht (oder zum Beispiel zwei Beats in einer längeren Szene erzählt werden). Was vor allen Dingen an einem seit Jahren

---

141 Diversen US-Drehbuch-Theorien folgend, sind Szenen mit mehreren Beats bei Spielfilmen durchaus üblich. McKee bezeichnet Beats grundsätzlich als Bausteine von Szenen, vgl.: Robert McKee: Story. Die Prinzipien des Drehbuchschreibens. 11. Auflage. Berlin 2016, S. 47 ff. Manche Beat-Modelle, wie etwa von Blake Snyder oder anderen, definieren zudem den Begriff „Beat" gänzlich anders als im Serienkontext.

eingesetzten und überaus bewährten Strukturmodell liegt, das ursprünglich von der Anzahl der Werbeunterbrechungen bestimmt wurde.[142]

DAS VIER-AKT-MODELL

Ganz ähnlich wie die Syd Field'sche (seien wir ehrlich: die aristotelische bzw. Gustav Freytag'sche) Drei- oder Fünf-Akt-Struktur oder das Acht-Sequenzen-Modell von Frank Daniel für Hollywood-Mainstream-Spielfilme zu strukturellen Blaupausen wurden, entwickelte sich im Serienbereich das Vier-Akt-Modell zur ultimativen Episoden-Strukturschablone für das One-Hour-Drama (also ca. 45 bis 50 Min. netto, ohne die Werbung).[143] Im Grunde orientiert es sich am klassischen Dreiakter, nur dass der zweite Akt in zwei gleichwertige Akte unterteilt ist.

Nach einem *Teaser* (also einem Prolog), einem erzählerischen Auftakt oder/ und einem *Recab* der vergangenen Folge erzählen vier Akte mit (je nach Format) jeweils mindestens sechs bis acht Beats und einem Aktbreak (letzter Beat des Aktes) eine Episode. Die Aktbreaks müssen das Publikum trotz Werbeunterbrechung bei der Stange halten, mit einer überraschenden Wendung, einer verblüffenden neuen Fragestellung oder einer erschütternden erzählerischen Sackgasse. Eine Art Cliffhanger also, der uns zum Weitergucken zwingt.

Zudem folgt jeder Akt in sich einem dramaturgischen Bogen – bei einer Krimiserie mit abgeschlossener Fallhandlung pro Episode sind das beispielsweise gerne drei verschiedene Ermittlungsrichtungen, die sich dann am Ende des Aktes als falsch herausstellen, bis der dritte Aktbreak dann die heiße richtige Spur liefert, die den Fall im vierten Akt zu einem befriedigenden Ende führt.

Aber auch bei horizontal und weniger plot- als viel mehr character-driven erzählten Serien mit mehreren Storylines gibt es mitunter eine Art „Überschrift", die den Akt inhaltlich charakterisiert bzw. zusammenfasst. Der erste Akt etabliert und exponiert möglicherweise nur die dominierende oder aber

---

142 Ein weiterer Beleg dafür, wie sehr die Serie in den USA als kommerzielles Produkt verstanden wurde und wird.
143 Vgl. hierzu Douglas, S. 74 ff, Landau, S. 167 ff und Daniel P. Calvisi: Story Maps: TV Drama. Los Angeles 2016, S. 32 ff.

alle Episoden-Storylines, im zweiten kommt es zu Irritationen und größeren Erschütterungen (das wäre dann Aktbreak 2), der dritte Akt führt nach einer kurzen Entspannung geradewegs in eine „All is lost"-Katastrophe (Aktbreak 3), der vierte beendet bestimmte Episoden-Storylines und etabliert neue, die dann in der nächsten Episode fortgeführt werden. Schon allein durch die vorgegebenen Aktbreaks müssen die Autor:innen also dafür sorgen, dass in einer Episode mindestens drei radikale, überraschende, verblüffende, mindestens interessante und zum Weitergucken animierende Beats stattfinden.

Entscheidend für das erzählerische Profil eines Formats ist auch und vor allem die Beatvorgabe, die das Modell mitliefert. Da ja ein Beat – so das traditionelle Dogma – nicht länger als zwei Minuten sein soll, brauche ich mindestens fünf Beats (bzw. Vorgänge) pro Akt, der rund zehn Minuten lang ist. Das heißt aber auch: Wenn ich acht Beats pro Akt erzähle, müssen die Beats entsprechend kürzer sein. So ergibt sich eine bestimmte Anzahl an Beats pro Episode, die maßgeblich für die Handlungsdichte und das erzählerische Tempo der Serie verantwortlich ist. Dabei kann es vorkommen, dass es aus erzählerisch triftigen(!) Gründen notwendig ist, mal in einem Akt einen Beat weniger oder einen oder zwei kurze Beats mehr zu erzählen. Dies ist dann aber einer dramaturgischen oder ästhetischen Notwendigkeit und nicht einem von Lust und Laune abhängigen Umgang mit dem Strukturmodell geschuldet.

Diese Beatvorgaben lassen sich zur besseren Orientierung in (Erzähl-)Zeit oder aber auch in Seitenzahlen bemessen. Das klassische Strukturmodell wird auf diese Weise zu einer Schablone für die Beatbords, die beispielsweise wie auf Seite 126 aussehen kann.

Die allermeisten der One-Hour-US-Serien, die ihre Episoden bei ca. 45 bis 50 Minuten Nettolänge mit vier Akten strukturieren, setzen mit den üblichen ca. sechs bis acht Beats pro Akt also auf ungefähr 24 bis 32 Beats (dazu kommen noch die Teaser-Beats) pro Episode. Und genau darin liegt unserer Meinung nach eines der Geheimnisse, das mit für die Qualität vieler US-amerikanischer Serien verantwortlich ist. Denn um die hohe Anzahl von 24 bis 32 Beats in 45 bis 50 Minuten interessant und packend (und glaubhaft!) erzählen zu können, brauche ich Stoff – und den müssen die Grundanlage und Prämissen der Serie liefern! Ich brauche komplexe, vielschichtige, vielleicht auch ambivalente Figuren, eine Storyworld, die viele verschiedene Plotlines möglich macht, eine Prämisse, die wendungs-, überraschungs- und variantenreich zu erzählen erlaubt, ich muss thematisch gegebenenfalls in existenzielle Abgründe hinabsteigen dürfen, den Figuren Ungeheuerliches antun, mit großen Ensembles erzählen, viele, wirklich viele kreative Einfälle haben, damit ich überhaupt eine Chance habe, über möglichst zahlreiche Episoden hinweg derart viele Beats zu generieren. Die von uns allen so bewunderte erzählerische Komplexität vieler US-Serien entsteht eben häufig auch durch das (gekonnte!) Erfüllen dieser strukturellen Schablone – die Autor:innen schlichtweg dazu zwingt, alles aus sich und den Prämissen des Formats herauszuholen.[144]

TEASER (Prolog, Recap)	TITEL	Pro Akt etwa 6–8 Beats	AKT 1	AKT 2	AKT 3	AKT 4
		BEAT 1 Establisher				
		BEAT 2				
		BEAT 3				
		BEAT 4				
		BEAT 5				
		BEAT 6				
		BEAT 7				
		BEAT 8 Aktbreak/Cliff				
ca. 5 Min. ca. S. 1–5			ca. 10 Min. ca. S. 6–15	ca. 10 Min. ca. S. 16–25	ca. 10 Min. ca. S. 26–35	ca. 10 Min. ca. S. 36–45
WERBEBREAKS			1	2	3	

---

144 Gerade in den letzten Jahren gibt es einen gewissen internationalen Trend zum langsameren Erzählen bzw. zu weniger und dann länger auserzählten Beats und vielen Szenen, die die Zweiminutenmarke bei Weitem überschreiten. Natürlich heißt das nicht, dass solche Serien automatisch weniger komplex sein müssen. Komplexität kann auch über wenige Beats entstehen, die gekonnt in die Tiefe hinein erzählen.

Als vor Jahren ein junger deutscher Nachwuchsautor dem US-Showrunner Morgan Gendel eine erste Idee für einen Vier-Akt-Episodenplot einer neuen Krimiserie pitchte, sagte dieser ohne mit der Wimper zu zucken: „Great, we have interesting 10 minutes, where is the rest of the episode?!" Der junge Autor war irritiert und erläuterte ausschweifend, dass er die ganze Episode gepitcht habe und sich dieser erzählerische Bogen ganz wunderbar über 45 Minuten hinweg ... Der US-Kollege unterbrach ein wenig harscher: „You pitched me something which can be told in five or maybe eight beats, we need 24!" Und natürlich gab der deutsche Autor immer noch nicht nach und verteidigte seine Idee weiter. Dann wurde der US-Kollege überdeutlich: „NO! Go back to your office and find the other 18 beats! Do your job!" Einigermaßen beleidigt ging der junge Autor zurück in sein Büro. Zwei Tage später hatte er eingesehen, dass der strenge US-Kollege recht hatte – er hatte eben nicht in Beats gedacht, sondern sich eine grobe Geschichte überlegt, die bei Licht betrachtet tatsächlich mit nur einer Hand voll Beats erzählt werden konnte. Gendel hatte das – dank seiner jahrelangen Erfahrung im Beat-Storytelling – sofort erkannt. Am Ende war die ursprüngliche „Idee für eine Episode" noch nicht mal ein ganzer Akt und bestand aus gerade mal vier Beats. „Do your job!" bedeutet für Writers'-Room-Autor:innen also, viele Ideen zu haben, eine Menge Beats zu finden und häufig auch: eine Schablone auszufüllen.

Klingt wie Malen nach Zahlen? Ja, genau. Kann bei derart schematischem Arbeiten tatsächlich Qualität entstehen, noch dazu, wenn Werbeunterbrechungen die Dramaturgie vorgeben?! Gegenfrage: Sind BREAKING BAD, THE WALKING DEAD oder AMERICAN HORROR STORY qualitativ hochwertige Serien? Allesamt verwenden den guten alten Vierakter. Dieses Modell ist ein Tool, ein über Jahrzehnte perfektioniertes Handwerkszeug – nicht mehr, aber auch nicht weniger. Bevor wir im nächsten Kapitel erläutern, wie nun die Rooms mit Beats und Strukturmodellen genau arbeiten und warum diese Tools vor allem für die Arbeit im Team so ungeheuer effektiv sind, noch kurz ein Wort zu den Serien, die nicht von Werbung unterbrochen werden und/oder aber andere Modelle nutzen.

Weitere Akt-Modelle

Der Vierakter ist das Basismodell, vor allem bei Procedurals, aber es gehört natürlich zur Eigenart eines Formats, dass ein anderes Modell sinnvoller oder stimmiger sein kann. Seit einiger Zeit wird bei horizontal erzählten Serien häufig auf Fünf-, Sechs- oder Sieben-Akt-Modelle zurückgegriffen,[145] bei denen der erste Akt vielleicht sehr kurz ist und gleich nach fünf Minuten einen Cliff liefert, der die ganze Episode enorm dynamisiert, oder bei denen alle Akte ein wenig kürzer sind, aber dafür gleichlang strukturiert werden. Mehr als vier Akte können aber auch ganz banal dadurch begründet sein, dass der auftraggebende Sender einfach mehr Werbeunterbrechungen einsetzen will. So oder so: das Prinzip bleibt immer dasselbe: Durch die Vorgabe einer bestimmten Akt- und Beat-Anzahl gibt der Showrunner eine gewisse – formatindividuelle – Episodenbauform vor, die zum Beispiel eine radikale Wendung in den ersten Minuten als erzählerisches Prinzip der Episoden festlegt und so zu einem Teil der erzählerischen Vision der Serie wird. Zudem nimmt das Publikum die einheitliche Bauform der Episoden durchaus und (idealerweise) unbewusst wahr, was auf der Ebene der Struktur dann für ein Maß an Serialität und einen Wiedererkennungswert sorgt, der das Format und dessen Vision ebenfalls mitdefiniert.[146]

Vielleicht ist das auch ein Grund dafür, warum viele Streaming- oder Pay-TV-Serien auf Aktstrukturen setzen, obwohl die Episoden nicht durch Werbung unterbrochen werden (nach einem Aktbreak kommt dann gerne mal eine kurze Schwarzblende). Auch sind die Aktbreaks dann nicht zwingend so spektakulär oder mit einer großen und sehr überraschenden Wendung ausgestaltet, weil sie keine Werbepause überbrücken müssen, zudem müssen die Zuschauer:innen im ersten Beat des nächsten Aktes auch nicht wieder

---

145 Die horizontal und in mehreren Zeitebenen erzählte Ensembleserie THIS IS US variiert zum Beispiel schon im Piloten sehr eigen eine eigentlich vieraktige Struktur zu fünf Akten, wie Ken Miyamato auf seinem Blog demonstriert: https://screencraft.org. Miyamato spricht davon, dass die Fünf-Akt-Struktur (in vielen verschiedenen Varianten) mittlerweile als klassische „Old-School-Network-Bauform" gilt.

146 Autor:innen von THE GOOD WIFE berichten, dass sie zwar meistens in einer Fünf-Akt-Struktur arbeiteten, diese Struktur aber auch variiert hätten, um die Episoden abwechslungsreicher zu gestalten. Ein gewagtes Unterfangen, was aber bei so einer etablierten Serie durchaus funktionieren kann (vgl. Bennett, S. 71).

eingefangen werden. So oder so: Diese Episoden-Baupläne funktionieren genauso mit Werbeunterbrechungen als auch ohne. Natürlich gibt es aber auch zahlreiche Serien (vor allem bei den Streamern), die gar nicht mehr mit Akten und Aktbreaks arbeiten. HBO etwa setzte bereits früh darauf, in seinen Serien mit der Aktstruktur zu brechen. Allerdings arbeiten auch diese Serien in der Regel mit einer bestimmten Beat-Anzahl pro Episode, da diese eben eine gewisse Handlungsdichte garantiert.

Auch soll nicht verschwiegen werden, dass manche Showrunner genussvoll mit all diesen Modellen brechen – wie etwa Vince Gilligan im Falle von BETTER CALL SAUL. Die Serie ist eine Art strukturelle Antithese zu seinem Meilenstein BREAKING BAD. BETTER CALL SAUL hat Beats, die gerne mal sieben Minuten lang sind, und Episoden mit einer stark variierenden Anzahl an Beats. Die Serie funktioniert für viele Zuschauer:innen dennoch bzw. wird regelmäßig für Emmys nominiert. In letzter Zeit zeichnen sich zudem viele Streamer-Serien dadurch aus, dass sie auch am Episodenende keine (eindeutigen) Cliffhanger mehr einsetzen und brauchen, weil die nächste Episode – zumindest wenn die Serie funktioniert und ein Publikum Lust darauf hat – ohnehin fast automatisch weiter geguckt wird. Viele US-Autor:innen betrachten diese neuen erzählerischen Möglichkeiten als geradezu befreiend, weil sie nach Jahren im Korsett der Aktstrukturen „einfach losschreiben" dürfen. Was aber ganz und gar nicht heißt, dass diese Episoden oder Serien nicht gut und vor allem konsistent strukturiert bzw. gebaut wären – nur eben anders als mit klassischen Aktbreaks oder Cliffs. Und dank der enormen Erfahrung und des Könnens der durch die jahrelange Anwendung der Aktstrukturen bestens trainierten Autor:innen.

Nochmal: Strukturmodelle und Beats sind Werkzeuge, deren Funktionieren über viele Jahre hinweg in Tausenden Stunden Qualitätsfernsehen bewiesen wurde. Wenn man sie zu nutzen versteht, können sie die Arbeit enorm erleichtern, den Workflow sehr viel effektiver machen und gleichzeitig die erzählerische Qualität erhöhen.

6. DER BREAKDOWN

Der sogenannte *Breakdown* der gesamten Staffel wie auch der einzelnen Episoden gehört zu den wesentlichen und wichtigsten Aufgaben innerhalb eines Writers' Rooms. Der Begriff leitet sich ab vom englischen „breaking the season/the episodes" und meint den Prozess des detaillierten Ausplottens mithilfe der beschriebenen Beat-Tools.

In den ersten Tagen bzw. Wochen eines Writers' Rooms geht es bei horizontal erzählten Serien vor allem darum, die Season durch- oder zumindest anzuplotten: Also für jede Storyline und Figur und für jede Episode einige wesentlichen Handlungselemente festzulegen, die dann im nächsten Schritt in der jeweiligen Episode weiter bis in die Details (also bis in jeden einzelnen Beat hinein) ausgeplottet werden. Es kommt vor, dass Showrunner bzw. Creator hier schon enorm vorgearbeitet haben und die Season im Grunde steht, also alle wesentlichen Handlungselemente bereits festgelegt wurden. Doch selbst wenn noch viel Season-Arbeit im Writers' Room geleistet werden muss, gibt es in der Regel mindestens Ideen für einige der Storylines und Figurenbögen, die jetzt ergänzt oder überarbeitet werden.

Je nach Showrunner und Arbeitsweise ist der Prozess des Seasonplottens entweder ein gemeinschaftlicher, der auch dazu dient, alle gleichzeitig weiter und noch besser auf das Format einzuschwören, oder aber ein Prozess, der in kleinen Teams stattfindet, die sich dann beispielsweise nur dem Staffelbogen einer einzigen Figur widmen, ihr also für jede Episode Handlung geben, die in der Aneinanderreihung dann eine Season-Storyline ausmacht. Dabei kann es sein, dass der Showrunner bereits festgelegt hat, wo die Figur in der ersten Folge, in der Mitte der Staffel und wo am Ende steht, und nun die Autor:innen (alle zusammen oder in kleineren Teams) vorschlagen und gemeinsam erarbeiten sollen, was dazwischen passiert.

Wenn Storylines und Figurenbögen in kleineren Teams entstehen, ist es natürlich äußerst hilfreich, dass sich alle in räumlicher Nähe zueinander befinden und sich austauschen können. So kann auch verhindert werden, dass es zu Dopplungen, Redundanzen oder logischen Fehlern kommt. Haben zwei Teams eine ähnliche Idee für unterschiedliche Figuren, muss der Showrunner entscheiden, welche Figur diese Idee bekommt, das andere Team muss dann eben etwas anderes entwickeln und mit neuen Ideen aufwarten. Ob im großen oder kleinen Team: dieses Plotting passiert veräußerlicht an der Wand (oder auf einem riesigen Bildschirm). Denn letztlich ist es das Ziel dieses Prozesses, die wesentlichen Handlungselemente der kompletten Season auf einen Blick erfassen zu können.

Viele US-Kolleg:innen nennen diese wesentlichen Handlungselemente *Tent-Poles*, also Zeltstangen, die nachher die gesamte detaillierte Handlung stützen und tragen. Hierbei wird häufig mit einer Art Tabelle gearbeitet: die Episodennummern stehen z. B. oben horizontal, vertikal die Figuren und/oder Storylines, oft dann auch mit verschiedenen Karteikarten- oder Markerfarben gekennzeichnet, um jederzeit auch in den Episodenplots auf einen Blick deutlich zu machen, zu welcher Figur bzw. Storyline ein Beat gehört. Diese Tabelle wird nun nach und nach befüllt (vgl. S. 140/141).

Der erzählerische Bogen einer Storyline oder einer Figur wird dabei nicht selten von hinten nach vorne gebaut. Denn oft ist es einfacher, sich zuerst zu überlegen, was ein spektakuläres Staffelende für eine Figur wäre, um dann den Weg dorthin zu plotten, als vorne anzufangen und dann linear einem vermutlich vorhersehbaren Staffelende entgegenzuerzählen. Ein weiterer Tipp von Showrunner Kelly Souders: Sie empfiehlt, sich beim Plotten immer wieder in eine erzählerisch aussichtslose Ecke zu manövrieren und radikalen oder abstrusen Ideen eine Chance zu geben, wenn sie sich richtig anfühlen – auch wenn zunächst fraglich ist, wie man aus einer solchen Ecke wieder rauskommt: „You'll find a solution for it or rather the team will, don't worry!" Diese Methode bringt immer wieder frischen Wind in allzu naheliegende oder ausgetretene Gedankengänge.

Auch in diesem Stadium sind die Pinnwände im Room eine enorme Erleichterung: Handlungselemente auf Karteikarten können in diesem Plottingprozess bequem und einfach verschoben, gestrichen oder ersetzt werden – je nachdem, was sich eben entwickelt. Ein geradezu spielerischer Prozess, der zum Ausprobieren und Experimentieren, Verwerfen, Umbauen, Variieren und Neudenken einlädt, ohne dass dabei schon allzu viel eventuell überflüssige Detailarbeit geleistet und schriftlich fixiert wäre. Sich von einem Karteikärtchen zu trennen oder es an eine andere Stelle zu platzieren, ist sehr viel einfacher und weniger frustrierend, als bereits seitenlang Ausgeschriebenes zu löschen oder kompliziert überarbeiten zu müssen. Und noch einen großen Vorteil hat die Arbeit mit den Boards: Eine Staffel auf einen Blick erfassen, buchstäblich die Serie entlanglaufen und physisch die Struktur überprüfen zu können, das schafft eine Orientierung und Übersicht, die man durch ewiges Hin- und Herblättern in vielen Seiten Papier kaum erreichen kann.

Ist das sogenannte *Season-Board* vom Showrunner abgenommen, wird es natürlich fixiert bzw. zu einer Staffel-Outline oder je Episode zu einem kurzen Exposé verschriftlicht, die – je nach Abmachung und Ausmaß der Neuerungen – dann auch mit den Auftraggebern (Studio und Sender) besprochen wird. Vielleicht gefällt eine Idee – aus welchen Gründen auch immer – dem Sender ganz und gar nicht oder eventuell hat sich eine dem Auftraggeber bekannte Figur durch den Plottingprozess so verändert, dass der Showrunner besonders intensiv argumentieren muss. Je nach Art und Umfang der Notes kann es sein, dass die Season-Outline noch einmal überarbeitet oder sogar teilweise noch einmal neu geplottet wird, wenn das der Schedule zulässt. Dies ist jetzt aber kein Prozess, der lange dauern darf, denn Zeit ist schließlich äußerst knapp.

Narrative Verträge

Entscheidend ist, dass all diese gröberen Story- und Figurenbögen schnell und vor allem verlässlich eingeloggt werden, damit die Autor:innen in den nächsten Arbeitsschritt gehen können: das Episodenplotten. Und „eingeloggt" heißt, dass jetzt nichts mehr verändert werden darf – außer natürlich vom Showrunner, was sich dieser aber gut überlegen wird, denn das Board gleicht einem narrativen Vertrag mit *allen* Beteiligten (und Gewerken!). Ab diesem Moment etwas umzuschmeißen, hat mitunter aufwendige Konsequenzen, die man sich leisten können muss. In vielen Rooms gilt deshalb die Regel: „Never break what's working if you can't fix it!" Für die Autor:innen ist es schon aus Zeitgründen extrem wichtig, sich auf die Ansagen und erarbeiteten Vorgaben eines Staffelbogens wirklich verlassen zu können. Das wissen (idealerweise) alle Beteiligten und dementsprechend wird auch ein Network-Executive nicht irgendwann in der Drehfassung damit ankommen, dass ihm oder ihr irgendeine Handlungsidee plötzlich nicht mehr glaubhaft erscheint. Wenn derartige Bedenken nicht bereits in der Season-Outline vorgebracht wurden, ist der Zug in der Regel abgefahren.

Im System Writers' Room gibt es eine Regel, die so wichtig und elementar ist, dass wir sie nicht oft genug wiederholen können und auf alle nur erdenkliche Weise hervorheben wollen, sie lautet:

Erst plotten, dann schreiben!

Dies gilt natürlich auch für die einzelnen Episoden. Bevor wir zu diesem nächsten Schritt kommen, möchten wir den Season-Plottingprozess an einem fiktiven (deutschen) Beispiel etwas umfangreicher erläutern.

PRAXISBEISPIEL – SEASON-PLOTTING

In unserem Beispiel-Writers'-Room erarbeiten wir die sechsteilige erste Staffel einer Serie in der Storyworld der Berliner Clubkultur und haben dabei mehrere Hauptfiguren und ein diverses Ensemble, für das es schon gut funktionierende Staffelbögen gibt, die sich über ca. fünf Monate erzählte Zeit erstrecken. Nur eine Figur hat immer noch keinen Bogen, ist zu unterkomplex und soll jetzt über das Plotten interessanter werden.

Was wir wissen: die Figur, PAUL (Anfang 30), ist eine Nebenfigur und dealt im Hauptspielort, einem Club, mit diversen Drogen. Noch fehlt uns eine wirkliche Idee für die etwas stereotype und flache Figur, die über die Funktion „Drogen erzählen" hinausgeht. Also los: Wo könnte unser Drogendealer am Ende der Staffel stehen?

Die erste Idee: Paul wird am Ende im Gefängnis landen. Hm. Dieser „Bogen" ist noch nicht mal einer, weil die Figur mit Drogen dealt und drei Monate später immer noch mit Drogen dealt und irgendwann am Ende erwischt wird. So weit, so vorhersehbar. Ok. Also nein. Was wäre wirklich verblüffend? Was wäre radikal?

Eine Autorin hat plötzlich eine Idee: Was, wenn unser kleiner Party-Drogendealer am Ende der Staffel nicht im Gefängnis landet, sondern z. B. Bürgermeister von Berlin wird? Bitte was?! Wie kam sie denn auf die Idee? Vielleicht weil diskutiert wurde, dass diese Figur viel Wert auf Status legt – Drogendealer haben in Clubs mitunter schließlich einen enorm hohen Status. Aber Bürgermeister? Really? Was für eine absurde Idee, wie soll das denn glaubhaft erzählt werden? Der Showrunner findet die Idee aber gar nicht schlecht, vor allem, weil er auf dem Board des allgemeinen Brainstorms (vielleicht mit einem grünen Haken versehen) „politischer Aktivismus in der Clubszene" liest. Der Showrunner spürt, dass diese Idee in die Vision passt, weiß aber auch, dass die formulierten Glaubwürdigkeitszweifel durchaus berechtigt sind und jetzt aus dem Weg geschafft werden müssen. Der Showrunner denkt das jetzt einfach mal weiter: Paul kommt in Episode 1 aus dem Gefängnis (und landet also nicht erst am Ende dort) und geht schnurstracks in den Club, um mit dem Drogenverkaufen weiterzumachen, weil das das Einzige ist, das er kann, und die Clubszene die einzige Familie ist, die er hat, und er jetzt diese Anerkennung wirklich braucht (Status! Und ganz nebenbei: Figurenpräzisierung!). In der Mitte der Staffel wird Paul ins Berliner Abgeordnetenhaus gewählt – wenn auch nicht gleich als Bürgermeister. Nur wie das?! Dafür gilt es nun, eine Lösung zu finden.

Ein Autor macht weiter: Die Graswurzelbewegung aus dem Clubumfeld, die gegen Immobilienspekulant:innen und hohe Mieten kämpft (kommt am Rande bereits in einer bestehenden Storyline vor), entwickelt sich zu einer neuen, kleinen linken Partei, die völlig überraschend einen Wahlerfolg einfahren wird. Und schon ist die Idee des Brainstorms eingebaut. Paul kriegt noch mehr Anerkennung, mehr als von den Hedonist:innen im Club, und gefällt sich in der Rolle des Weltretters (Figurenbedürfnis präzisiert). Die Graswurzelbewegung und dann Partei kann zudem über die Figur HATICE eingeführt werden, die ohnehin schon über ihr politisches Engagement erzählt wird. Prima! Am Ende der Staffel kandidiert Paul dann für das Bürgermeisteramt.

Der Showrunner bleibt skeptisch, noch zu utopisch und geradlinig. In welche Ecke könnte man sich jetzt manövrieren? Nächste Idee, andere Kollegin: Was, wenn die politische Karriere wieder in absolute Ferne rückt? In der vorletzten Folge wird er von seiner kriminellen Vergangenheit eingeholt. Nein, noch besser, ergänzt der Showrunner, nicht Vergangenheit, er kommt nicht vom Drogendealen los, macht das auch als Politiker einfach weiter, weil er die Clubwelt vermisst, und genau das fliegt auf. Paul verliert alles in der vorletzten Folge, Riesenskandal etc., und dennoch: am Ende der letzten Folge bringt er sich in Stellung für die Fortsetzung seiner politischen Karriere. Die Autor:innen werden dann also eine Episode Zeit haben, um die Figur nach dem tiefsten Fall glaubwürdig und überraschend nach oben zu kriegen. „Don't worry, we'll find a solution!"

Und da hat auch schon ein Autor eine: „oben" kann ja vieles heißen. Was, wenn Paul sich jetzt politisch radikalisiert – er hat die Schnauze voll von der etablierten Politik, die ihn schnell fallen lässt, und jagt den Club in die Luft, damit endlich alle aufwachen: Schluss mit dem hedonistischen Scheiß, auf die Straße, handeln!

Der Showrunner ist begeistert: Was für ein Ende für die Staffel, die Storyworld fliegt buchstäblich in die Luft! Ausgelöst von einer Nebenfigur, die ursprünglich nur den Zweck hatte, das Drogendealen in den Clubs mit in die Handlung zu bringen. Allerdings haben wir ein kleines Problem: Wir erzählen, dass der Club quasi Pauls Zuhause ist, warum zur Hölle sollte er den in die Luft sprengen, wenn die Politik ihn abstürzen lässt, und zwar genau nach einer Folge – allzu viel kann da also gar nicht passieren?! Tja, aber der Showrunner liebt die Idee – also los, Writing Staff, Lösung finden!

Die Kollegin mit der Bürgermeister-Idee hat einen Geistesblitz: Weil der Club ihn genauso verraten hat! Für manche der Clubgänger ist Paul ein Verräter und bigott, weil er sich auf die verhassten politischen Eliten einlässt bzw. ein Teil davon wird, ergo: Leute aus dem Club haben ihn in der vorletzten Folge verraten und sind schuld daran, dass er alles verliert! Der Anschlag auf den Club ist eine Botschaft an beide Welten, an die Politik und die Clubwelt: „Ich zeig's euch allen!"

Nicht schlecht, persönliche Verletzung als Motivation, das heißt, wir müssen deutlich erzählen, dass Paul den Club wirklich braucht, als Familie gewissermaßen, was wir in der ersten Folge schon anteasen können. Schön, aber deswegen radikalisiert er sich politisch?! Macht keinen Sinn, das wäre doch dann ein einmaliges Racheding? Da prescht eine andere Autorin vor: Was, wenn Paul von den geheimen Immobilienspekulationen der Clubbesitzer:innen Wind kriegt (bereits festgelegte Storyline)? Das kriegt Paul raus, wenn er in der Politik aktiv ist, behält das aber für sich, kehrt das vielleicht sogar unter den Teppich, um „seine Familie", den Club, zu schützen – bis sie ihn am Ende fallen lässt. Wer ist hier bigott?! Yes! So geht's auf, nickt der Showrunner. Das ist die Storyline.

Aus der abstrakten, reichlich kruden Idee – vom Drogendealer zum Berliner Bürgermeister – wurde also eine zumindest ziemlich unerwartete Storyline einer Nebenfigur, die jetzt auch als Charakter deutlich an Profil gewonnen hat.

Dieses von uns frei erfundene Beispiel erläutert, wie eine vermeintlich absurde Idee eine Lawine an weiteren Ideen auslösen kann – teils aus den wenigen Anlagen der Figur (Pauls Status-Need), teils komplett von außen (Paul lässt den Club die Luft fliegen) –, und wie die Idee die Autor:innen zur Ausarbeitung der Motivation und Charakteristik der Figur zwingt, was dann wiederum neue Ideen hervorbringt.[147]

Natürlich werden all diese Ideen immer weiter präzisiert, überprüft und mit den anderen Storylines und Figuren in Einklang gebracht werden müssen. Doch genau das ist Plotting im Sinne des US-Storytellings: von der Anlage der Figur zu Ideen für Handlung und von ihnen zurück zur konkreten Gestaltung einer Figur, von dort hin zur Storyworld und deren Themen und wieder zurück zu den Storylines, hin zu den anderen Figuren usw. usf. Und noch etwas hat dieses Plotting für die kleine Figur aus unserem Beispiel gebracht: sie hat den Club, in dem unsere Serie spielt, dieses wesentliche Setting der Storyworld, präziser definiert, als dies vielleicht bisher im Konzeptpapier stand.

Der entscheidende erste Schritt in unserem Beispiel war die Festlegung des Showrunners, Paul und die Berliner Politik zusammenzubringen, weil das für den Showrunner wunderbar in die Vision passt – also wieder die *Auswahl* einer Idee bzw. eines ersten Impulses von vielen. Hätte man mit Paul auch etwas anderes erzählen können? Ja, sicher! Es gibt bestimmt noch weitere, für den Showrunner ebenso überzeugende Storylines für Paul – aber er hat sich für die eine Richtung entschieden und ist diesen Weg gemeinsam mit seinem Writing Staff konsequent weitergegangen.

Und darum geht es im Storytelling-orientierten Plotting-Ansatz: überzeugende, in die Vision passende Storylines zu finden, indem vergleichsweise kleine, aber deswegen nicht weniger richtige und zuverlässige Entscheidungen und Festlegungen getroffen werden, von denen ausgehend dann – step by step – weiterführende Entscheidungen getroffen werden, bis die Storyline

---

147 Natürlich haben wir diesen Prozess jetzt sehr verkürzt dargestellt. Sicher würde viel mehr diskutiert, ausprobiert und verworfen werden, bis die Storyline steht – je nachdem, wie viel Diskussion ein Showrunner zulässt und wie viel Zeit dafür ist.

eben rund ist. Es geht nicht darum, endlos lange nach der *einen* genialen Geschichte zu suchen und dabei permanent alles grundsätzlich von vornherein anzuzweifeln. Erste Ideen und Impulse sind nun mal äußerst selten genial. Die *eine* geniale Storyline gibt es nach Meinung der meisten US-Kolleg:innen ohnehin nicht. Auch der brillanteste Plot bzw. Handlungsbogen ist immer nur einer von mehreren ebenso möglichen und genauso brillanten – für die sich der Showrunner aber eben nicht entschieden hat oder auf die der Writing Staff nicht gekommen ist.

BEATVORGABEN FÜR STORYLINES UND FIGUREN

Zurück in unseren Room. Ein Season-Bogen für Pauls Storyline könnte dann an der Wand in etwa so aussehen:

PAUL (30) Drogendealer					
EPISODE 1	EPISODE 2	EPISODE 3	EPISODE 4	EPISODE 5	EPISODE 6
Aus dem Gefängnis in den Club (dealen). Etablierung: Club ist seine Familie! Schließt sich Gras-wurzel-Partei von Hatice an.	Macht „Wahl-kampf", eckt damit im Club an. „Halt die Klappe und verkauf mir Drogen!"	Wird ins Berliner Abgeordneten-haus gewählt (ist völlig perplex).	Versucht sich in der politischen Welt – und stellt sich überraschend gut an! Findet raus: Clubbesitzer:in-nen verkörpern, wogegen er poli-tisch kämpft (Immobilien), behält das für sich.	Dealt wieder im Club. Wird von Club-crowd verraten – Dealereien fliegen auf! SKANDAL!!	Radikalisiert sich – Brandanschlag auf Club!

Wir haben zum Zeitpunkt dieser Festlegungen nicht die geringste Ahnung, wie wir das in den einzelnen Episoden erzählen, aber darum geht es erstmal auch nicht. Der Bogen ist für den Showrunner jetzt richtig und die Autor:innen müssen nun ihr Talent und ihr Handwerk nutzen. Von den groben Pinselstrichen ausgehend detailliert feinzeichnen, hin zu einer stringenten, psychologisch glaubhaften und dennoch überraschenden Figurenstoryline, die jetzt in den einzelnen Episoden auch noch mit allen anderen Figuren und deren Handlung organisch verflochten werden muss.

Im Laufe des Paul-Plottings ist auch deutlich geworden, dass diese Figur größer werden könnte, als sie ursprünglich geplant war. Also bleibt Paul wirklich eine Nebenfigur? Der Showrunner entscheidet: ja, unbedingt, denn erstens will er keine Drogendealer-Figur zu einer Hauptfigur machen (Klischee) und zweitens kommt der Brandanschlag am Ende umso überraschender, je unbedeutender die Figur wirkt, zudem brauchen die anderen Figuren den erzählerischen Platz.

Dieser erzählerische Platz bleibt aber nicht nur eine theoretische Ansage, sondern führt zu sehr konkreten Beatvorgaben: In den Episoden eins bis drei bleibt Paul z. B. „klein" (also höchstens zwei bis drei Beats pro Episode), in Episode vier darf die Figur fünf Beats bekommen (der für den Showrunner interessante Kontrast zwischen politischer Welt und Club darf mehr Erzählzeit haben), in Episode fünf dann vielleicht nur drei Beats, damit das radikale Handeln in Episode sechs (drei Beats) zwar ordentlich vorbereitet und hergeleitet werden kann, aber dennoch unerwartet und überraschend kommt. Es mag jetzt für manche der Autor:innen schwierig erscheinen, eine dann doch recht komplexe Storyline einer Nebenfigur in so wenigen Beats zu erzählen, und möglicherweise wird das noch einmal kurz gemeinsam diskutiert werden. Aber der Showrunner bleibt bei seiner Entscheidung – es gilt, ihm oder ihr zu vertrauen und zu folgen. Den Autor:innen darf es im Folgenden nicht darum gehen, den Showrunner doch irgendwie noch davon zu überzeugen, Paul mehr Platz zu geben. Sondern es gilt, sich ganz auf die formulierte Herausforderung einzulassen, und zwar so, dass die anderen Storylines darunter nicht leiden oder gar beschädigt werden.

Eine Beatvorgabe, also das im Vorfeld des Ausschreibens präzise Definieren des erzählerischen Raums für die einzelnen Figuren und/oder Storylines ist geradezu notwendig, denn es hilft enorm dabei, die Balance zwischen den vielen verschiedenen Figuren und Storylines zu halten und gleichzeitig den Status der Figur und einer Storyline innerhalb der verschiedenen Handlungsstränge und des Ensembles quantitativ auszutarieren. Durch die Eingrenzung der jeweiligen Beat-Anzahl verringert sich von vornherein die Gefahr, beim Plotten oder späteren Schreiben eine kleine Nebenfigur zu groß zu machen oder einer Storyline ein Eigenleben zu gestatten und zu viel erzählerischen Platz zu beanspruchen, denn das würde automatisch zu massiven Problemen bei den anderen Storylines führen. Diese quantitative Vorgabe der Beats wird zudem von den US-amerikanischen Kolleg:innen zumeist als „kreativitätsstimulierende Beschränkung" betrachtet, die ihnen zwar alles an erzählerischem Talent abverlangt, aber eben auch inspirierend sein kann.

Gerade in Sachen Ensemble-Orchestrierung arbeiten viele Rooms mit einer Art abstrakten visualisierten Übersicht, die ganz unterschiedlich aussehen kann und aufzeigt, welche Figur bzw. Storyline in welcher Episode wie viel Raum einnehmen kann, in welchen Episoden eher die eine, in welchen eher die anderen Storylines rein quantitativ dominieren sollen:

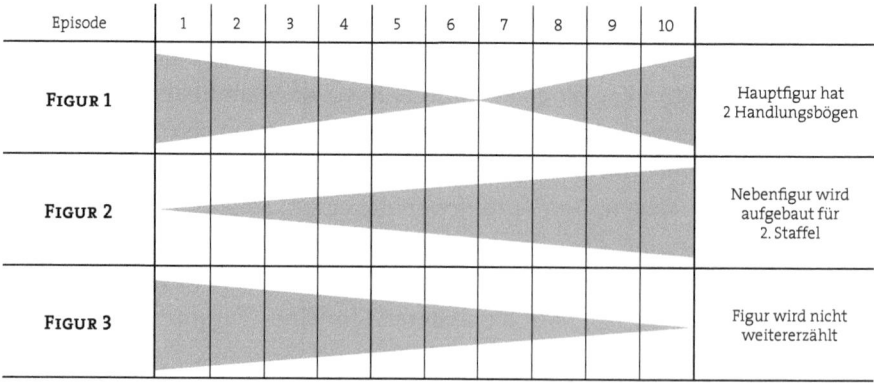

BEISPIEL 1

Episode	1	2	3	4	5	6	7	8
FIGUR 1								
FIGUR 2								
FIGUR 3								
FIGUR 4								

BEISPIEL 2

Dieses quantitative Ausbalancieren des erzählerischen Raums ist genuiner Teil des Plottingprozesses und gehört zu den ebenso notwenigen wie hilfreichen Vorarbeiten, die das spätere Plotten und szenische Schreiben umso effektiver und einfacher machen, und die Reibungsverluste paralleler Episodenarbeit reduzieren.

EXKURS: DIE ARENA-METHODIK
Unsere Clubserie ist eine horizontal erzählte Ensembleserie. Bevor wir zu den nächsten Arbeitsschritten kommen, möchten wir noch eine Methode vorstellen, die im Falle von Serien mit abgeschlossenen Episodenhandlungen (Procedurals) sehr hilfreich sein kann. Bei Serien mit Fallstruktur (Krimiserien, Medicals, Law-Shows etc.) fallen die horizontal erzählen Storylines meist sehr viel weniger komplex aus und beschreiben vielleicht nur die rudimentär erzählten *private lines* der Figuren. Bei Procedurals geht es viel eher darum, die abgeschlossenen Episodengeschichten zu finden bzw. das spezifische Sujet der Episode zu definieren.

Auch hier setzen viele US-Rooms auf ein Sich-Annähern von außen nach innen – und einen freien Brainstorm-Prozess, der von Festlegung zu Festlegung immer konkreter wird (und nicht von einem ganzen Bogen ausgeht). Eine überaus brauchbare Methodik besteht darin, sich zunächst ganz frei sogenannte Arenen auszudenken – also im Falle einer Krimiserie zum Beispiel Settings, Milieus, Storyworlds, die sowohl für das Format als auch zum Beispiel im Hinblick auf die ermittelnden Figuren interessant sein könnten.[148] In Windeseile ist dann ein Whiteboard vollgeschrieben mit verschiedensten Einfällen, die der Showrunner jetzt auch sofort filtern kann: „Kindergarten", „Kleingartenanlage" und „Sportverein" werden gestrichen, zahlreiche andere Arena-Ideen aber angenommen (was auch gleich wieder einen Hinweis auf die Vision des Formats/des Showrunners geben kann).

In einem nächsten Schritt werden jetzt mehrere Arenen an die Autor:innen verteilt (oder sie dürfen sich selber welche aussuchen), die nun in kürzester Zeit einen ersten narrativen Impuls liefern müssen: Wer ist in der Arena ermordet worden? Was ist seltsam? Wer ist verdächtig am Anfang? Was wäre ein spektakuläres Bild in dieser Arena? Wer aus dieser Arena ist unverdächtig genug, um dann ein interessanter Täter am Ende zu sein? Dieser erste Impuls (der im Grunde in einer Stunde oder weniger angeplottet werden kann) hat erst mal wenig bis nichts mit dem Bogen einer komplexen Kriminalhandlung zu tun, sondern ist wie gesagt eher ein Brainstorm, der die Arena durch erste narrative Ideen ergänzt. Die Ergebnisse dieses Arbeitsschritts können also eine Art erweiterte – nicht groß durchdachte – Logline oder der mögliche Anfang einer Episode oder vielleicht auch das Ende einer solchen sein. Wichtig ist dabei, seiner Kreativität freien Lauf zu lassen und erstmal nicht an eine runde, originelle Geschichte zu denken – die gilt es erst in einem nächsten Schritt zu erfinden bzw. zu plotten.

Aus diesen Impulsen, Minipitches und ersten Vorschlägen wählt der Showrunner jetzt aus, vielleicht kombiniert er auch zwei Impulse von zwei

---

148 Im Falle von z. B. Medicals können Arenen neben bestimmten Patientienmilieus auch Krankheiten und Verletzungen, moralische Dilemmata oder archetypische Konfliktkonstellationen bzw. -themen sein (Eltern vs. Ärzte, Glaube vs. Wissenschaft) etc. – der Begriff Arena ist wirklich weit zu verstehen und bezeichnet im Grunde nur eine in der abgeschlossenen Episodenerzählung wie auch immer wirksame Spezifik.

Autor:innen oder ergänzt einen Vorschlag mit zwei, drei eigenen Ideen oder Vorgaben (z. B.: „Der Mörder war niemand aus der Arena, sondern jemand von außen!"). Mit diesen Vorgaben geht es dann ins „breaking the episodes". Das heißt, die Autor:innen starten mit nur wenigen Festlegungen und nähern sich wieder Stück für Stück von außen, probieren so lange aus und verwerfen, streichen und stellen um und verschieben, bis eine spannende und wendungsreiche, glaubhafte und überraschende, kurz gesagt eine unterhaltsame und vor allem gute Episode entstanden ist – das ist der fast spielerische und sportliche Prozess des Episodenplottens, der natürlich wieder mit klaren Festlegungen und Verabredungen stattfindet.

EPISODENPLOTTEN

Wenn bei horizontalen Serien der Seasonbogen bzw. die Staffel-Storylines der Figuren stehen und abgenommen sind (und erst dann!), geht es daran, die einzelnen Episoden auszuplotten. Egal ob es sich bei der Serie um ein Procedural oder eine horizontal erzählte handelt: Je nach Anzahl der Episoden, Größe des Rooms und Vorliebe des Showrunners geschieht das Epsiodenplotten entweder in kleineren Gruppen parallel, vielleicht in Kombinationen von erfahreneren Autor:innen und Einsteiger:innen (Staff Writers). Oder ein Showrunner gibt vor, dass Autor:innen alleine jeweils eine Episode plotten, auch ist möglich, dass sich das ganze Team daranmacht, die ersten Episoden gemeinsam und unter Anleitung des Showrunners zu erarbeiten, um ein besseres Gefühl für die Art und Weise zu bekommen, wie die Episoden gebaut sein, wie sie funktionieren sollen.

Alles, was der Showrunner an konkreten Vorgaben machen kann und will, wird (spätestens) jetzt benannt: Eine Episode wird so und so viele Beats haben, so und so viele Akte (wenn mit Akten gearbeitet wird), die so oder so aufgeteilt sind. Die Natur der Aktbreaks (immer echte Cliffhanger?) wird geklärt und es wird deutlich gemacht, was beispielsweise der Einstieg der Episode liefern muss bzw. ob es einen Teaser geben soll und wie er ausgestaltet werden kann, ob linear oder und in welchem Umfang achronologisch erzählt werden soll, ob von der vorherigen Folge etwas aufgenommen werden muss, auf direkten

Anschluss erzählt wird oder ob bzw. wie viel Zeit zwischen den Episoden vergangen sein soll.

Besagte Beatvorgaben für Figuren und Storylines, aber auch etwa für Spielorte und Motive werden gemacht – auf diese Weise wird bereits im Vorfeld geplant, wie viele erzählerische Anteile (also Beats) ein bestimmtes Setting etwa in jeder Episode bekommen darf, welche Motive in welchem Umfang in jeder Episode bespielt werden sollen, können oder müssen. Denn ein bestimmtes Setting bzw. bestimmte Motive tragen neben ihrem rein narrativen Nutzen zum Beispiel auch durch einen spektakulären Schauwert auf nicht unerhebliche Weise zum *Production Value* bei und sollen eben nicht nur nach Lust und Laune oder rein erzählerischen Erfordernissen, sondern auch aus ökonomischen oder ästhetischen Gründen mehr oder eben weniger oft bespielt werden. Natürlich sind diese Festlegungen zunächst eher intuitive Richtwerte, die sich an dem bereits existierenden Piloten orientieren oder aber sich explizit davon abgrenzen können.

Dazu kommen noch sehr konkrete inhaltliche Vorgaben für jede einzelne Episode: ein im Season-Bogen festgelegter Handlungsschritt muss sich über die ganze Episode spannen, das Hauptmotiv von Figur A soll gleich am Anfang der Episode eingebaut werden, Figur Bs Handlungselement muss den Cliff am Episodenende liefern etc. All diese Vorgaben können dann im Plottingprozess nachjustiert und entsprechend kommuniziert werden. Bei neuen Serien setzen manche Showrunner darauf, nur gröbere Vorgaben zu machen und die Teams erst mal ein Stück losmarschieren zu lassen, um dann anhand von guten Beispielen („Das ist ein Teaser, wie ich ihn mir vorstelle!") oder weniger guten („Der Aktbreak ist zu soft und liefert zu wenig Momentum für den nächsten Akt") deutlich zu machen, in welche Richtungen narrativ und dramaturgisch weitergearbeitet werden soll und was aus welchem Grund vermieden werden muss. Letztlich ist dies wieder eine Annäherung von außen nach innen, vom Ausprobieren und Auswählen hin zu Erfahrungswerten, eine Verfeinerung des narrativen Vertrages, die wieder festgehalten und für alle verlässlich vereinbart wird. Andere Showrunner geben den (selbst geschriebenen) Piloten als einzuhaltende Blaupause vor und erwarten, dass strukturelle und dramaturgische Prämissen genauso eingehalten werden, wie sie im ersten Buch gesetzt wurden.

Vor allem bei bereits länger laufenden Serien wird vermutlich fast nie der Showrunner selbst den Einstieg ins Episodenplotten überwachen, sondern vielleicht der erfahrene Supervising Producer, der auch schon in den Staffeln davor dabei war, und sehr genau um die erzählerischen und dramaturgischen Prämissen des Formats weiß. Andererseits wird von neuen Kolleg:innen erwartet, dass sie die strukturellen und inhaltlichen Prinzipien durch eigenständige Analyse der vorigen Staffel kennen und sich dementsprechend schnell an das Format anpassen.

Sehen wir uns diesen Prozess wieder an unserem Beispiel der Clubserie an.

Nach Abnahme des Season-Breakdowns und der Entscheidung, den bestehenden Piloten im Wesentlichen zu behalten (hier den neuen Paul und die Graswurzelbewegung/Partei einzuarbeiten geht schnell und wird vom Showrunner übernommen[149]), gehen jetzt drei Zweier-Teams in ihre Räume, um die Episoden 2, 3 und 4 zu plotten.

Unser fiktiver Showrunner hat vorgegeben, dass die Episoden in fünf Akten und mit insgesamt ca. 28 Beats erzählt werden, mit einem relativ kurzen ersten und ebenso kurzen letzten Akt (je 4 Beats) – er will schnell eine Wendung in der Episode, weil das für die von ihm gewünschte Dynamisierung der Handlung in jeder Episode sorgt, und mit einer offenen Frage enden, die aber nicht unbedingt eine Wendung sein muss. Einen Teaser (ein, zwei Beats) gibt es auch, der aber nicht allzu lange ausfallen darf – da es einen Recab geben wird, weil unsere Serie wöchentlich ausgestrahlt werden soll –, und je nach Charakteristik der Episode sehr verschieden gestaltet und auch abgesetzt vom Rest der Handlung sein kann.

---

149 Da es sich um eine deutsche Produktion handelt, ist der Pilot noch nicht gedreht.

Folgen wir nun also dem Team, das Episode 4 ausplotten soll. Das Akt-schema wird wieder als Tabelle an die Wand gemalt und sieht in etwa so aus:

EPISODE 4							
TEASER		AKT 1	AKT 2	AKT 3	AKT 4	AKT 5
	BEAT 1						
	BEAT 2						
	BEAT 3						
	BEAT 4 Aktbreak Akt 1 u. 5						
	BEAT 5						
	BEAT 6 Aktbreak Akt 2 – 4						

Die Handlungselemente und Plotlines der anderen Figuren (die wir hier der Einfachheit halber weglassen) sind bekannt; außerdem wissen wir im Falle von Pauls Storyline, dass er in dieser Episode neu in der Politik ist, sich hier ausprobieren muss und irgendwann in der Episode herausfin-det, dass die Clubbesitzer:innen miese Immobilienspekulant:innen sind, was er zunächst für sich behält.

Wir wissen auch, dass uns für Pauls Storyline in dieser Folge fünf Beats zur Verfügung stehen, und vielleicht fangen wir wieder von hinten an: Wäre das nicht ein prima Aktbreak, das Herausfinden der Club-Machen-schaften? Oder eigentlich noch besser: Was, wenn diese Entdeckung das Ende der Episode ist und wir dann sehen, dass er irgendein Papier mit den Namen der Clubbesitzer:innen zerknüllt? Halten wir das auf einem blau-en (Pauls Farbe) Karteikärtchen fest und setzen wir es in den letzten Beat!

EPISODE 4 – Erste Idee							
TEASER		AKT 1	AKT 2	AKT 3	AKT 4	AKT 5
	BEAT 1						
	BEAT 2						
	BEAT 3						
	BEAT 4 Aktbreak Akt 1 u. 5					Paul findet raus: Clubleute sind böse, er vernich- tet Beweise!
	BEAT 5						
	BEAT 6 Aktbreak Akt 2 – 4						

Und nun? Welche Beats mit ihm können wir noch erzählen: Er muss irgendwie in der Politik ankommen, sein Alltag dort muss ihn als Newcomer völlig überfordern, vielleicht wird er auch von den neuen Kolleg:innen nicht ernst genommen. Und wir müssen irgendwie erzählen, dass er den Club vermisst, weil er in der nächsten Folge ja schon weitermacht mit dem Dealen. Also wird jetzt Verschiedenes diskutiert und ausprobiert und nach und nach das Schema mit Beats für Paul befüllt.

EPISODE 4 – Erstes Ausplotten						
TEASER		**AKT 1**	**AKT 2**	**AKT 3**	**AKT 4**	**AKT 5**
	BEAT 1	Paul im Berliner Abgeordneten-haus, ist total underdressed, wird blöd von CDU-Kollegin angemacht!			Paul kommt in den Immobilien-Untersuchungs-ausschuss und stellt unbequeme Fragen!	
	BEAT 2					
	BEAT 3					
	BEAT 4 Aktbreak Akt 1 u. 5					Paul findet raus: Clubleute sind böse, er vernich-tet Beweise!
	BEAT 5					
	BEAT 6 Aktbreak Akt 2 – 4		Paul im Anzug in Club, wird nach Drogen gefragt – verneint barsch!!			

Nach und nach füllt sich das Schema (natürlich auch mit andersfarbigen Kärtchen der anderen Figuren), als plötzlich der Showrunner zur Tür her-einkommt und einen Blick auf das Board wirft. Die Kolleg:innen sind viel-leicht gerade so ins Plotten vertieft, dass sie darauf nicht groß reagieren, aber das macht nichts, mit einem kurzen Blick kann der Showrunner – in-mitten des Prozesses also – erfassen, was die Kolleg:innen da gerade ma-chen. Und er interveniert, denn er ist nicht ganz mit Pauls Beats einver-standen: Paul ist underdressed im Abgeordnetenhaus? Zu naheliegend, zudem wurde im Staffel-Breakdown festgehalten, dass er sich überra-schend gut anstellt – der Beat muss also raus bzw. anders erzählt werden. Aber das Motiv „Kleidung" ist gut, vielleicht kriegt man da den Kontrast zur Clubwelt noch mal miterzählt? Dass die Clubleute böse sind und Paul das für sich behält, darf nicht ganz so spät kommen, der Showrunner will

Paul in seinem Dilemma erzählt sehen. Paul im Anzug im Club gefällt dem Showrunner, aber dass er wegen der Drogen barsch wird, passt nicht zu ihm, und wie kommt er eigentlich hinter das Geheimnis der Clubbosse? Das steht da in irgendeiner Akte auf seinem Schreibtisch? Dröge! Da muss was Originelleres her! Der Showrunner nimmt Kärtchen vom Board oder verschiebt sie bzw. lässt sie neu schreiben.

EPISODE 4 – Showrunner-Intervention						
TEASER		**AKT 1**	**AKT 2**	**AKT 3**	**AKT 4**	**AKT 5**
	BEAT 1	Paul im Berliner Abgeordnetenhaus ist total underdressed, wird blöd von CDU-Kollegin angemacht!			Paul kommt in den Immobilien-Untersuchungsausschuss und stellt unbequeme Fragen! OK! Zusatz: fällt etablierten Grünnen-Politikerin auf, lobt ihn!	Paul im Anzug im Club – trifft auf Clubbosse, was soll er jetzt nun tun?!
	BEAT 2					
	BEAT 3					
	BEAT 4 Aktbreak Akt 1 u. 5				Paul findet raus: Clubbosse sind böse – WIE findet er das raus?!	Paul findet raus: Clubleute sind böse, er vergleicht Beweise!
	BEAT 5					
	BEAT 6 Aktbreak Akt 2 – 4		Paul im Anzug im Club, wird nach Drogen gefragt – verneint barsch!			

Und schon dampft der Showrunner wieder ab. Ok, also sortieren, weiterdenken, umplotten. Schließlich kommen unsere Kolleg:innen auf Folgendes:

EPISODE 4 – Einarbeitung des Feedbacks						
TEASER		**AKT 1**	**AKT 2**	**AKT 3**	**AKT 4**	**AKT 5**
Montage: Paul macht sich fertig (Anzug)/ Clubber machen sich fertig (koksen, vorglühen etc.), Paul betritt Abgeordnetenhaus/Clubber tanzen.	**BEAT 1**				Paul kommt in den Immo-Untersuchungsausschuss und stellt unbequeme Fragen und fällt dabei Grünenpolitikerin auf!	Paul im Anzug im Club – trifft auf Clubbosse, was soll er jetzt nur tun?! Tanzt manisch, alle jubeln!
	BEAT 2					
	BEAT 3					
	BEAT 4 Aktbreak Akt 1 u. 5					Paul löscht die Namen auf dem Stick! Aber: Wer weiß noch davon?
	BEAT 5					
	BEAT 6 Aktbreak Akt 2 – 4				USB-Stick mit Infos (von Grünenpolitikerin) – Paul findet raus: Clubbosse sind böse!	

Der Showrunner nickt: schöne Idee mit der Klamotten-Vorglühen-Montage im Teaser. Auch die Idee, dass eine Politik-Kollegin ihm einen anonymen (!) Tipp gibt mit dem Stick. Gekauft. Mehr noch, da kommt doch gleich eine Idee: Der Showrunner macht sich eine Notiz, dass sich die Grünenpolitikerin irgendwann in Episode 5 als Tippgeberin zu erkennen gibt: Sie will, dass Paul die Clubbosse warnt und dazu bringt, aus der Immobiliensache auszusteigen, bevor der U-Ausschuss sie an den Pranger stellen kann – doch dann der Drogenskandal, die Politikerin fällt Paul öffentlich in den Rücken (Verletzung! Motivation!).[150]

---

[150] Jeder Schritt im Plotten kann dazu geeignet sein, zu weiteren Ideen für andere Episoden oder schlicht zu interessanten Beats zu führen, für die man vielleicht zunächst keine Verwendung hat, die aber mit Sicherheit auf einer Art Fundstücke-/Diverse-Ideen-Wand festgehalten werden sollten, damit sie nicht vergessen werden.

Aber zurück zu Episode 4: einen Beat mehr brauchen wir noch für Paul, weil er sonst zu lange nicht erzählt wird. „Aber dann hätte Paul sechs Beats statt der angedachten fünf", entgegnen die mitdenkenden Autor:innen. Stimmt, Paul soll deswegen in den Beat einer anderen Figur miteingebaut werden, vielleicht ist er bei der Afterhour von Tom (eine andere Figur), verpennt deshalb und kommt zu spät zum Untersuchungsausschuss? Dementsprechend sollen die Kolleg:innen diesen Ausschuss in Akt 3 packen.

Wieder machen sich unsere Kolleg:innen daran, die Impulse und Ansagen des Showrunners einzubauen, und haben bald die Storyline von Paul fertig. Dabei kommen sie auf eine neue Idee: Wenn Paul bei Toms Afterhour nur nett mit dabei ist, ist das vielleicht zu langweilig – haben die Sex? Ist Paul schwul? Schmachtet er den bisexuell angelegten Tom von Anfang an an? Der Showrunner findet die Idee super, aber das hat Konsequenzen für Tom und die Art, wie Tom und Paul in den Episoden davor erzählt werden. Aber da es sich dabei insgesamt nur um drei, vier Beats handelt, ist das nicht dramatisch: Also, die Kolleg:innen werden darüber informiert, dass Paul schwul ist, Tom anschmachtet, der ihn aber länger zappeln lässt, bis es in Episode vier dann endlich zum Sex zwischen den beiden kommt. Also bauen das jetzt die Kolleg:innen umgehend in ihre Tom- und Paul-Beats in den anderen Episoden mit ein.

Die räumliche Nähe ermöglicht dem Showrunner nicht nur die effiziente Kontrolle der Storylines und des Plottingprozesses. Sie ermöglicht allen Beteiligten, bei neuen Vorschlägen sofort zu überprüfen, ob und inwieweit sie sich organisch in die anderen Episoden integrieren lassen oder nicht.

Diese enorme Effizienz wird zudem dadurch unterstützt, dass während des Plottingprozesses ja auch schon die Produktion am Anlaufen ist, also z. B. schnell konkrete Cast-Ideen und Motivfotos an der Wand hängen. In unserem Clubserien-Beispiel wird sich sicher früh mit der Szenografie auseinandergesetzt und besprochen, welche (zum Beispiel budgetären) Probleme etwa die neue Arena „Abgeordnetenhaus" mit sich bringt, wie dies gelöst werden kann bzw. ob szenografische Aspekte die Beats und deren Ausgestaltung beeinflussen werden. Der Grundriss des Hauptmotivs „Club" wird zudem vielleicht schon vorliegen und allen Autor:innen zugänglich gemacht, weil er aufzeigt, was in diesem im Studio gebauten Ort alles konkret bespielt werden kann.

Permanenter Visionsabgleich

Natürlich wird während des Plottingsprozesses nicht nur mit dem Showrunner gesprochen, sondern auch immer mit den anderen Kolleg:innen, die nebenan die Folgeepisode oder die davor plotten, dementsprechend kann man hier schnell klären, wie die eine Figur in der Episode davor endet, ob hier schon etwas eingeführt wurde, was die Kolleg:innen der nächsten Episode unbedingt in ihre Beats miteinbauen müssen, oder ob eine Idee in logischem Widerspruch zu der Figurenführung und -erzählung der Kolleg:innen steht. Das bedeutet: Absprache, Absprache, Absprache! Dieses Vorgehen macht den Prozess des Geschichtenerfindens komplett transparent und ermöglicht es dem Showrunner, unmittelbar auch bei ganz kleinen Schritten und Entscheidungen sofort einzugreifen. So werden einmal mehr früh Reibungsverluste verhindert, eine falsche Richtung korrigiert und Dopplungen und Widersprüche aufgelöst. Diese Arbeitsweise, der permanente Visionsabgleich zwischen allen Kolleg:innen und dem Showrunner, reduziert unnötige Arbeit auf ein absolutes Minimum – mehr Effizienz geht nicht.

Dass auch Kolleg:innen jederzeit zu einer Episode dazu geholt werden und in wenigen Minuten alles erfassen können, ist vor allem auch dann extrem hilfreich, wenn es mal so richtig knirscht und ein frischer Blick von außen nötig ist. So ist ein gut funktionierender Writers' Room seine eigene Task Force: wenn die einen Hilfe brauchen, sind die anderen da und können sofort einspringen (und zwar ohne sich erst durch Berge von Papier lesen zu müssen). Wie sensationell effektiv eine solche Task Force arbeiten kann, zeigt sich in vielen Rooms vor allem bei mittleren oder größeren Katastrophen – wenn etwa ein Schauspieler ausfällt, Motive abbrennen oder ein Drehbuch in sich zusammenfällt, weil beispielsweise die Wirklichkeit die Serie eingeholt hat. Und in Windeseile ein neuer Plot und ein neues Drehbuch her muss.[151]

Natürlich hat jeder Showrunner ein eigenes Vorgehen – und auch jede Autor:in bestimmte Vorlieben. Für manche Showrunner ist es sehr wichtig, immer im Rahmen der zeitlichen Möglichkeiten viel, auch kontrovers diskutieren zu lassen, andere erwarten sofort eine Vielzahl an Ideen, die sie dann mit Daumen hoch oder runter (ohne große Diskussion) annehmen oder ablehnen. Manche Autor:innen blockiert es geradezu, wenn der Showrunner ihnen dreimal die Stunde auf die Finger guckt, andere beruhigt das eher, weil so wirklich kaum etwas „falsch" geplottet werden kann. Wie viel Freiraum die Autor:innen brauchen und bekommen, wie viel und wie kritisch diskutiert werden darf, wie viel Kontrolle der Showrunner ausübt bzw. wie unterstützend er oder sie agiert, das ist von vielen Faktoren abhängig und wird sich im Laufe des Prozesses sicher auch erst finden.

Gute Showrunner entwickeln sehr schnell ein Gefühl dafür, was im Sinne der Show, der Effizienz und Qualität das Richtige für den gesamten Staff und für welche Autor:in ist. Er oder sie wird nicht alle gleich behandeln, sondern idealerweise immer so, dass die jeweilige kreative Persönlichkeit am besten zur Geltung kommen kann. Auch hat der Showrunner ja eine ganze Bandbreite an verschiedenen Talenten und Stärken im Team zur Verfügung, die er/sie im Prozess immer wieder neu kombinieren kann. Vielleicht wird er oder sie auch intervenieren, wenn ein Duo zu wenig divers aufgestellt ist und die Episode Gefahr läuft, tonal oder thematisch zu einseitig zu werden. Die gute Führung des Schreibteams bei gleichzeitiger Steuerung des gesamten Produktionsprozesses (der ja unter extremem zeitlichem Druck steht) erfordert jedenfalls enorm viel Erfahrung, Fingerspitzengefühl und Durchsetzungskraft – so viel sollte inzwischen klar geworden sein.

---

151 Im Falle eines bekannten Krimiformats ist genau das passiert – ein ganzes Buch war wenige Tage vor dem geplanten Dreh nicht mehr zu verwenden. Der Showrunner hat fast das gesamte Team auf die Episode angesetzt – keine 24 Stunden später war eine neue Drehfassung mit fast komplett neuer Geschichte fertig! Der gesamte Room zwar mit den Nerven am Ende, aber alle waren sich hinterher einig: diese Rettungsaktion wäre ohne das Tool Beat-Schema und die Erfahrung aller im Umgang damit in so kurzer Zeit und mit so ordentlichem Ergebnis nicht möglich gewesen.

7. DAS SCHREIBEN

Der bislang beschriebene Plottingprozess hat noch nicht viel mit Schreiben zu tun. Natürlich werden Karteikärtchen oder Whiteboards beschriftet, das eigentliche Schreiben aber beginnt erst, wenn das Plotting von Season- und Figurenbögen und der Episoden abgeschlossen ist bzw. diese abgenommen sind. Die Trennung der Arbeitsschritte steigert die Effektivität der Entwicklungsarbeit immens und basiert darauf, dass es zunächst konkret zu wissen gilt, *was* denn da eigentlich erzählt und den anderen Gewerken, dem Studio und dem Sender oder der Plattform präsentiert werden soll. Aber auch US-Rooms arbeiten in der Regel mit Arbeitspapieren, wie wir sie aus unserem Stoffentwicklungs-Arbeitsalltag kennen – der Unterschied liegt in der Anfertigung und im Charakter dieser Dokumente.

Arbeitspapiere

Jeder Writers' Room bzw. Showrunner wird im Vorfeld mit den Partnern und/oder Auftraggebern besprechen, welche Arbeitspapiere nötig und sinnvoll sind – und wer sie wann zu beurteilen hat. Effektivität steht auch hier im Vordergrund und so geht es hier zum einen auch nicht in erster Linie um gefälliges Lesevergnügen und zum anderen müssen auch nicht zwangsläufig *alle* Papiere von *allen* Entscheidern gelesen werden. Es ist durchaus üblich, dass ein bestimmtes Arbeitspapier nur vom Studio oder nur vom Sender abgenommen werden muss (sie heißen dann dementsprechend auch *Network Draft* bzw. *Studio Draft*). Auch kann es bei namhaften Showrunnern oder lang laufenden Formaten durchaus vorkommen, dass komplett auf schriftliche Zwischenstufen verzichtet wird (da sie immer mit einem gewissen Zeit- und Arbeitsaufwand verbunden sind) und der Showrunner nach dem Breakdown der Staffel und Episoden die wesentlichen Aspekte mit Studio und Sender/Plattform lediglich mündlich vorstellt und bespricht, aber in Schriftform erst die erste Drehbuchfassung an Studio und Sender/Plattform schickt.

Üblich sind maximal drei ausgeschriebene Arbeitsstufen: die *Story Area* (bzw. Arena oder Exposé), das *Beatsheet* bzw. die Outline und das Drehbuch, das in der Regel nicht mehr als drei Fassungen durchläuft. Das *Shooting Script*, also die letzte vom Showrunner abgenommene Drehfassung, ist dann für die Regie verpflichtend, eine extra angefertigte Regiefassung gibt es in aller Regel nicht. Der Einfluss der Regie auf die Bücher ist je nach Showrunner verschieden. Manche binden Regisseur:innen, andere Gewerke und Schauspieler:innen und deren Feedback früh in die Buch- vielleicht sogar schon Plotarbeit mit ein, auch wenn der Showrunner natürlich dennoch immer das letzte Wort haben wird. Oder er/sie setzt auf eine finale Feinjustierung nach einem *Table-Read*, bei dem alle Gewerke anwesend sind und letzte Unklarheiten diskutiert und ausgeräumt werden. Andere drücken der Regie (und allen anderen) mehr oder weniger das fertige Buch in die Hand, das ohne die kleinste Änderung – also wortwörtlich bis in jeden einzelnen Dialogsatz hinein – 1:1 umzusetzen ist.[152]

Doch zurück zu den Papieren. Für gewöhnlich werden alle im Room zumindest die wichtigsten Arbeitsfassungen vor Ablieferung bei Sender oder Studio lesen und Feedback geben. Dieses Feedback wird vom Showrunner sortiert und er entscheidet final, wie eine Überarbeitung auszusehen hat und welches Papier den Raum verlässt. Auch gibt es Showrunner, die nur mit den jeweiligen Autor:innen sprechen (ohne Team-Feedback) oder dies wieder zum Beispiel einem Supervising Producer überlassen.

STORY AREA/ARENA (EXPOSÉ)

Das klassische erste Arbeitspapier ist neben einer Staffel-Outline eine Art Kurzpitch der einzelnen Episode, der am ehesten mit unseren Exposés zu vergleichen ist, manchmal auch genauso heißt oder auch *Story Area*, manchmal auch *Arena* genannt wird und aus ca. ein bis fünf Seiten besteht. Je nachdem in welchem Umfang es ausformulierte Character-Season-Arcs gibt oder nicht,

---

152 Die Anwesenheit des Showrunners (bzw. einer Stellvertretung, z. B. eines Producers) am Set ist auch deshalb nötig, weil es natürlich vorkommen kann, dass irgendetwas nicht so wie gewünscht gedreht werden kann – in so einem Fall machen der Showrunner oder seine Stellvertretungen am Set dann einen *Last-second-Rewrite*. Natürlich kommt es auch vor, dass die Regie vertrauensvoll den Freiraum und die Autorität erhält, auf solche Probleme eigenständig zu reagieren – dies ist aber eben nicht (wie bei uns) automatisch so. Zudem ist ein Showrunner (in Person und/oder in Vertretung) ja ohnehin in der gesamten Vorproduktion verantwortlich involviert und kann so auch früh auf Probleme in der Umsetzung reagieren und Bücher und Plots entsprechend anpassen (lassen).

fallen diese ersten Papiere dann mehr oder weniger umfangreich aus. Im Gegensatz zu unserem Episoden-Exposé schildern sie aber nicht unbedingt den kompletten Handlungsablauf (der steht noch nicht), sondern geben eher eine Art Übersicht darüber, worum es in der Folge gehen wird (bei horizontalen Serien also letztlich die festgelegten Tent-Poles). Wie emotional ausgeschmückt, atmosphärisch und prosaisch ein solch erstes Papier gestaltet wird, hängt davon ab, wie der Showrunner die Verantwortlichen einschätzt und in welchem Genre wir uns bewegen – bei einer Thrillerserie wird mit Sicherheit auch bei einer solchen kurzen Handlungsübersicht auf eine gewisse Spannung geachtet werden, bei einem Comedy-Format wird der Humor spürbar sein.

Im Falle von Procedurals kann eine solche Area auch nur aus der Storyworld, dem Milieu, dem Setting etc. und ein paar Zeilen zur Handlung bestehen. Oder auch nur aus der Schilderung des aufregenden Teasers und im Umfang kaum mehr als eine Seite lang sein. Im Falle einer Krimiserie würde eine solche Story Area vielleicht beschreiben, in welches Milieu die Ermittler:innen zusammen mit dem Publikum geführt werden, welche Tat passiert ist, welche Figuren sich in diesem Milieu tummeln, und vielleicht skizzieren, wie die Ermittler beim Fundort der Leiche eine erste Merkwürdigkeit feststellen – eine Art Demonstration der erzählerischen Potenziale der gewählten Arena. Mit relativ wenig Aufwand kann ein Sender beispielsweise so überprüfen, ob bestimmte Milieus oder Schauplätze und die angedachten Figuren und ihre zentralen Konflikte in Ordnung sind oder aber, ob es keinen Sinn macht, hier weiterzuarbeiten – weil der Sender zum Beispiel das Milieu „Drogendealer im Park" für abgedroschen oder zu düster hält. Je nach Arbeitsweise des Showrunners oder dem Anspruch eines Senders oder einer Plattform kann es im Falle von Procedurals auch vorkommen, dass den Entscheider:innen mehrere Vorschläge für potenziell spannende Episodenarenen gemacht werden, aus denen dann die Executives auswählen dürfen.[153]

---

153 Dies kann eine bewusste Strategie des Showrunners sein, der den Sender-Vertreter:innen hier kreative Autorität gibt, um dann im weiteren Verlauf mehr Freiräume bei Entscheidungen zu bekommen.

Im Wesentlichen geht es bei diesen ersten Arbeitspapieren darum, den Auftraggebern eine grobe Vorstellung dessen zu vermitteln, was sie in der Episode erwartet. Es geht in der Regel *nicht* um die komplette Synopse der Episode, erst recht nicht um den kompletten Handlungsverlauf – denn der wird erst im nächsten Schritt ausgeplottet. Der Vorteil: Fällt ein solches Story-Area-Papier gänzlich durch oder sind massive Veränderungen nötig, ist der bisher geleistete Aufwand überschaubar. Kommt hingegen ein Greenlight für die Arena bzw. Area, wird auf dieser Grundlage die Episode ausgeplottet, natürlich unter Einarbeitung des Feedbacks vom Showrunner. Ist dieser Prozess abgeschlossen, das Beatboard im Room also abgenommen, geht's zur nächsten Verschriftlichungsstufe.[154]

BEATSHEET/OUTLINE

Je nach Format und Arbeitsweise ist das nächste Arbeitspapier eine Art umfangreichere Verschriftlichung des an der Wand erplotteten Handlungsablaufs (dem Breakdown also), zum Beispiel in Form eines sogenannten Beatsheets (ca. vier bis acht Seiten), das Beat für Beat die Mechanik und die Struktur eines Episodenplots in konkreter Form und geradezu tabellarisch wiedergibt. Aus den wenigen Worten des Karteikärtchens eines Beats wird ein etwas ausführlicher niedergeschriebener Beat:

EPISODE 4 / AKT 4

...

Beat 6

PAUL in der Kantine, als plötzlich wie zufällig ein USB-Stick auf dem Tisch liegt. Später im Büro: Verwundert steckt PAUL den Stick in den Laptop und ist fassungslos: eine Liste der Verdächtigen des Immobilienskandals, darauf: CYRIL und EVA – die Clubmacher:innen?! WTF?! (Aktbreak)

ENDE AKT 4

---

154 Diese erste Arbeitsstufe kann bei manchen Formaten auch entfallen – etwa wenn bei einer horizontalen Serie alle Season-Storylines relativ klar feststehen und die Auftraggeber also bereits grob wissen, was in jeder Episode ungefähr geschieht und erst den detaillierten nächsten Arbeitsschritt vorgelegt bekommen wollen.

AKT 5

Beat 1

PAUL trifft im Club auf EVA. Wie es laufe, in der großen Politik? PAUL druckst rum – für einen kurzen Moment will er sie konfrontieren. Doch stattdessen steckt er ihr ein G-Fläschchen zu. EVA grinst, PAUL tanzt weiter, powert sich völlig aus.

Beat 2: ...

All zu atmosphärische Ausschmückungen und Emotionalisierungen werden hier weitestgehend vermieden, knapp und präzise der Plot in seinen einzelnen Handlungsschritten wiedergegeben. Ein Beat kann dabei wie erläutert aus mehreren Szenen bzw. Bildern bestehen. Im Falle von Shows, die dem klassischen Ein-Beat-entspricht-einer-Szene-Prinzip folgen, kann ein Beatsheet auch mehr oder weniger die späteren Szenen auflisten: statt „Beat 1" steht über den Kurzbeschreibungen der Beats dann zum Beispiel „1. Int. Club – Night", ähnlich der Szenenbezeichnung in einem Drehbuch.[155]

Ein solches Beatsheet muss allerdings auch gelesen werden können. Die Sender- und/oder Studio Executives müssen je nach Stil des Showrunners (der natürlich auch die formalen und tonalen Prämissen vorgibt) Atmosphäre und Emotionalität ein Stück weit mitdenken, die kalte Mechanik des Plots in ihrer Qualität, die Logik, das Momentum und den Rhythmus etc. beurteilen können und sich darauf verlassen, dass alles im Drehbuch mit Leben gefüllt, szenisch und sinnlich und mit tollen Dialogen umgesetzt wird. Aber es ist nicht die Aufgabe eines Beatsheets, diese Transferleistung sprachlich zu unterstützen.

Um es den Entscheider:innen etwas leichter zu machen, setzen viele deswegen auf Outlines (ca. zehn bis fünfzehn Seiten), was in etwa unserem Bildertreatment entspricht. Diese sind manchmal ebenfalls mit oben beschriebenen Szenenüberschriften strukturiert, allerdings in der Regel weniger tabellarisch und etwas prosaischer. Dennoch wird die Handlung mehr oder weniger Beat

---

155 Ein solches Beatsheet ist nicht mit den bei uns manchmal üblichen ausschweifenden Bilder-Treatments zu verwechseln, die ausführlichst Szene für Szene beschreiben, wer was mit wem wo und wie tut.

für Beat wiedergegeben, aber oft eben sinnlicher ausgeschrieben. Das ist aber letztendlich Geschmacksache. Entscheidend ist, dass zum Zeitpunkt eines Beatsheets oder einer Outline die gesamte Episode ausgeplottet vorliegt.

Und auch hier gilt wieder: Beinhaltet das Feedback beispielsweise Änderungen an zwei Beats, kann am Board auf einen Blick schnell und klar beurteilt werden, welche strukturellen oder inhaltlichen Konsequenzen das für den Rest der Episodenhandlung hat. Überarbeitungen werden deswegen auch in der Regel zuerst am Board gemacht und dann eingearbeitet – entweder in eine zweite Fassung der Outline/des Beatsheets oder direkt in die erste Drehbuchfassung. Grundsätzlich lässt sich sagen, dass diese Arbeitspapiere sich durch folgende Charakteristika auszeichnen: Sie sind möglichst konkret, schildern Handlung (oder Handlungspotenziale, wie im Falle einer Story Area/Arena) und warten nicht unbedingt mit blumiger Versprechungsprosa auf, die viele Interpretationen zulässt und dann im weiteren Prozess zu Missverständnissen führen kann. Es ist wie bereits beschrieben außerdem unüblich, dass alle Beteiligten alle Zwischen- und Arbeitsfassungen abnehmen. Je nach Absprache kann es sein, dass die erste Fassung der Story Area beispielsweise nur zum Studio geht, die vom Showrunner in Absprache mit dem Studio dann erstellte Überarbeitung (zweite Fassung) nur das Network zur Abnahme vorgelegt bekommt usw. Das spart enorm Zeit und lässt trotzdem das Feedback aller Beteiligten einfließen.

Wenn die Show dem in Kap. III. 4. beschriebenen Zweijahreszyklus folgt (oder die Abläufe ähnlich eingetaktet sind), wird schnell gedreht und auch ausgestrahlt werden – insofern ist es schlichtweg nicht möglich, unzählige Fassungen dieser Arbeitspapiere zu erstellen. Zur Erinnerung: Der Room hat von der Abgabe des ersten Papiers bis zum Drehstart der jeweiligen Episode nur wenige Wochen Zeit. Sicherlich, die Zeiträume variieren etwas, je nachdem, ob es sich um die erste Staffel eines neuen Formats handelt (in der sich alles erst einspielen muss) oder schon die vierte, wie groß der Writing-Staff und wie aufwendig die Produktion insgesamt ist etc. Aber von der Abgabe der Story Area bis zur Drehfassung des Drehbuchs vergehen selten mehr als sechs Wochen, bei eingespielten Teams und lang laufenden Formaten vielleicht auch nur zwei bis drei.

DREHBUCH

Aus den groben, aber konkreten Festlegungen der Season- und Figuren-Storylines werden detailliertere Festlegungen, die Episodenplots, die klar und vor allem verlässlich vorgeben, was dann nun in einem Drehbuch geleistet werden muss. Das Schreiben des Drehbuchs erfordert also idealerweise keinerlei Plot- und auch wenig Strukturarbeit. Das ist mit den abgenommenen Arbeitspapieren erledigt und vor allem: verbindlich. An den abgenommenen Outlines bzw. Beatsheets darf nur gerüttelt werden, wenn es einen wirklich triftigen erzählerischen Grund gibt – und ob ein solcher Grund vorliegt, haben nicht die Autor:innen, sondern hat der Showrunner zu entscheiden.[156] Die Pflicht ist zu diesem Zeitpunkt also gewissermaßen erledigt, die Kür (das Drehbuch) darf kommen – und braucht dann gar nicht mehr so viel Zeit.

Das szenische und dialogische Ausformulieren der Beats und Handlungsabläufe ist ein Prozess, der den Autor:innen – genau wie hierzulande – all ihr spezifisches Talent abverlangt. Jetzt geht es im Wesentlichen um Szenengestaltung und Dialoge. Natürlich dürfen Beats jetzt auch ineinander montiert werden – so kann ein Beat, der zum Beispiel aus zwei Szenen besteht, von einer Szene des folgenden Beats unterbrochen werden, wenn das etwa für mehr Spannung oder besseren Erzählrhythmus sorgt. Allerdings darf an der generellen Abfolge der Beats nichts mehr verändert werden. Zudem können Establisher-Szenen bzw. -Bilder notwendig werden, die sich bisher nicht im Beatsheet finden (weil sie keinen eigenständigen Beat darstellen), aber für die Orientierung des Publikums nötig sind. Das Wissen um die Beats bzw. erzählerischen Einheiten gibt zudem auch ein Gefühl dafür, wie viel Raum eine Szene im Gesamtgefüge der Episode einnehmen kann.

Die ehemals starre Regel, dass eine Szene keinesfalls länger als zwei Minuten, dementsprechend also zwei bis maximal drei Drehbuchseiten lang zu sein hat, gilt zwar nicht mehr ultimativ, dennoch ist bei einem Beatsheet mit

---

156 Natürlich kann es passieren, dass sich im szenischen Ausgestalten herausstellt, dass die Beatabfolge verändert werden muss oder dass ein Beat szenisch einfach nicht funktionieren will. Merkt dies eine Autor:in, muss sie das mit dem Showrunner besprechen (und kann nicht einfach eigenständig Plotabläufe verändern).

zum Beispiel 25 Beats bei einer Episodenlänge von 50 Minuten einigermaßen klar, wie viel Platz ungefähr für die szenische Ausgestaltung des jeweiligen Beats durchschnittlich maximal zur Verfügung steht: um die zwei Seiten. Jetzt müssen die eher kühl und reduziert formulierten Beats detailliert, originell und erzählökonomisch ideal mit Leben gefüllt werden, die Figuren ihre Sprache finden, Atmosphäre, Tonalität und Stil eines Formats genau getroffen werden. In der Regel stehen den Autor:innen hierfür maximal drei Fassungen zur Verfügung, die aufgrund der Vorarbeit aber, wie bereits beschrieben, in relativ kurzer Zeit herzustellen sind.

Und alle müssen jetzt mit einer konsistenten Stimme schreiben – und das ist natürlich die Stimme des Showrunners, der je nach eigenem Stil und Ansatz sehr Verschiedenes von seinem Writing Staff erwarten kann. Es gibt Showrunner, die den Autor:innen zunächst große Freiheit geben, um dann alle Bücher in der spätestens dritten Fassung selber zu überarbeiten und aneinander anzupassen. Andere verstehen die ausgeschriebenen Piloten oder bei länger laufenden Serien die bestehenden Bücher als Blaupausen, die von den Autor:innen in Stilistik, Tonalität etc. so genau wie möglich nachgeahmt werden müssen. Was für die Autor:innen allerdings nicht heißt, die eigene Individualität beiseitezulegen – fast ein paradoxer Widerspruch: „What you want is someone to catch the voice of the show but from their own fresh perspective. And we want to have to make the most minimal polish necessary to get that draft done for production", sagt beispielsweise Autor Eric Overmyer, der für THE WIRE oder LAW AND ORDER schrieb.[157]

Für die Autor:innen bleibt es also immer eine Art Balanceakt zwischen Imitation bzw. Unterordnung der eigenen Stimme und dem vollen Einsatz der persönlichen und individuellen Kreativität und Stärken. Ein Showrunner muss sehr genau für das Format festlegen, in welchem Rahmen wie viele individuelle Stimmen anklingen dürfen und vielleicht sogar müssen oder ob es für das Format besser ist, selbst die Zügel mit einem finalen Rewrite in der Hand zu

---

157 Overmyer in: Kallas, S. 95.

halten.[158] Am Ende des Tages ist immer und ausschließlich der Showrunner für jedes einzelne Drehbuch verantwortlich – stimmt irgendwo die Sprache einer Figur oder die Tonalität nicht, ist das seine oder ihre Schuld. Dementsprechend hat der Writing Staff den Ansagen des Showrunners zu 100 Prozent zu folgen. In diesem Stadium einen anderen Vorschlag zu machen oder gar eine Ansage zu ignorieren, gilt als unprofessionell und wird nicht toleriert.

Der Drehbuchschreibprozess läuft für gewöhnlich in einer gewissen Isolation ab – schreibt eine Autor:in allein ein Episodendrehbuch, wird sie sich in ihr Büro innerhalb des Writers' Rooms zurückziehen. Es gibt auch Showrunner, die ihren Autor:innen erlauben, eine Drehbuchfassung zu Hause zu schreiben – vor allem bei Procedurals, die ja abgeschlossene Episodenhandlungen erzählen. Ein permanenter Austausch mit den Kolleg:innen oder dem Showrunner ist hier nicht so nötig wie bei einer horizontal erzählten Serie. Allerdings hat das gemeinsame Schreiben der Bücher im Room vor allem bei neuen Formaten den großen Vorteil, schnell voneinander zu lernen, wie die szenische Vision der Serie aussieht. Und es kann im Zweifel mit dem Showrunner oder den Senior Writern Rücksprache gehalten werden: Wie spricht die Figur bei den Kolleg:innen? Kann die Figur dies oder jenes machen? Darf ich die Szene aus diesem oder jenem Grund an einen anderen Ort verlagern? Dies kann die szenische Arbeit viel effizienter machen und verhindert abermals, dass all zu viel umsonst geschrieben wird und überarbeitet werden muss. Zudem kann ein Showrunner dem Writing Staff im Schreibprozess vor Ort problemlos am Beispiel einer überaus gelungenen Szene oder einem Dialog demonstrieren, wohin die Reise geht: Genau so spricht diese oder jene Figur, genau so ist die Emotionalität richtig ausbalanciert, genau so wollen wir den Episodenhauptplot etablieren etc.

Zudem werden Drehbücher mitunter auch von mehreren Autor:innen gemeinsam geschrieben. Sie teilen sich dann zum Beispiel die Episode nach Akten auf, tauschen sie nach der ersten Fassung aus und überarbeiten diese gegen-

---

158 Das kann natürlich auch der Eitelkeit und dem Ego eines Showrunners geschuldet sein. Dieses Ego braucht er oder sie natürlich einerseits unbedingt, andererseits darf ein Showrunner nicht aus den Augen verlieren, was das Richtige für die Show ist – und das kann unter Umständen auch die individuelle Stimme des jungen, neuen Kollegen sein, die der Showrunner dann nicht aus Eitelkeit „überschreiben" sollte.

seitig, bevor das Buch an den Showrunner oder die Stellvertretung geht. Das hat den Vorteil, dass die eigene Stimme im Zusammenklang mit einer weiteren Stimme die Dominanz verliert. Auch können sehr bewusst zwei verschiedene Autor:innen-Tonalitäten kombiniert werden, um dann eine Tonalität zu erhalten, die eher der Vision der Serie entspricht. Oder es kann vorkommen, dass im Buchprozess ein wenig experimentiert wird und Autor:innen gar nicht ein ganzes Episodendrehbuch schreiben, sondern sich vielleicht nur eine Storyline oder eine Figur aneignen und diese dann über mehrere Episoden szenisch ausformulieren. Der große Vorteil eines diversen Schreibteams mit diversen Talenten und Stärken kann auch genutzt werden, wenn die Timeline in Gefahr ist. So kann eine Kollegin, die kaum Notes einarbeiten muss und dementsprechend Zeit hat, eventuell einem anderen Kollegen zur Seite stehen, dessen nächste Fassung viel Arbeit macht, die er allein in der kurzen Zeit womöglich gar nicht stemmen kann. In Sachen „optimaler Drehbuch-/Schreibprozess" sind dem Einfallsreichtum des Showrunners keine Grenzen gesetzt.

Hier wird noch einmal deutlich, wie sehr sich Autor:innen im US-System dem Format, der Vision, letztlich dem Showrunner unterordnen. Streng genommen gibt es keine „meine Episode", kein „mein Drehbuch" oder „meine Idee" in einem Writers' Room. Allerdings hilft hier auch das US-amerikanische Credit-System: Mit der Aufteilung nach *story by* (noch einmal: alle, die geplottet und eine Outline geschrieben haben), *teleplay by* (alle, die am Drehbuch geschrieben haben) und *written by* (alle, die sowohl geplottet als auch das Drehbuch geschrieben haben) kann jeglicher Einsatz, zumindest theoretisch, mit entsprechender Titelnennung und Gagengarantie gewürdigt werden.[159]

---

159 Noch ein Hinweis: Bei Streitigkeiten darüber, wem welcher Credit zusteht, oder ob zum Beispiel das Polishing doch eher ein Rewrite mit entsprechender Gage und Titelnennung war, kann die WGA als unabhängiges Schiedsgericht angerufen werden – in der Regel wird man sich aber innerhalb des Rooms einigen bzw. die Einschätzung des Showrunners hinnehmen. Bei erfahrenen Autor:innen, die ja dann in der Regel auch im Vorfeld gut verhandelt haben und dementsprechend gut bezahlt werden, kann die etwas umfangreichere Unterstützung einer jungen Kolleg:in im Plotten durchaus dann auch ohne expliziten Story-by-Credit erfolgen. Bei eingespielten Teams wird sich ohnehin permanent gegenseitig unterstützt, sodass zwar dann jede Episode nur einen Written-by-Credit ausweisen kann, aber letztlich dennoch alle an allen Episoden ein Stück weit und natürlich in gewissen Grenzen mitgewirkt haben, wenn auch die mit dem Credit gewürdigte Person klar die Hauptarbeit geleistet haben muss.

Vor allem die Drehbuchfassungen werden häufig gemeinsam in der großen Runde mit dem gesamten Writing Staff besprochen, zumindest dann, wenn ein Showrunner das für sinnvoll hält.[160] Dies kann stattfinden, noch bevor ein Buch den Raum in Richtung Auftraggeber verlässt oder vielleicht auch erst später mit dem Wissen um die Anmerkungen des Senders. Hierbei geht es nicht nur darum, alle auf den gleichen Stand zu bringen, sondern in der Regel auch darum, den Mehrwert von echter Teamarbeit zu nutzen: Die Kolleg:innen haben vielleicht Ideen, wie dieses oder jenes Problem noch gelöst werden kann, vielleicht hat jemand mit einem frischeren Blick als die Autorin der ersten Fassung einen zündenden Einfall, der eine Szene noch besser macht. Zehn Gehirne bzw. zwanzig Augen erkennen eher einen logischen Fehler, der noch im Drehbuch steckt. Natürlich entscheidet allein der Showrunner, welche Anmerkungen wie umzusetzen sind. Und unter Umständen auch, von wem – denn diese Teambesprechungen können offenbaren, dass die eigentliche Autor:in sich sehr schwer mit dem anstehenden Rewrite tun wird, der eine Kollege mit den guten Ideen während der Besprechung aber eine Überarbeitung mit Sicherheit besser hinkriegen kann und an dem Rewrite daher zumindest mitschreiben sollte. Vielleicht merkt der Showrunner auch, dass er in dieses oder jenes Buch selber noch eine Menge Zeit investieren muss und kann das schon mal einplanen.

Inwieweit sich ein Showrunner mit ins Spiel bringt und sich auf die Written-by-Credit-Liste setzt, hängt von der Eitelkeit und auch dem Aufwand der Überarbeitung ab. Viele Showrunner sagen jedoch, dass Rewrites und Mitplotten ganz selbstverständlicher Teil ihrer gutbezahlten Arbeit sind und verzichten gerne auf einen weiteren Credit (der ja immer auch bares Geld bedeutet), um den Kolleg:innen nichts wegzunehmen. Denn jeder Credit führt laut WGA-Regelung automatisch zu einer bestimmten Mindestgage, die zwischen allen, die unter diesem Credit aufgelistet sind, aufgeteilt werden muss. Vermutlich macht man sich mit einer gewissen Credit-Besessenheit als Showrunner nicht gerade beliebt im Writers' Room.

---

160 Wenn die Produktion angelaufen ist, kann es natürlich sein, dass nicht der gesamte Writing Staff zur Verfügung steht, weil manche der Kolleg:innen, etwa die Producer, am Set oder im Schneideraum zu tun haben.

8. NOTES UND ABNAHMEN

Um die Abnahmen der Arbeitspapiere und Drehbücher in den USA ranken sich viele Mythen. Der wohl berühmteste lautet: „Ein Showrunner kann immer machen, was er will und muss nicht auf den Sender hören!" Tatsächlich hat ein US-Showrunner weit mehr Freiheiten als dies hierzulande bei Produzent:innen oder Chefautor:innen für gewöhnlich der Fall ist. Dass ein Showrunner aber so gar nichts von den Notes des auftraggebenden Senders umzusetzen hat, ist sicher übertrieben. Es gibt diese Fälle zweifellos. Und immer wieder wird zum Beispiel HBO genannt, wenn Showrunner von außerordentlichen Freiheiten schwärmen und berichten, dass es keinerlei Einschränkungen, Vorgaben oder kritisierende Anmerkungen seitens der Sender-Partner gab. Auch von Plattformen hört man das vereinzelt. Allerdings auch das Gegenteil: Es gibt Berichte von US-Senderverantwortlichen, die immer alles anders haben wollten, bis in die Details eines Dialogsatzes hinein – ähnlich wie dies auch bei uns in Deutschland vorkommen kann. Wie ist es nun tatsächlich?

Natürlich ist die Beziehung zwischen Kreativen und den Auftraggebern auch in den USA eine sensible und komplexe Sache, in der sich zwar alle einen vertrauensvollen, partnerschaftlichen und respektvollen Umgang miteinander wünschen, in der es aber natürlich auch zu gewaltigen Verwerfungen und heftigen Konflikten kommen kann. Dem Studio „gehört" die Serie, der Sender finanziert für gewöhnlich zu erheblichen Teilen mit – also sind sie es auch, die einen Showrunner feuern oder eine Serienproduktion beenden können, wenn die Hoffnungen nicht erfüllt werden. Andererseits sind Showrunner und namhafte Creators mittlerweile regelrechte Stars in den USA und haben teilweise aufgrund vorheriger Serienerfolge enormes Renommee – in der Regel auch völlig zu Recht, weil sie eben längst bewiesen haben, dass sie wissen, was sie tun, und somit dem Sender oder Studio vermutlich Geld und Ansehen bringen werden. Die Sender und Plattformen brauchen gute Showrunner, die ihrerseits die Sender und Plattformen brauchen. Allerdings lässt sich auf dem wachsenden gigantischen US-Markt eine Machtverschiebung in Richtung der Kreativen feststellen, die – je nach Status und Marktwert – ähnlich umworben werden wie große Kinostars. Allseits zutreffende Aussagen über das Verhältnis von Auftraggebern und Kreativen zu treffen, ist insofern kaum möglich. Wohl aber lässt sich festhalten, dass sich Notes und Abnahmeprozesse in den USA in einigen Aspekten von unseren unterscheiden.

Personal der abnehmenden Instanzen

US-amerikanische Studio/Sender- oder Plattform Executives kommen häufig aus der Produktionspraxis, sind ehemalige Produzent:innen oder Autor:innen. Das heißt, sie wissen genau, was eine Autor:in tut, wie ein Writers' Room arbeitet, welche organisatorischen und finanziellen Konsequenzen welche Ansage hat und wie Notes formuliert sein müssen, damit Autor:innen damit arbeiten können. Sie verstehen sich aber nicht als Stoffentwickler:innen. Ihr Job ist es, die richtigen Kreativen mit einer überzeugenden Vision zu engagieren, um die Show an Land zu ziehen, die verspricht, ihre Erwartung zu erfüllen. Für die Ausführung – also die Stoffentwicklung – ist einzig und allein der Showrunner und sein Room zuständig.

Natürlich kommt es auch in den USA vor, dass von Senderseite inhaltliche Vorschläge gemacht werden, aber in der Regel sind die Ansagen viel eindeutiger, binär: das ist gut/nicht gut, Daumen hoch/Daumen runter – und Daumen runter heißt dann: anders machen, eine Lösung für das Problem finden. Nicht unbedingt: stattdessen bitte vielleicht dieses oder vielleicht auch jenes erzählen oder einfach mal „ausprobieren". Sender, Plattformen und Studios verstehen sich am ehesten als Kurator:innen des Prozesses, keinesfalls als mitentwickelnde Co-Creators. Die Notes von US-amerikanischen Auftraggebern sind viel eher einschätzende Kommentierungen, als dass sie in die Narration eingreifen würden: „Motivation not clear", „Don't get it, what does that mean?!", „Is her reaction right, is she that jealous?!", „Boring scene, twist at the end obvious from the start!", „We don't want to hear that language in our primetime ...".

Viele Showrunner beschreiben die Executives der Sender, Plattformen und des Studios als first audience, das logische Probleme und Unklarheiten erkennt oder überprüfen muss, ob die Szenen bzw. Beats schlüssig und überraschend sind, die Figuren konsistent handeln oder das Drehbuch oder die Outline spannend, aber nachvollziehbar ist, an irgendeiner Stelle verwirrt oder etwas gar nicht verstanden wird, auch wenn sich der gesamte Writers' Room sicher war, dass es deutlich genug ist. Und natürlich wachen auch US-Sender-Executives über die Einhaltung der jeweiligen Senderpolitik, was vielleicht den Umgang mit heiklen Themen, expliziter Sprache, Diversität oder dergleichen betrifft – in diesem Punkt ist ihre Aufgabe vergleichbar mit der unserer Redakteur:innen.

KOMMUNIKATION MIT DEM NETWORK

Arbeitspapiere und Drehbücher werden in aller Regel ausschließlich mit dem Showrunner besprochen. Auch wenn er oder sie nicht die Autor:in der Episode ist, trägt er oder sie für jedes einzelne Papier bzw. Drehbuch schließlich die Verantwortung. Showrunner diskutieren die Notes mit den Executives und entscheiden dann, welche Anmerkung, welcher Änderungswunsch an die Autor:innen weitergegeben wird. Denn: Niemand kennt die Autor:innen besser als der Showrunner – er weiß genau, wie mit den jeweiligen Kolleg:innen zu sprechen ist, damit sie nachvollziehen können, welche Überarbeitung an welcher Stelle aus welchen Gründen nötig ist. Einem Showrunner wird immer daran gelegen sein, hierbei möglichst wenig Frust bei den Autor:innen entstehen zu lassen – auch wenn es der Job des Writing Staffs ist, exakt umzusetzen, was von ihnen jetzt verlangt wird, auch wenn sie der Argumentation nicht folgen können.

Die Papiere werden in der Regel von den Verantwortlichen in kürzester Zeit gelesen und kommentiert. Schließlich ist eine gigantische Maschinerie mit extrem engem Zeitplan am Laufen – sehr viel länger als 24 Stunden oder vielleicht im Einzelfall wenige Tage dürfen die Notes nicht dauern (die mündlich bei Meetings/Telefonkonferenzen oder in Schriftform weitergegeben werden). Und diese Notes müssen absolut verlässlich sein. Zu verlangen, eine Storyline in der zweiten Drehbuchfassung doch noch einmal ganz neu zu denken und radikal zu verändern, kann die gesamte Maschine zum Stillstand bringen. Was im Falle einer hochbudgetär ausgestatteten Serie schnell zu einem Verlust von vielen Tausenden Dollar pro Tag führen kann. Das wird ein Showrunner nicht mit sich machen lassen können, denn er oder sie muss garantieren, dass die Show im Zeitplan und im Budget bleibt. Wenn die Nichteinhaltung einer solchen Note dann ein Nachspiel hat, kann der Showrunner schnell klarstellen, dass er oder sie gar keine andere Wahl hatte – es sei denn, der Sender hätte einen Produktionsstopp gewollt, ein besseres Argument gegen eine solche Note gibt es kaum.[161]

Zu jedem Zeitpunkt hat der Showrunner die volle Verantwortung für die Serie. Wenn also ein Studio oder Sender Executive eine Ansage macht, die der Show massiv schadet, muss der Showrunner widersprechen und sich durchsetzen. Das ist der Job und dafür wurde er oder sie engagiert. Natürlich kann ein Sender/eine Plattform einen Showrunner zwingen, eine Note umzusetzen. Aber im Zweifel würde ein konsequenter Showrunner sich vermutlich feuern lassen, wenn der Sender darauf besteht, etwas zu tun, was nicht im Sinne der Serie ist.[162] Schließlich ist der Austausch eines Showrunners für absolut niemanden eine angenehme Sache (und recht kostspielig – erst recht, wenn es sich um einen namhaften Showrunner handelt). Die Verantwortung des Showrunners ist es aber auch, die richtige Art und Weise des Umgangs mit den Auftraggebern zu finden und genau zu wissen, wann es sich lohnt zu kämpfen und welche Notes aus Sicht der Kreativen möglicherweise nicht unbedingt sinnvoll sind, aber auch absolut nichts an der Serie, der Storyline oder Figur beschädigen und dementsprechend ruhig umgesetzt werden können, um an anderer Stelle weniger diskutieren zu müssen.

---

161 Das ist bei uns ja letztendlich nicht viel anders – dennoch wird anders reagiert: ein Showrunner erzählte uns, dass ein neuer Sender Executive am Freitagnachmittag Notes zu einem Drehbuch schickte, das am Montag gedreht werden sollte. Die Notes hätten unter anderem ein Re-Casting zweier kleiner Nebenrollen bedeutet, die aus logistischen Gründen aber gleich am Montag dran sein mussten. Der Showrunner reagierte nicht auf die Notes, der neue Kollege im Sender beschwerte sich. Als der Showrunner aber mit ein paar schlichten Zahlen darlegte, wie viel der Verlust des ersten, nicht umzudisponierenden Drehtages durch ein neues Casting inkl. der Ausfallgagen für die bereits unter Vertrag stehenden Schauspieler:innen gekostet hätte, musste der neue Executive eingestehen, dass er daran schlicht nicht gedacht hatte (also eine gewisse Unprofessionalität zugeben) – und durfte daraufhin in dieser Show keine Notes mehr geben.

162 Was viele Showrunner nach eigenen Angaben auch tatsächlich mehrfach angedroht haben, um ihre Show und die Vision zu retten. So zum Beispiel Joss Whedon im Falle der Kultserie BUFFY, Whedon in: Bennett, S. 49.

„What is the right thing for the show?" – dieser Leitsatz gilt auch bei den Notes und Abnahmen. Der Showrunner muss *immer* das tun, was das Richtige für die Show ist – und das kann bedeuten, sich Ansagen und Notes zu widersetzen, aber auch zu erkennen, dass der auf den ersten Blick vielleicht abstruse Vorschlag eines unsympathischen Sender Executives tatsächlich ein riesiges erzählerisches Problem löst, und dieser Note also unbedingt gefolgt werden muss.[163]

Vertrauen ist sicher ein Kernelement aller glückenden kreativen Prozesse. Da der Prozess der Stoffentwicklung und Herstellung im US-System aber eine sehr große Entscheidungsfreiheit erfordert und so ein intensives Eingreifen der Auftraggeber *während* des Prozesses ausschließt, ist es essenziell, genau dieses umfassende Vertrauen gleich am Anfang herzustellen.[164]

Die Beziehung zwischen Auftraggebern und Kreativen ist komplex – noch dazu im beständigen Spannungsfeld von Sender/Plattform-Politik, Wirtschaftlichkeit und Wettbewerb. Das ist in den USA nicht anders als bei uns. BONES-Creator Hart Hanson beschreibt es folgendermaßen: Er habe als Showrunner schlicht gar nicht das Recht, dem Sender kreative Entscheidungen aufzubürden, das sei schließlich sein Job. Genau, um diese Verantwortung zu übernehmen, sei er engagiert worden. Seine Definition der Senderverantwortlichen beschreibt die Haltung der meisten US-Showrunner: „They are not the doers, they are the commenters".[165]

---

163 Showrunner-Legende Shonda Rhimes (GREY'S ANATOMY, HOW TO GET AWAY WITH MURDER) beschrieb auf einem Panel der Writers' Guild Foundation vor einigen Jahren, wie sie mit einer „stupid network note" umgehe: Sie schweige und lasse die Executives so lange reden, bis sie verstehe, woher diese crazy note komme: „If you really let them talk long enough you can figure out, what it is what is the problem." Und dann könne sie argumentieren und kriege in der Regel durch, dass die Note zurückgenommen werde, schließlich habe nur sie die Vision und wisse genau, was sie da mache. Und dies habe sie nach einer anstrengenden ersten Staffel GREY'S ANATOMY dann ausreichend bewiesen, seither habe ihr der Sender vertraut. Writers Guild Foundation: „Anatomy of a Script with Shonda Rhimes" vom 15.04.2008, auf www.youtube.com.

164 Shawn Ryan (THE SHIELD) beschreibt, dass er bereits in den ersten Besprechungen deutlich mache, dass er dem Sender und Studio immer sehr genau zuhöre und immer ausführlich erkläre, warum er eine bestimmte Note für falsch halte und nicht umsetzen werde, anstatt sie einfach stillschweigend zu ignorieren. Aber er garantiere von Anfang an, dass sie stolz auf das Ergebnis sein würden. „Once you established that relationship, you get an incredible amount of leeway." Ryan in: Bennett, S. 44.

165 Hanson in: Bennett, S. 145.

Sender/Plattformen/Studios und Kreative müssen einen Weg finden, sich gegenseitig bestmöglich zu unterstützen und vertrauensvolle Partner zu sein. Eine klare und vor allem verbindliche Aufgabenteilung ist die Grundvoraussetzung. Der Ansatz, den HBO seinerseits hierfür äußerst erfolgreich gewählt hat, war simpel und gibt bis heute die Richtung insbesondere bei Premium Cable und Plattform Shows in den USA vor: *„Hire good writers and get out of their way".*[166]

9. FAZIT

Auf vielen Ebenen verbindet der US-Writers'-Room als Ort und als Arbeitsstruktur ein Höchstmaß an Kreativität in möglichst inspirierender Umgebung mit enormer wirtschaftlicher Effizienz, für die vor allem strenge und verbindliche Schedules, Vorgaben und Regeln sorgen. Die Stoffentwicklung ist für gewöhnlich weder räumlich noch zeitlich von der Produktion getrennt – die Parallelität der einzelnen Herstellungsschritte sorgt nicht nur für Effizienz, sondern idealerweise auch für ein Höchstmaß an Synergieeffekten.

Das System Writers' Room ist in der US-Serienentwicklung untrennbar mit der Leitung durch einen Showrunner verbunden. Die absolute Autorität eines Showrunners, der in jedem Moment der Serienentwicklung und Herstellung als Visionkeeper agiert und am Prozess beteiligt ist, ermöglicht optimierte Abläufe, die sich sowohl inhaltlich als auch produktionell step by step von außen nach innen und so ressourcensparend wie möglich an die Ausführung der Vision herantasten. Dabei gehört es nicht nur zu den Aufgaben des Showrunners, permanent klare Ansagen zu machen, sondern immer alles im Sinne der Serie zu entscheiden, bzw. eine konsistente und klare Auswahl („ja" oder „nein") bei den vielen Ideen und Impulsen zu treffen, die vonseiten der Autor:innen und anderen Kreativen geliefert werden müssen. Dabei ist jeder abgenommene Schritt von großer Verbindlichkeit und darauf angelegt, nicht wiederholt werden zu müssen.

---

166 Overmyer in: Kallas, S. 96.

Die Arbeit innerhalb eines Rooms ist von klaren Hierarchien und einer bran-chenweit gültigen Karriereleiter mit Ausbildungscharakter sowie strukturel-len und inhaltlichen Vorgaben geprägt und nutzt dabei in der Regel langjährig bewährte Tools wie Beats und/oder Aktstrukturen. Plotentwicklungs- und Schreibprozesse sind voneinander getrennt und setzen stets auf den kreativen und wirtschaftlichen Mehrwert von strukturell verankerter Teamarbeit.

Auftraggeber haben natürlich auch in den USA immer das allerletzte Wort, entwickeln aber nicht mit, sondern kommentieren eher kuratierend die Ar-beitsergebnisse und werden je nach Absprachen in verschiedenem Ausmaß in die Prozesse eingebunden.

Die volle Verantwortung für die Serie hat in allen Momenten der Showrun-ner, der in sich die Rechte, Pflichten und Kompetenzen einer künstlerisch-krea-tiven, produzentischen und den Prozess organisierenden Leitung vereint. Eine überaus verantwortungsvolle Aufgabe, die viel Erfahrung und extrem hohe Belastbarkeit erfordert und gegebenenfalls auch von einem Showrunner-Couple gemeinsam ausgeführt werden kann.

V. BESTEHENDE MODELLE UND (NEUE) ANSÄTZE IN DEUTSCHLAND

Nachdem wir nun ausführlich die Serienherstellung in den USA betrachtet haben, kehren wir zurück in unsere Branche, die unübersehbar von enormen Umbrüchen gekennzeichnet ist. Jedes Jahr entstehen bei uns mehr und mehr Formate bei vergleichsweise neuen Anbietern wie Pay-TV-Sendern und internationalen Streamingdiensten. Viele dieser deutschen (Quality-)Serien der neuen Generation werden also nicht mehr in klassischen Senderstrukturen und für tradierte Programmplätze entwickelt, sondern von global agierenden Unternehmen mit internationalen Standards beauftragt,[167] und stehen häufig auch sofort im heiß umkämpften Markt der globalen Serienlandschaft: Wenn Netflix eine neue deutsche Serie online stellt, trifft sie mit einem Schlag auf über 200 Millionen potenzielle Zuschauer:innen auf der ganzen Welt und muss, so die Erwartung, mit der globalen Serienexzellenz mithalten können. Viele dieser Serien haben vor allem zwei Aspekte gemeinsam: sie werden in einer für unsere Verhältnisse ungeheuer kurzen Zeit entwickelt, geschrieben und umgesetzt. Und sie setzen auf starke, eigenwillige Kreative.[168]

Die deutsche Produktionslandschaft beginnt also bereits, auf die sich verändernden Bedingungen und Erwartungen zu reagieren. Dies gilt sowohl für die neuen Anbieter als auch immer öfter für die etablierten, die sich – zumindest

---

167 Neue deutsche Quality-Serien mit internationalem Renommee entstehen natürlich nicht nur bei den neuen Playern, man denke an BAD BANKS (ZDF) oder BABYLON BERLIN (ARD Degeto/Sky).

168 Wie etwa Annette Hess (KINDER VOM BAHNHOF ZOO), Hanno Hackfort, Richard Kropf und Bob Konrad (4 BLOCKS, PARA), Jantje Friese und Baran bo Odar (DARK, 1899) oder Jan Martin Scharf und Arne Nolting (BARBAREN).

in bestimmten Segmenten - in einer nie gekannten Konkurrenzsituation wieder-finden. Zu diesen Reaktionen gehört auch, die Stoffentwicklung und die Herstel-lung immer öfter an internationale – das meint zumeist aus den USA kommende – Standards anzupassen, wenn häufig auch eher vorsichtig und selten konse-quent. Zumindest die kollaborative Stoffentwicklung im Team gehört inzwi-schen fast allerorten zum Standard. Einige wenige deutsche (vor allem Stream-er-)Serien wurden bereits in nah an den US-Strukturen orientierten Writers' Rooms entwickelt – obwohl die meisten Akteur:innen kaum in der US-Arbeits-weise trainiert sind und auch selten mit dem (eigentlich) erforderlichen Mindset arbeiten. Zudem stand und steht wohl auch nie ein nur annähernd vergleichba-res Budget zur Verfügung, um ideale Writers'-Room-Strukturen zu schaffen.[169]

Dabei sind auch in Deutschland industriell organisierte, kollaborative Stoff-entwicklungsstrukturen, Writers' Rooms also, ganz und gar nichts Neues, zahl-reiche Kolleg:innen sammeln hier bereits seit Jahrzehnten Erfahrungen. Bevor wir uns neueren Ansätzen und Modellen vor allem im Kontext deutscher Quali-ty-Serien widmen, möchten wir zunächst jene Branchensegmente beleuchten, die in der Diskussion um Writers' Rooms in Deutschland gerne übersehen wer-den: Dailys und Weeklys, der einzige Bereich in der deutschen Serienlandschaft, in dem sich in den vergangenen 30 Jahren industrialisierte Entwicklungs- und Produktionsformen etabliert haben.

---

169 Dem Bestreben genau dieser internationalen Player, auf der einen Seite Professionalisierung und in-ternational vergleichbare Qualität einzufordern (und sie zunehmend auch zu bekommen), dafür aber noch nicht mal annähernd ähnliche Preise wie auf dem heimischen Markt zahlen zu wollen – dem sollte sich nicht nur die deutsche Branche konsequent entgegenstellen.

1. DAILY SOAP – DIE ERSTEN DEUTSCHEN WRITERS' ROOMS

Die bis heute gängige Arbeitsweise bei deutschen Daily Soaps (auch Daily Drama genannt) wurde in den frühen 1990er Jahren maßgeblich durch die Produktionsfirma Grundy UFA geprägt, die als Tochterunternehmen einer australischen Produktionsfirma mit jeder Menge Know-how einige Formate sehr erfolgreich für das deutsche Fernsehen adaptierte.[170] Die schiere Masse an zu produzierenden Sendeminuten bei Daily-Soap-Formaten erforderte von Anfang an ein absolut zuverlässiges, reibungslos funktionierendes und vor allem effizientes System – mit den individualisierten Prozessen eines traditionellen Redakteursfernsehen war und ist das nicht zu bewerkstelligen. Die Standardisierung der Abläufe fand in der sonstigen fiktionalen Serienproduktion jedoch kaum Berücksichtigung, geschweige denn Widerhall. Das wird sich nun möglicherweise ändern, denn einige wesentliche Merkmale des US-Writers'-Rooms finden sich hier wieder: Auf einem extrem hohen professionellen Niveau, in großer Konstanz und über einen sehr langen Zeitraum hinweg werden von allen Beteiligten gemeinsam funktionierende Geschichten abgeliefert – und zwar fristgerecht.

Arbeitsweise

Der augenfälligste Unterschied zu den gängigen Formen serieller Fiction-Produktion ist zunächst einmal die vollständige lokale Konzentration und Parallelität einer Studio-Produktion, das heißt: *Alle* Herstellungsprozesse passieren an einem Ort, und zwar gleichzeitig. Das betrifft das Story-Department genauso wie den Dreh oder die Postproduktion. Sämtliche Arbeitsprozesse sind auf eine „industrielle Massenherstellung" ausgerichtet und alle beteiligten Personen sind deswegen in Vollzeit und exklusiv für das Format tätig.[171] Nur durch eine solche lokale und zeitliche Konzentration ist es überhaupt möglich, den erforderlichen Output zu generieren, denn in einer Woche werden

---

170 GUTE ZEITEN, SCHLECHTE ZEITEN (1992) zum Beispiel ist ein Remake von THE RESTLESS YEARS (1977–81), in den Niederlanden läuft das Remake GOEDE TIJDEN, SLECHTE TIJDEN bereits seit 1990. VERBOTENE LIEBE (1995–2014) beruht auf dem Format SONS AND DAUGHTERS (1981–87) – beide Formate waren in Deutschland und anderen Nationen übrigens wesentlich erfolgreicher als in ihrem australischen Ursprungsland.

171 Also auch die Darsteller:innen des festen Casts und natürlich auch Autor:innen – einzige Ausnahme bilden die Dialogbuchautor:innen.

genauso viele Episoden entwickelt und gedreht wie ausgestrahlt. Zum Vergleich: Während bei einem Kinofilm an einem Tag nur wenige Minuten, bei einer durchschnittlichen Serienproduktion etwa vier bis acht Minuten am Tag gedreht werden, kurbeln die „Soapies" täglich eine komplette Folge mit ca. 23 Sendeminuten runter. Jeden Tag, Woche für Woche, Monat für Monat, Jahr für Jahr. Bis auf ein paar Wochen Produktionspause im Sommer und zu Weihnachten läuft die „Seifenmaschine" ohne Unterbrechung.[172]

Diese extreme Ökonomisierung des Prozesses betrifft logischerweise auch die Entwicklung der Episodendrehbücher, die in verschiedene Arbeitsschritte unterteilt ist und mehrere Arbeitsstufen bzw. Departments durchläuft: Zu Beginn einer neuen Staffel werden vom gesamten Story-Department, das von einem Headwriter angeleitet wird, an mehreren aufeinanderfolgenden Tagen sogenannte *Futures* entwickelt – also die großen Figuren- und Plotbögen. Anschließend werden diese großen Bögen in ihre Bestandteile zerlegt und festgelegt, welche Storyline über welchen Zeitraum mit welchen Figuren erzählt werden soll. Die alles bestimmende Maßeinheit ist in der Regel der Drehblock, bei Dailys also ein Block von fünf Episoden, die innerhalb einer Woche produziert werden.

Nun gehen die Storyliner ans Werk, sie sind Meister:innen im Plotten und müssen unter extremem Zeitdruck die einzelnen Geschichten in Episodenhäppchen zerlegen, die dann miteinander verschränkt und aufeinander abgestimmt werden – ein äußerst herausfordernder und komplexer Prozess. Storyliner plotten also die fünf Episoden eines Drehblocks und schreiben die Episoden-Storylines, und zwar in einer streng standardisierten Form – in der Regel eine Szene pro Seite und mit einer festgelegten Anzahl von Szenen pro Episode. So entstehen im Grunde extrem detaillierte Bildertreatments, in denen festgelegt ist, welche Stories über wie viele Episoden mit welchen Darsteller:innen in welchem Motiv erzählt werden. Sie werden im Anschluss von

---

172   Wer all dies genauer wissen möchte, siehe: Gunther Kirsch: Produktionsbedingungen von Daily Soaps, https://www.montage-av.de, Marcus Seibert: Schreiben für TV-Serien. In: Sandra Uschtrin und Heribert Hinrichs (Hrsg.): Handbuch für Autorinnen und Autoren. 8. völlig überarbeitete und erweiterte Auflage, Inning am Ammersee 2015, S. 224 ff oder auch Georg Feil: Fortsetzung folgt – Schreiben für die Serie. Konstanz 2006.

den sogenannten Story-Editoren noch einmal auf ihre Konsistenz hin geprüft, gegebenenfalls und in der Regel höchstens einmal überarbeitet und den entsprechenden Stellen zur Abnahme vorgelegt (Producer, Produzent:in und Redaktion).

Sind die Storylines abgenommen, bilden sie die verpflichtende Grundlage für die Erstellung der Drehbücher (Dialogbücher). Die erfolgt nicht durch die Storyliner – weil die inzwischen mit dem Plotten des nächsten Drehblocks beschäftigt sind – sondern durch Dialogbuchautor:innen, die die Storylines nun szenisch ausschreiben, die beschriebene Handlung also dialogisieren und in Drehbuchform bringen. Dialogbuchautor:innen sind in der Regel nicht vor Ort und arbeiten freiberuflich – was in diesem System kein Problem ist, denn sie müssen weder über Figurenführung nachdenken noch sich mit den Kolleg:innen über irgendwelche Plotwendungen austauschen.[173] Die Figuren und ihr Handeln, selbst Inhalt und Ziel der Dialoge sind genau vorgegeben und dürfen nicht mehr oder nur in sehr geringem Umfang verändert werden[174] – entsprechend schnell können die Drehbuchfassungen geschrieben werden. Man könnte über diese Schematisierungen nun die Nase rümpfen – oder diesen standardisierten Arbeitsschritt als einen extrem effizienten Prozess begreifen, der eine ganz spezifische Expertise verlangt.

Auch die Erstellung der Drehbücher geschieht innerhalb eines exakt vorgegebenen Zeitrahmens (in der Regel rund eine Woche) und vor allem auch in einer festgelegten Anzahl von Fassungen (in der Regel drei). Die sogenannten Autor:innenfassungen werden ebenfalls redigiert, diesmal von den Script-Editoren, anschließend abgenommen (erst von Producer/Produzent:in, dann von der Redaktion) und nach einer immer gleichen Anzahl von Wochen dann an Regie, Schauspieler:innen und die anderen Gewerke weitergeleitet. Dass alle beteiligten Personen zur rechten Zeit die richtige Fassung bekommen, liegt in der Regel in der Verantwortung der Script-Coordination, die auch dafür zu

---

173 Auf dieser spezifischen Arbeitsteilung in der Daily Soap beruht die in Kap. IV erwähnte Differenzierung bei den US-Credits: die Storyliner werden unter *story by* genannt und die Dialogbuchautor:innen unter *teleplay by*.
174 Weshalb dies eine hervorragende Einstiegsmöglichkeit ins szenische Schreiben bietet.

sorgen hat, dass diese Fassungen nicht nur absolut identisch formatiert, sondern auch jederzeit wieder auffindbar nummeriert und abgelegt sind. Der ganze Prozess ist ähnlich standardisiert wie der klassische Zweijahreszyklus der US-amerikanischen Branche: Alles erfolgt gleichzeitig in der immer gleichen Taktung – wie am Fließband. Während der eine Block geplottet wird, wird der vorherige redigiert, ein weiterer von den Dialogbuchautor:innen geschrieben, der nächste ist bereits in der Drehvorbereitung, einer im Dreh, der andere in der Postproduktion bis er schließlich – nach einer exakt vorgegebenen, immer gleichen Anzahl von Wochen – ausgestrahlt werden kann. Jede Werkstufe wird dabei von einer übergeordneten Instanz permanent auf ihre Konsistenz und Kongruenz, die Wahrung der Formatvision also, überprüft. Ist eine Werkstufe abgenommen, gibt es keinen Weg zurück, Probleme müssen also immer „nach vorne" gelöst werden – ein bereits geschnürtes bzw. schon gedrehtes Storypäckchen wieder auszupacken, ist in diesem System nicht vorgesehen. Der extrem hohe Output und das damit einhergehende Tempo erforderten also notwendigerweise eine solche standardisierte Logistik, eine in Stein gemeißelte Timeline und natürlich eine gewisse Teamstärke, anders ist das immense Arbeitspensum nicht zu bewerkstelligen.

Parallelen und Potenziale

Die deutsche Soap-Produktion gleicht also in einigen wesentlichen Punkten den beschriebenen Abläufen in den USA. Producern bzw. den Produzent:innen fallen beispielsweise viele der gestalterischen Entscheidungen zu, die in der klassischen deutschen Serienherstellung traditionell von der Regie übernommen werden, da durch die permanenten Regiewechsel die formatnötige Stringenz und erzählerische Kontinuität bei den teilweise sehr langen erzählerischen Bögen nicht gewährleistet wäre.[175] Dementsprechend ist es auch nicht die Regie, sondern der Soap Producer bzw. die Produzent:in, der oder die für die Auswahl der kreativen Heads of Department zuständig ist oder das Budget verantwortet.

---

175 Dies trifft im Grunde auch auf andere Formen serieller Produktion zu, wird in unserem Produktionsalltag aber (aus den beschriebenen historischen Entwicklungen heraus) anders etabliert.

Bestimmte Aspekte der Daily-Produktionsweise prädestinieren insbesondere die dort tätigen Autor:innen für die Arbeit auch in jedem anderen Writers' Room: die Unterteilung der Stoffentwicklung in verschiedene, zeitlich ganz klar voneinander getrennte Arbeitsphasen und das Plotten von „außen nach innen". Die Maxime „erst plotten, dann schreiben" wurde hier quasi perfektioniert. Außerdem besetzen Autor:innen verschiedene Positionen im Prozess und sind nicht von der ersten Plot-Idee bis zum drehfertigen Buch für eine ganze Episode verantwortlich. Wer also erfolgreich als Autor:in in einer Soap gearbeitet hat, ist bestens in den Prinzipien der Arbeitsteilung trainiert. Die meisten Soap-Autor:innen haben zudem in ihrer beruflichen Laufbahn die verschiedenen Departments der Stoffentwicklung durchlaufen und dadurch eine klare, praxiserprobte Einschätzung ihrer persönlichen Vorlieben und/oder Stärken und keine Probleme damit, sich in einem stark reglementierten und zudem hierarchischen System einzugliedern.

Last but not least folgt auch die Entlohnung den Gepflogenheiten, die dem Modell des US-Writers'-Rooms deutlich näher stehen als den gängigen Entlohnungs- und Beteiligungsmodellen im deutschen Serienbereich. Die Schöpfungsanteile bilden hierbei die zentrale Grundlage, sowohl zur Ermittlung des Festgehalts bei Angestellten (z. B. bei Storylinern, Editoren und Headwritern) als auch der Gagen der Freelancer (Dialogbuchautor:innen) inkl. der Folgevergütungen wie etwa durch VG-Wort-Anteile. Das Entlohnungsmodell bei den Soaps honoriert dabei *alle* Werkstufen und *alle* an der Wertschöpfung beteiligten Personen/Positionen, auch den sehr konkreten inhaltlichen Einfluss eines Headwriters oder die Arbeit der Storyliner oder Editoren.

Die Erstellung des Episodendrehbuches (Dialogbuch) nimmt auch bei der Daily Soap den Löwenanteil des Drehbuch-Budgets ein, sorgt aber nicht für jene hundertprozentige Urheberschaft (und damit Wertschöpfung), die Serienautor:innen in anderen Bereichen gewöhnt sind. Arbeitsteilung und Budget eines Drehbuches bei einer Daily Soap werden in etwa wie folgt aufgeteilt (Richtwert):

	Budget	Future	Storyline 1. Fsg.	Storyline 2. Fsg.	1. Fassung DB-Autor:in-Fsg.	2. Fassung DB-Edit-Fsg.	3. Fassung DB-Dreh-Fsg.
Headwriter	10 %	▓	▓				▓
Storyliner	30 %		▓				
Story Editor	5 %			▓			
Drehbuch-Autor:in	50 %				▓		
Script Editor	5 %					▓	▓

KENNZEICHNEND FÜR DIE ARBEITSWEISE IN DER DAILY SOAP:

- keine räumliche oder zeitliche Trennung von Buchentwicklung und Produktion, permanente Parallelität
- arbeitsteilige Buchentwicklung, jede Werkstufe wird vor Abnahme editiert
- drei Werkstufen: Future (eine Fassung), Storyline (zwei Fassungen), Dialogbuch (drei Fassungen)
- hoher Grad an Standardisierung der Arbeitsprozesse
- strenge und verbindliche Timeline
- gemeinschaftliche Wertschöpfung, Entlohnung nach festgelegtem Schlüssel

Ideales Modell für:
alle Formate mit konstant und fortlaufend hohem Output oder Serien mit hoher Episodenzahl pro Staffel (mehr als 24 Episoden pro Staffel)

2. DAILY, HALF-WEEKLY UND WEEKLY

Die beschriebene Arbeitsweise und die Aufgaben des Personals lassen sich sehr anschaulich anhand aktueller Produktionen skizzieren. Daran zeigt sich außerdem, wie einige dieser Arbeitsstrukturen auch Einzug in die Produktion von Half-Weeklys und Weeklys gehalten haben. Einige Beispiele:

DIE KLASSISCHE DAILY-DRAMA-PRODUKTION

Das Format ALLES WAS ZÄHLT (seit 2006) wird von der Firma UFA Serial Drama für RTL produziert und in der sogenannten *Access Primetime*, also am Vorabend ausgestrahlt. Eine Staffel umfasst ca. 240 Episoden à 23 Minuten. Neben einem Produzenten gibt es einen Producer, zwei Co-Producer und eine Assistenz für die Producer. Das Story-Department besteht aus zwei Chefautor:innen, drei Story-Editor:innen, drei Storylinern, drei Script-Editor:innen, einer Story-Assistenz, einer Drehbuchkoordinatorin und rund zehn bis zwölf freien Dialogbuchautor:innen – alles in allem also 18 fest angestellte und zwölf freie Mitarbeiter:innen, zu denen noch einige (zukünftige oder ehemalige) Editor:innen dazukommen, die nach Bedarf für bestimmte Zeiträume engagiert werden können.

Zwei bis drei Mal im Jahr wird bei dieser Produktion mit dem Inhouse-Team und einigen zusätzlichen Plotting-Gästen (Autor:innen oder Editor:innen) eine Woche lang *gefutured*.[176] Die beiden Headwriter haben allerdings im Vorfeld mit einem kleinen Team für diese Sessions schon vorgearbeitet. Das bedeutet, sie haben etwa vier bis fünf Storykomplexe fixiert (die sogenannten *Majors*), für jeden dieser Komplexe vier bis fünf Seiten schriftlich vorbereitet und diese Ideen der Redaktion gepitched, die hierfür grünes Licht gegeben hat. In der Future-Woche werden die Majors in Teams aus ca. vier bis fünf Autor:innen weiter ausgearbeitet – sie müssen schließlich Stoff für mehrere Monate liefern.[177] Die Futures werden anschließend von den Headwritern verschriftlicht

---

[176] Wenn der Termin nur zwei Mal im Jahr stattfindet, muss Stoff für 24 Wochen (= 120 Episoden) entwickelt werden, bei drei Future-Terminen Stoff für 16 Wochen (= 80 Episoden).

[177] Bereits in dieser Phase werden außerdem produktionelle Überlegungen eingearbeitet, etwa Urlaube und/oder Verfügbarkeit der Darsteller:innen etc.

(auf max. zehn Seiten pro Major) und der Redaktion zur Abnahme vorgelegt. Bis zur Besprechung hat die Redaktion in der Regel anderthalb Wochen Zeit zum Lesen.

Die abgenommenen Futures werden anschließend zu Storylines ausgearbeitet – in einer Woche entstehen nun die fünf Episoden für jeweils einen Block. Immer von Montag bis Donnerstag wird geplottet, und zwar in Zweier-Teams und unter Anleitung der Headwriter. Am Donnerstag pitchen sich die beiden Arbeitsgruppen gegenseitig ihre Episoden und geben sich Feedback, am Freitag werden die Storylines (auf jeweils ca. 20 Seiten) verschriftlicht. Aufbau und Struktur folgen dabei einer festen Vereinbarung: In jeder Episode werden von den insgesamt rund 15 Erzählsträngen jeweils drei (A, B und C) erzählt und auf eine bestimmte Anzahl von Bildern *gebreaked*: der Hauptplot A (der sogenannte *Cliffstrang*) wird in der Regel mit sieben Szenen, der B-Plot mit sechs und der C-Plot mit fünf Szenen erzählt – eine Folge besteht also in der Regel stets aus rund 18 Szenen.[178]

Die Story-Editor:innen haben nun eine Woche Zeit, um jeweils einen/ihren Block zu überarbeiten, dann gehen die Storylines an die Redaktion zur Abnahme, die Besprechung findet bereits drei Tage später statt.[179] Nun haben die Editor:innen noch einmal ein bis zwei Tage für eine Überarbeitung, dann gehen die abgenommenen Storylines an die externen Dialogbuchautor:innen. Diese haben wieder jeweils eine Woche Zeit für ihre Autor:innen-Fassung der Drehbücher, welche im Anschluss von den Script-Editor:innen überarbeitet werden.[180] Danach wandern die Bücher noch durch die Hände der Script-Coordination, die die Bücher eines Blocks in rund drei Tagen auf produktionelle Formalien und Tippfehler prüft und die Edit-Fassung erstellt; inhaltliche Änderungen werden nicht mehr vorgenommen. Wenn diese Fassungen schließlich von der Redaktion abgenommen, allerletzte Änderungen eingearbeitet und

---

178 Die erzählerischen Bögen einer Storyline können sich dabei über sehr unterschiedliche Zeiträume erstrecken: während eine große Geschichte durchaus über anderthalb Jahre hinweg erzählt wird, kann eine normale, kleinere Geschichte auch in acht Wochen erzählt werden.

179 Ja, genau: die Redaktion liest 100 Seiten Storylines in drei Tagen.

180 Die Dialogbuchautor:innen schreiben also nur eine Fassung.

durch die Script-Coordination final formatiert sind, gehen sie als Drehfassung an die Regie, die ebenfalls eine Woche Zeit für die Vorbereitung ihres Drehblocks hat.[181]

Es gibt also immer nur drei Fassungen eines Episodenbuches: die Autor:innenfassung, eine Edit-Fassung (die geht zur Abnahme an die Redaktion) und dann kommt auch schon die Drehfassung – etwaige Besonderheiten (z. B. aufwendigere Drehs, Stunts oder dergleichen) werden durch die Producer schon auf der Storyline-Ebene mit der Produktion abgestimmt. Nach einer Regiebesprechung werden Änderungen und Anmerkungen von Regie und Produktion durch Austauschseiten kommuniziert. Der Vorlauf vom Future bis zum Dreh beträgt bei dieser Produktion rund fünf Monate. Von der abgenommenen Storyline bis zum Dreh sind es rund acht Wochen, bis zur Ausstrahlung drei Monate.

HALF-WEEKLY – MISCHFORM AUS SOAP UND HERKÖMMLICHER ARBEITSWEISE

Die beschriebenen Soap-Abläufe eignen sich optimal, um in großer Konstanz einen enormen Output herzustellen – dies ist nicht nur bei den Daily Soaps eine der größten Herausforderungen. Als beispielsweise die Macher:innen von BETTYS DIAGNOSE (2015, ZDF) nicht mehr nur zwölf – wie bei einer klassischen Vorabendabendserie –, sondern 26 Episoden in einer Staffel herzustellen hatten und die Serie damit zu einer „Half-Weekly" wurde, waren Neujustierungen der Prozesse und Positionen nötig. Die von Network Movie Köln produzierte Krankenhausserie arbeitet zwar in einigen Belangen noch traditionell, hat aber mit verschiedenen Entwicklungsmodellen experimentiert und das Story-Department (im Vergleich zu einer herkömmlichen Serienproduktion) deutlich verstärkt. Außerdem folgen Stoffentwicklung und Produktionen einem festen Zeitplan, der jeweils die gesamte Staffel umfasst. Angestellt bei der Produktionsfirma sind die zwei Producerinnen, jeweils eine Producer-Assistenz, Headwriter, Scriptassistenz, die Dramaturgin und eine Editorin. Derzeit etwa

---

181 In einer (jeder!) Woche sind für die Redaktion neben den Storylines dementsprechend auch die Drehbücher für einen anderen Block zu lesen und zu besprechen.

neun freiberufliche Drehbuchautor:innen schreiben jeweils „ihre" Episoden, für die sie auch die medizinischen Episodenplots vorschlagen.[182]

Die großen Horizontalen werden inhouse im Team wie bei einem Daily Drama *gefutured*, anschließend schreibt die Headautorin die Figurenbögen und nimmt die Unterteilung in Episoden vor. Danach entwickelt die Dramaturgin aus diesen Outlines mit den Autor:innen die jeweiligen Episoden von einem ersten Pitch über ein Treatment bis zur ersten Drehbuchfassung. Ab da übernehmen Headautorin und Editorin die Begleitung der Bücher, bei der dritten Fassung kommt die Regie mit ihren Anmerkungen hinzu. Die vierte Fassung ist dann in der Regel die Produktions- bzw. Drehfassung, die inhouse noch ein letztes Dialog-Polish erhält. Die Urheberschaft und damit die Wertschöpfungsanteile (entscheidend für die Folgevergütung durch die VG-Wort) werden vollständig den Episodenautor:innen überlassen.[183] Es wird gleichzeitig entwickelt und gedreht, beides findet jedoch nicht am selben Ort statt. Der Vorlauf zwischen Entwicklung und Produktion beträgt rund sechs Monate.

WEEKLY DRAMA IM FESTANGESTELLTEN WRITERS' ROOM

Einen Schritt weiter in Richtung Soap-Arbeitsstruktur gingen die Macher:innen der Weekly DIE JUNGEN ÄRZTE (2015, ARD), einem Spin-Off von IN ALLER FREUNDSCHAFT (seit 1998). Eine Staffel dieses Formats umfasst 42 Folgen à 48 Minuten und wird von der Produktionsfirma Saxonia Media in Erfurt produziert. Und wie so oft bei lang laufenden Formaten, vor allem bei großem Output, wurde es für die Autor:innen schon nach wenigen Jahren immer schwieriger, dem Format neue Impulse zu geben und gleichzeitig die fortbestehenden Anforderungen zu erfüllen – was wiederum einen immer höheren (Zeit-)Aufwand für die Überarbeitung der Bücher nach sich zog. Und so entschlossen sich die Macher:innen schnell zu einem radikalen Umbruch und stellten ihre Buchentwicklung auf einen fest angestellten Writers' Room um.

---

182 Es werden also nicht – wie beispielsweise bei der Daily üblich – gemeinsam die Episoden geplottet und auch sonst gibt es an dieser Stelle keine Arbeitsteilung: eine (freie) Autor:in schreibt eine Episode vom ersten Pitch bis zur Drehfassung des Drehbuchs. Die Verlagerung der Entwicklung auch von Episodenplots in die Firma – in welcher Form auch immer – ist sinnvoll, insbesondere bei lang laufenden Formaten. Denn hier liegt das Formatwissen, das Gedächtnis einer jeden Serie.

183 Obwohl wie beschrieben Teile der Stoffentwicklung inhouse geleistet werden.

Das Produzent:innen-Team besteht hier aus einem Produzent, einer Produzent:in und einer Assistentin. Eine Headautorin steuert und verantwortet die großen Figurenbögen der jeweiligen Staffel. Ihr zur Seite stehen ein stellvertretender Chefautor und ein sogenannter „Head of Development" (ein Seriendramaturg): Sie sind für den Staffelbreakdown der Futures zuständig, also das Einteilen des Figurenbögen in Episoden. Zum Team gehört außerdem noch eine Script-Koordinatorin; für Änderungen in der Drehvorbereitung und während des Drehs gibt es zudem einen Autoren vom Dienst (AvD).[184]

Das Schreibteam besteht – neben einer Writers'-Room-Teamassistenz – aus neun Autor:innen. Im Gegensatz zu den meisten anderen deutschen Weekly-Formaten sind sie ebenfalls angestellt, für eine halbe, meist aber für eine ganze Staffel. Logistisch stehen dem Writers'-Room-Team mehrere Arbeitsräume mit einem großen Konferenzraum zur Verfügung. Theoretisch können also alle vor Ort arbeiten, die Autor:innen dürfen aber ihre Schreibphasen flexibel gestalten und z. B. auch im Homeoffice schreiben.

Besonders hervorzuheben ist außerdem, dass der Ausbildungsgedanke des Writers'-Room-Modells aufgegriffen wurde: Zum Schreibteam gehören noch zwei Junior-Autor:innen. Sie sind bei allen Entwicklungsschritten dabei, können auf diese Weise praxisnah Schreib-Erfahrung sammeln und gegebenenfalls (zum Beispiel auch im Krankheits- oder Urlaubsfall) einzelne Arbeitsschritte übernehmen, eine Fassung oder einen kleinen Strang beispielsweise. Ebenfalls zum Schreibteam gehören noch zwei Hospitant:innen, die für jeweils drei Monate die Entwicklung begleiten.[185]

Der Prozess der Buchentwicklung einer Staffel beginnt auch hier mit dem Future – das findet zweimal im Jahr an vier Tagen für jeweils eine halbe Staffel (also 21 Folgen) statt. Die Futures werden zunächst von der Headautorin, dem

---

184 Er ist zwar bei der Entwicklung der großen Staffelbögen dabei, ansonsten aber nicht an der Buchentwicklung beteiligt – sein Platz ist am Set.

185 Hierbei handelt es sich um Einsteiger:innen mit ersten Vorerfahrungen. Sie sind beim Futuren dabei und schreiben anschließend für eine Episode von der Outline bis zur ersten Drehbuchfassung ein sogenanntes *Shadow* (also ein paralleles „Schattenbuch" zu einem der „echten" Bücher). Anhand dessen können Produzent und Headautorin in der Regel ablesen, ob der- oder diejenige perspektivisch als Junior-Autor:in infrage kommt.

Produzenten und final von der betreuenden Redakteurin bzw. Redaktionsleitung abgenommen und vom Head of Development den Episoden zugeteilt (Staffel-Breakdown). Anschließend werden nach diversen Abstimmungsrunden die Episodenoutlines für mehrere Blöcke grob geplottet und in der großen Runde (der gesamte Room inkl. Redaktion) gepitcht. Erst wenn diese groben Plots abgenommen sind, werden sie final auf rund drei Seiten mit klaren formalen Vorgaben zu einer Outline verschriftlicht. Neben einem sogenannten *Headliner*, der das Thema der Folge zum Ausdruck bringt, und der Hervorhebung eines besonderen Highlights der jeweiligen Episode sind anderthalb Seiten für den Hauptplot, also den A-Plot, eine dreiviertel Seite für die wichtigste Nebenhandlung, also den B-Plot, eine halbe Seite für den Nebenplot C und schließlich eine Viertel Seite für den kleinsten Nebenplot (D-Plot) vorgesehen.

In drei Tagen findet anschließend das sogenannte *Feinplotten* statt, die drei Autor:innen eines Blocks plotten ihre Episoden gemeinsam aus. Hierbei wird zwar nicht mit Beats gearbeitet, wohl aber mit einer Aktstruktur (Drei-Akter) und mit den aus der Erfahrung der Vorjahre entstandenen Vorgaben, die festlegen, wie viele Szenen (insgesamt 41 pro Folge) die Stränge jeweils benötigen dürfen. Alle wissen außerdem, wie viele Außenmotive oder etwa Episodenrollen etc. „erlaubt" sind. Jede Autor:in schreibt dann ein rund 20-seitiges Bildertreatment für eine Folge, auf das es auch erste Rückmeldungen von Produktions- und Aufnahmeleitung gibt. Nach der Abnahme des Treatments geht dieses schließlich ins Drehbuch, in der Regel werden insgesamt vier Fassungen erstellt. Erst die von der Redaktion abgenommene dritte Fassung geht an die Regie, die zusammen mit dem Produzenten, der Headautorin und dem Autor vom Dienst die Drehfassung erstellt. Die Drehfassung geht dann ca. neun bis zehn Tage vor Drehbeginn an die einzelnen Gewerke und die Schauspieler:innen. Der Vorlauf vom ersten Future bis zum Dreh beträgt rund zwölf Monate.

Die VG-Wort-Anteile eines jeden Drehbuches werden dabei unter allen wertschöpfenden Beteiligten aufgeteilt. Der Löwenanteil entfällt dabei auf die Werkstufen Treatment, 1. Drehbuchfassung, 2. Drehbuchfassung und Abnahmefassung. Headautorin, stellvertretender Headautor, der Head of Development und der AvD sind ebenfalls mit einem jeweils geringen Prozentsatz an jedem Buch beteiligt.[186] Es wird darauf geachtet, dass hochgerechnet auf die 42 Folgen einer Staffel alle im Writers' Room beschäftigten Autor:innen annähernd die gleiche Beteilung an den Gesamtanteilen erhalten.

3. DEUTSCHE ADAPTIONSANSÄTZE JENSEITS DER SOAP: DER WRITERS' ROOM LIGHT

Wie bereits beschrieben entstehen mittlerweile viele deutsche Serien auch jenseits der Soap in kollaborativen Strukturen, die je nach Projekt mal mehr, mal weniger den Prinzipien der US-Arbeitsweise folgen – nicht nur, aber vor allem im Bereich der Quality-Serien.[187] Mit großer Selbstverständlichkeit wird jeder dieser Ansätze als Writers' Room bezeichnet, selbst dann, wenn wesentliche Aspekte des US-Modells kaum oder gar nicht zum Einsatz kommen. Bei aller Individualität dieser verschiedenen Ansätze lassen sich dennoch einige Gemeinsamkeiten finden, wie zum Beispiel die Unterteilung der Entwicklungszeit in Writers'-Room-ähnliche Präsenzphasen und individuell von den Akteur:innen gestaltbare Arbeitsphasen. Im Folgenden wollen wir daher all diese Ansätze unter dem Überbegriff bzw. Modell Writers' Room light zusammenfassen und beschreiben.[188]

TEAM

Die Größe und die Auswahl des Schreibteams hängen von mehreren Faktoren ab, natürlich immer von individuellen Entscheidungen, vom Charakter des Formats und außerdem von der zur Verfügung stehenden Zeit und vom Budget. In Deutschland pendelt sich derzeit die Anzahl der Autor:innen im Writers' Room light einer Drama-Serie (je nach Staffellänge) bei ca. drei bis sechs plus Showrunner bzw. Headwriter ein.[189]

---

186 In der Regel verantwortet eine Autor:in alle Stufen. Werden einzelne Werkstufen von unterschiedlichen Autor:innen erstellt, erhalten sie die jeweiligen Anteile und einen Titel.
187 Noch einmal zur Erinnerung: Wir definieren Quality-Serien als komplex und horizontal erzählte und von eigenwilligen Autor:innen geprägte Serien. Komplexere Definitionen finden sich zum Beispiel bei Thompson und bei Dunleavy.
188 Diesen Begriff hat etwa auch Produzent und Creator Jörg Winger bei Vorträgen benutzt, um generell teils stark „reduzierte" Writers'-Room-Ansätze zu beschreiben. Vgl. Florian Krauß: Showrunner und Writers' Room – Produktionspraktiken der deutschen Serienindustrie. In: montage AV (27/2/18).
189 Der Headwriter oder Showrunner ist hierzulande in den meisten Fällen auch der Creator der Serie.

Nahezu in allen uns bekannten deutschen Writers' Rooms light wird zudem erfreulicherweise eine Writers' Assistance eingesetzt, deren Aufgaben allerdings je nach Projekt variieren. Zwar gehört das Protokollieren der Diskussionen – wie in den USA – immer zu ihren oder seinen Aufgaben, in manchen Fällen aber übernehmen z. B. Junior Producer die Assistance, um dann im weiteren Verlauf der Produktion und den Producern zuzuarbeiten. In anderen Fällen ist die Writers' Assistance tatsächlich ausschließlich im Room tätig, übernimmt zusätzliche Recherchen, plottet sogar mit oder protokolliert neben den Room-Diskussionen auch die Abnahmegespräche mit Sender bzw. Auftraggeber.

Ebenso variiert die Leitungsposition eines Rooms. In den meisten Fällen übernimmt der Showrunner/Headwriter die Führung und Moderation und steht auch an den Boards. In anderen Fällen übernimmt ein Producer, eine erfahrene Seriendramaturg:in oder ein Development Producer diese Funktion und erlaubt so dem Showrunner bzw. Headwriter, sich ganz aufs Inhaltliche bzw. die kreativen Entscheidungen konzentrieren zu können (vgl.: Kap. VI. 3.). Es kommt zudem vor, dass Fachberater:innen[190] oder andere Gewerke zeitweise in den Room hinzugeholt werden, zumindest dann, wenn die Vorproduktion schon begonnen hat bzw. die Heads of Departments bereits besetzt sind.

RÄUME UND AUSSTATTUNG

In der Light-Version bestehen die meisten Writers' Rooms in Deutschland tatsächlich nur aus *einem* großen Konferenzraum, zusätzliche Arbeitsräume für die Autor:innen gibt es kaum. Da hier selten wirklich lange zusammengearbeitet wird, bleibt dieser eine Raum nur in wenigen Fällen bis zum Ende der Produktion bzw. Entwicklungsarbeit tatsächlich und ausschließlich ein Writers' Room. Meist werden hierfür externe Räume für eine gewisse Zeit angemietet oder ein Büro der Produktionsfirma genutzt (oder auch mal

---

190 Dies können zum Beispiel Expert:innen sein, die sich bestens in der Storyworld der Serie auskennen, also Historiker:innen bei einem Period Drama, ein Bankeninsider bei einer Serie, die in der Hochfinanz spielt (wie z. B. BAD BANKS), oder aber eine Person, die den ungewöhnlichen Beruf der Hauptfigur im wirklichen Leben ausübt und so von Anfang an für das gewünschte Maß an Authentizität in der Handlung sorgt.

das Wohnzimmer des Showrunners). Dementsprechend sind diese Rooms weniger eine „Ausstellung der Vision", sondern als temporärer Arbeitsraum eingerichtet. Lediglich Boards, Flipcharts oder Pinnwände deuten darauf hin, dass der Raum ein Writers' Room (auf Zeit) ist. In vielen Fällen sind diese Boards mobil, da die nächste Writers'-Room-Session schon in einem anderen Raum stattfindet und die Boards dann umziehen müssen.

Wie in den USA auch, arbeiten die meisten der Light-Rooms mit Karteikärtchen oder Whiteboards, zumeist jedoch in stark reduzierter Form. Insgesamt sind diese Light-Rooms also eher als improvisierte Kurzzeit-Rooms zu verstehen, die nur in seltenen Fällen der Serie wirklich ein Zuhause geben.

Arbeitsweise und Dauer

Die Arbeitsprozesse in den von uns analysierten Light-Rooms variieren stark,[191] dennoch können sie in der Regel klar in zwei verschiedene Phasen unterteilt werden: eine Plottingphase, die verpflichtend mit allen im Room stattfindet und in der die Autor:innen exklusiv dem Format zur Verfügung stehen, und einer individuell für die Autor:innen gestaltbaren Schreibphase – zu Hause oder wo auch immer.

Mitunter wird gemeinsam zunächst die Vision diskutiert oder vielleicht sogar erarbeitet. In aller Regel aber geht es in den gemeinsamen Phasen im Room ums Plotten, zunächst der Staffel, dann der einzelnen Episoden. Und auch das findet auf sehr verschiedene Art und Weise statt: detailliert mit Aktschablonen wie in den USA (allerdings eher selten) oder ohne Strukturvorgaben, manches Mal mit Beats, in anderen Fällen mit Szenen, Tent-Poles oder ganzen Sequenzen, die als erzählerische Einheiten aufs Board oder auf die Kärtchen geschrieben werden. Es kommt vor, dass der Showrunner oder Headwriter (oder der Creator) die Staffel-Outline bereits vorgegeben hat und Episoden-Synopsen bzw. One-Pager mitbringt, die dann in Beats für die jeweiligen Folgen ausgeplottet werden. Oder aber es gibt nur eine sehr grobe Idee für einzelne Episoden und der ganze Prozess der Konkretisierung, inkl. des Baus des Staffelbogens,

---

191 Siehe Umfrageergebnisse 2021 im Anhang.

findet im Room statt. Die meisten Light-Rooms plotten jedenfalls gemeinsam im Team. Das anvisierte Ziel einer Plottingphase kann dementsprechend also ein überaus konkret und komplett gebautes Akt-Beat-Board einer oder mehrerer Episoden sein, in einem anderen Fall vielleicht auch nur eine Art grobe Orientierung darüber, was wann wo ungefähr geschehen soll. Und davon abhängig ist dann natürlich auch der Zeitaufwand für die Room-Phasen.

Manche Projekte setzen auf einen Zeitraum von zwei bis sechs Wochen am Stück gleich zu Beginn der Entwicklung, in denen dann gemeinsam möglichst viel der Plottingarbeit erledigt wird. Andere treffen sich innerhalb eines halben Jahres nach einem individuell und je nach Zeitplanung und Abgabemodalitäten sinnvollen Rhythmus. Immer gleich ist allerdings die Arbeit in der Zeit zwischen den gemeinsamen Phasen: Die Autor:innen schreiben die Vorstufen (ob Beatsheets, Outlines oder Treatments) und Drehbücher und stehen in der Regel, wenn überhaupt, hierbei nur mit der etwaigen Co-Autor:in und mit dem Showrunner bzw. Headwriter in Kontakt.

Die Verteilung der Episoden bzw. die Absprachen darüber, wer welche Bücher übernimmt, findet entweder im Laufe der Zeit im Room statt oder wurde schon im Vorfeld erledigt. In aller Regel schreibt jede Autor:in im Room mindestens eine Episode in Drehbuchform aus. Die Schreibphase ist für gewöhnlich nicht exklusiv und unterliegt (wie hierzulande üblich) der individuellen Verfügbarkeit der Autor:innen – dementsprechend brauchen sie auch mehr Zeit als im klassischen Writers' Room in den USA.

Die angefertigten Papiere gehen entweder direkt an alle oder nur an den Showrunner/Headwriter, der sie gegebenenfalls überarbeitet und polished, bevor sie an den Sender/Auftraggeber oder zunächst an die Produktion gehen, die unter Umständen eine erste Abnahme der Bücher vornimmt. Manche Rooms setzen auch darauf, ganz ähnlich wie die Kolleg:innen in den USA, zunächst gemeinsam alle Arbeitsschritte bzw. Drehbücher zu besprechen, vielleicht auch gemeinsam zu überarbeiten oder Fassungen gegenseitig zu polishen, bevor es zu einer Produktions- und/oder Redaktionsabnahme[192] kommt, der häufig das gesamte Room-Team beiwohnt.

Je nach Projekt ist es inzwischen durchaus auch üblich, dass ab einem gewissen Punkt der Showrunner bzw. Headwriter übernimmt, also die Bücher allein mit Redaktion, der Regie und den anderen Gewerken bespricht und letzte Überarbeitungen vornimmt (und damit faktisch den Writers' Room auflöst). Wenn die Pre-Produktion in Anlehnung an die US-Abläufe eng mit der Entwicklung verzahnt ist, werden in der Regel auch alle Autor:innen des Rooms auf die anderen Gewerke treffen und etwa szenografische Skizzen, Cast-Vorschläge oder Regiekonzepte sehen. Festzuhalten bleibt aber, dass in der Regel nur der Headwriter bzw. Showrunner wirklich in produzentische Abläufe und Produktionsvorgänge integriert ist – wenn überhaupt. Dass die Autor:innen eines Writers' Rooms light selbst produzentische oder Produktionsaufgaben übernehmen oder zumindest dabei eingebunden werden, kommt selten vor.

Ein weiterer, grundlegender Unterschied zu den klassischen US-Rooms: Viele Headwriter oder Showrunner setzen vor allem zu Beginn noch immer eher selten auf eindeutige Hierarchien, detaillierte Ansagen, sehr konkrete Vorgaben und schnelle Entscheidungen als vielmehr auf lange Diskussionen und ein hohes Maß an gleichberichtigtem und relativ autarkem Entwickeln und Schreiben aller Autor:innen. Auch ist die Verbindlichkeit der Plottingarbeit für die Drehbuchphasen verschieden ausgeprägt. Dies führt vor allem im Verlauf des Prozesses im ungünstigsten Fall nicht nur immer wieder zu zwischenmenschlichen und fachlichen Reibungen, sondern mitunter auch zu enormen Differenzen in den einzelnen Arbeitspapieren und Drehbüchern. Und dann zwangsläufig zu einem hohen Überarbeitungsaufwand, vielen Fassungen und Verzögerungen, die die auch in Writers' Rooms light zunehmend ausgegebenen Timelines gefährden oder sogar sprengen können bzw. die den ohnehin

---

192 Die Einflussnahme des Auftraggebers in Writers' Rooms light ist unserer Einschätzung nach individuell sehr verschieden und lässt sich nicht verallgemeinernd beschreiben – wenn auch bei Quality-Serien die Tendenz zu einem eher kuratierenden Begleiten statt eines inhaltlichen Eingreifens durchaus zu erkennen ist.

schon enormen zeitlichen Druck, etwa bei Streamer-Beauftragungen, weiter erhöhen.

VERTRÄGE UND CREDITS

Bis vor wenigen Jahren war es üblich, dass die in der Regel freiberuflichen Autor:innen auch in den Rooms mit klassischen Werkverträgen arbeiten und den Mehraufwand von Präsenzphasen nicht extra vergütet bekamen. Inzwischen erhalten die Autor:innen für die Anwesenheit im Room immer häufiger Tagesgagen, die allerdings immer noch zu oft mit der Werksbezahlung für ein Drehbuch verrechnet werden. In immer mehr Rooms wird die Präsenzzeit mittlerweile extra vergütet und kommt on top auf die Werksgagen.

Die Frage, wer welchen Credit für eine Episode (und darüber hinaus) bekommt (und damit auch Anspruch auf Folgevergütung zum Beispiel durch VG-Wort-Anteile hat), wenn doch alle an allen Episoden und eventuell auch an der Staffel zumindest mitgeplottet haben, führt allerdings häufig zu Auseinandersetzungen. Doch auch hier ist viel Bewegung in der Branche, selbst bei den traditionell oft unflexiblen Credit-Vorgaben der Sender – unter anderem auch dank des Erstarkens der Stellung von Autor:innen und den Empfehlungen und Forderungen von Initiativen wie Kontrakt 18 oder den Berufsverbänden. Mittlerweile tauchen vor allem bei den Streamern, aber auch bei anderen Auftraggebern verschiedene, teils kreative Credit-Varianten auf, die zumindest versuchen, der kollaborativen Arbeitsweise Rechnung zu tragen: Neben der Verwendung US-amerikanischer Credits wie *created by*, *story by* oder/und *written by* (statt „Buch") und dem mittlerweile häufig zu lesenden *Headwriter*-Credit, kommen auch den Writing Staff auflistende Sammel-Credits wie *Story Development* oder *Writers' Room* immer öfter vor. Auch setzen mehr und mehr Headwriter/Showrunner inzwischen einen zusätzlichen Creative oder Executive Producer-Credit durch.[193] Allerdings mangelt es hier bislang an einer branchenweiten Einheitlichkeit.

---

193 Dies allerdings in der Regel nur, wenn ihre Arbeit die gängigen Verantwortlichkeiten und Entscheidungsbefugnisse von klassischen deutschen Headwritern übersteigt. Mehr dazu im Kap. VI. 3.

ZUSAMMENFASSUNG: WESENTLICHE ASPEKTE DES
DEUTSCHEN WRITERS' ROOM LIGHT

- der physische Room ist ein Room auf Zeit und bietet der Serie in der Regel kein dauerhaftes kreatives Zuhause, unterstützt die Freisetzung kreativen Potenzials also kaum
- ca. drei bis sechs Autor:innen (Freelance) plus Headwriters/Showrunner bilden das Schreibteam, zumeist mit Writers' Assistance
- Tendenz: Zeit im Room wird extra entlohnt, hinzu kommen die gängigen Werkgagen
- alle Autor:innen im Room schreiben auch mindestens eine Episode in Drehbuchform
- Autor:innen sind kaum in Produktion eingebunden
- eine leitende/moderierende Instanz hat sich durchgesetzt: Headwriter/Showrunner, Producer, Development Producer oder Seriendramaturg:in, eindeutige Hierarchien und strenge Vorgaben allerdings sind tendenziell selten – dies kann zu Differenzen und Verzögerungen führen
- Plottingphasen gemeinsam im Room, Schreibphase zumeist individuell, weder im Room noch exklusiv – sorgt für inhaltliche und zeitliche Reibungsverluste, die sich zudem auch durch eine mangelnde Verbindlichkeit des Plottings ergeben können
- immer öfter übernimmt der Headwriter/Showrunner ab einem bestimmten Punkt die Drehbücher
- Zeitabläufe und konkrete Arbeitsweisen sind (noch) nicht einheitlich – dies sorgt für Unklarheiten und Reibungsverluste
- Stoffentwicklung selten inhaltlich, zeitlich und/oder räumlich mit Produktion verzahnt – Synergieeffekte paralleler Arbeitsweisen werden selten genutzt
- Uneinheitlichkeit und Unsicherheit bei der Credit-Vergabe – sorgt für Unzufriedenheit bei den Kreativen

Modell wird eingesetzt bei:

Serien, die nicht auf einen konstant fortlaufenden und hohen Output hin ausgelegt sind und mit einer überschaubaren Anzahl an Episoden pro Staffel erzählen.

Die Modell-immanenten Risiken von Reibungsverlusten entstehen zum Beispiel durch das teilweise Ausbleiben konkreter Vorgaben, Ansagen und Verbindlichkeiten und durch die fehlenden Absprachen in den individuellen Schreibphasen. Letztere können Procedural-Formate deutlich eher verschmerzen als episodenübergreifend erzählte Serien.

4. INNOVATIVE UND INDIVIDUELLE VARIATIONEN

Mehr und mehr experimentieren Produktionsfirmen bzw. einzelne Formate mit verschiedenen Ansätzen, die bestimmte Aspekte der beschriebenen Modelle bzw. des US-Modells aufgreifen und kombinieren. Drei aus unserer Sicht bemerkenswerte Beispiele hierfür wollen wir im Folgenden als inspirierende Beispiele vorstellen.

INHOUSE DEVELOPMENT

Im Comedy-Bereich hat sich die Produktionsfirma Network Movie Köln entschlossen, neue Wege einzuschlagen, und Anfang 2020 eine Inhouse-Entwicklungs- und Schreibabteilung ins Leben gerufen, die einige Parameter des Writers' Rooms institutionalisiert hat. Jenseits der Produktionsformen von Daily- oder Weekly-Drama sind derartige Entwicklungen im fiktionalen Bereich bislang eher unüblich.

Der Auslöser war nach eigener Aussage das Bedürfnis des Marktes nach mehr Sitcoms bzw. Comedy-Formaten und die gleichzeitige Erkenntnis, dass in dem gängigen System der Stoffentwicklung nicht schnell genug auf diese

Nachfrage reagiert werden kann.[194] Die Firma wollte außerdem inhaltlich nicht nur auf Anfragen und Anregungen von Auftraggebern reagieren. Stattdessen sollten Kapazitäten geschaffen werden, um eigene Ideen zumindest anentwickeln zu können. Der Vorteil eines solchen fest installierten Rooms: Art und Umfang der Konzepte können gesteuert werden, die oft zeitaufwendige Suche nach den richtigen Autor:innen bzw. das hoffnungsvolle Warten auf brillante Einsendungen entfällt. Zudem können mehrere Konzepte gleichzeitig entwickelt bzw. nach Bedarf vorangetrieben (oder zurückgestellt) werden.

Das Schreibteam wurde in einem aufwendigen Auswahlprozess zusammengestellt und besteht aktuell aus vier jungen Autor:innen, die bei der Firma angestellt sind.[195] Inhaltlich und organisatorisch wird die Abteilung von einem Team angeleitet – bestehend aus einem Showrunner und einer Producerin, die den Kontakt zur Geschäftsleitung, aber auch zu den Auftraggebern pflegen. Alle Ideen und Papiere werden von ihnen geprüft und besprochen, sie geben grünes Licht, bevor irgendetwas den Raum verlässt. Für die tägliche Arbeit wurde ein Raum eingerichtet, der nur den Autor:innen „gehört", außerdem gibt es mehrere Ausweich-Arbeitsplätze, an denen individuell gearbeitet werden kann. Die generelle Kernarbeitszeit entspricht den in Deutschland üblichen Büro-Arbeitszeiten. Die meiste Entwicklungs- und Schreibarbeit findet in diesem zentralen Schreibraum statt – mit einer Aufteilung in rein individuelle Schreibzeit und gemeinsamer Entwicklungszeit.

Für die sich gerade im Auftrag eines Senders in Entwicklung befindliche Serie werden alle Episoden von den Autor:innen gemeinsam *gebreakt* – also mithilfe von festen dramaturgischen Strukturen entwickelt und mit Beats auf Boards geplottet, damit im Anschluss das Beatboard für die Redaktion in ein Treatment umgearbeitet werden kann.[196]

---

194 Siehe Interview mit Andi Wecker: Katrin Merkel: Von lustigen Räumen. Neue Wege in der Stoffentwicklung. In: Wendepunkt No. 47, Juni 2020.

195 Dies ist ein Novum, da deutsche Autor:innen jenseits der Daily- und Weekly-Produktion in der Regel immer freiberuflich tätig sind und dementsprechend eine feste örtliche Anbindung für ihre Arbeit nicht kennen (und häufig auch ablehnen).

196 Hier findet also noch die Erstellung einer lesefreundlichen, prosaischen Fassung statt, doch es wurde betont, dass die Bereitschaft und auch die Fähigkeit, Beatsheets zu lesen, spürbar zunimmt.

Feedback auf die Arbeitspapiere von der Redaktion erfolgt innerhalb von fünf Arbeitstagen, anschließend gibt es festgelegte Besprechungstermine. Die Anmerkungen der Redaktionen sind in der Regel kommentierend. Organisatorisch ebenfalls extrem effizient: Die Entwicklungs-Timeline für die ganze Staffel wurde zu Beginn fixiert, an alle kommuniziert und ist verbindlich. Ebenfalls ungewöhnlich ist die Übereinkunft, dass ab dem Stadium Treatment nicht mehr in die Struktur und auch nicht in die Storyline eingegriffen werden kann bzw. werden soll (das setzt natürlich eine Qualität voraus, die einen solchen Eingriff überflüssig macht). Die Drehbücher selbst werden dann von einer der Autor:innen oder auch in Zweier-Teams geschrieben (inhouse oder auch zu Hause). Für die Kommunikation und auch die Teilnahme an Besprechungen mit der Redaktion wird für jede Episode eine „Pat:in" benannt – er oder sie ist dann dafür verantwortlich, die Anmerkungen oder sonstigen Informationen den Schreibpartner:innen oder auch dem gesamten Team zuzuspielen. In der Regel gibt es nicht mehr als drei Drehbuchfassungen, zu dem bei Comedy-Formaten üblichen finalen *Punch-up* kommen dann wieder alle zusammen.[197]

Die Autor:innen sind exklusiv für ihren Arbeitgeber tätig – auf diese Weise entfällt auch die Diskussion um das Eigentum der erarbeiteten Konzepte: Sie gehören der Firma. Diese Regelung unterscheidet das Modell allerdings vom klassischen Writers' Room, der die erstellten Bücher gesondert entlohnt. Doch ein Effekt ist unbestreitbar: Auf diese Weise ist jeder Teil der Entwicklungsarbeit und die Arbeit jeder Autor:in gleich viel „wert" und es werden auch alle Autor:innen namentlich genannt.

Nach rund einem Jahr fällt das Fazit für die Produktionsfirma und ihre Development Unit durchweg positiv aus: aus etlichen Ideen wurden ausführliche Präsentationen erarbeitet (mit Figuren, Plots, Moods und teilweise Dialogproben), zwei Serienideen mit jeweils acht Episoden wurden bereits beauftragt und werden noch in diesem Jahr produziert, für ein weiteres Format gibt es einen Entwicklungsauftrag. Die hier beschriebene Inhouse-Abteilung hat sich

---

197 Hier geht es darum, die gewünschte Gag-Dichte noch einmal zu überprüfen und gegebenenfalls zu erhöhen. Im Comedy-Bereich gibt es hierfür hochbezahlte Autor:innen, die ausschließlich als sogenannte *Punchliner* arbeiten.

insofern in nur einem Jahr als extrem produktiv und auch wirtschaftlich als ein Erfolg erwiesen.[198]

Dieser Vorstoß der Network Movie Köln ist ein wichtiger Impuls für die Branche. Denn das nicht unerhebliche finanzielle Risiko bedeutet nicht nur eine unternehmerische Investition in Personal und Stoffentwicklung, um schneller auf die Anforderungen des Marktes reagieren zu können, sondern treibt durch die Übernahme verschiedener Writers'-Room-Ansätze die Effizienz, Kreativität und Professionalisierung in diesem Sektor voran.

DER ENTSCHEIDERROOM

Die horizontal erzählte KiKA-Weihnachtsserie BEUTOLOMÄUS UND DER WAHRE WEIHNACHTSMANN (2017) entstand in einer ganz besonderen Variante des Writers' Rooms light, die in Sachen Team-Konstellation und Konsequenz einiges Neues gewagt hat. Wir wollen diese Variante zukünftig Entscheiderroom nennen – weil wortwörtlich die Entscheider mit im Writers' Room saßen.

Als KiKA die seit vielen Jahren populäre Weihnachtsfigur Beutolomäus einem Re-Launch unterziehen und eine horizontal und dicht erzählte Serie herstellen wollte, kam es zu einer Ausschreibung, die schließlich die Produktionsfirma WunderWerk gewann. Das neue Konzept wurde von einer Autorin/Regisseurin und einem Autor gemeinsam mit einer Produzentin entwickelt. Es lagen Figurenbeschreibungen, eine staffelüberspannende Haupt-Storyline, Synopsen der ersten vier Episoden sowie zwei erste Fassungen von Drehbüchern der ersten und zweiten Episode vor, als ein erstes Plotting-Treffen stattfand. Auf zwei Tage angelegt sollte gemeinsam mit einem Redakteur, den Creators (in diesem Fall einem Autor und einer Autorin, die gleichzeitig die Regisseurin des Formats war), der Produzentin und einer neutralen moderierenden Instanz (Seriendramaturg) ausgelotet werden, wie weiter vorgegangen werden sollte.

---

198 Wir bezeichnen die beschriebene Development-Abteilung aber ganz bewusst nicht als echten Writers' Room. Hauptsächlich, weil das Schreibteam eben nicht für die Buchentwicklung nur eines bestimmten Formats zusammengestellt wird, sondern selbst Formate entwickelt – was in unserer Definition eher einem sogenannten „Concept Room" (siehe Kap. VI. 5.) entspricht. Zum anderen wird parallel an verschiedenen Formaten gearbeitet – insofern gibt es hier nicht die kreative Konzentration auf *eine* Entwicklung.

Bereits in der Ausschreibung machte die Redaktion deutlich, dass sie einen Writers'-Room-Prozess präferieren würde.

Aus diesem noch relativ ergebnisoffenen Treffen entwickelte sich ein Writers'-Room-light-Modell mit insgesamt fünf kurzen Plottingphasen (à zwei bis drei Tage) im Zeitraum mehrerer Monate, in verschiedenen Räumen an verschiedenen Orten, aber immer in der gleichen Besetzung. Sowohl der Redakteur als auch die Produzentin holten sich im Vorfeld Entscheidungsbefugnisse innerhalb des Senders bzw. der Firma, um während des gemeinsamen Plottingprozesses Abnahmen vornehmen zu können – bevor es in die nächste Werkstufe ging.

Von Anfang an erwies es sich als enorm sinnvoll, dass durch die Anwesenheit sowohl der Produzentin als auch der Redaktion schon bei ersten Ideen abgeklärt werden konnte, ob und inwieweit alle Partner in ihrer Vorstellung von der Serie übereinstimmen. Dieser intensive, permanente Visionsabgleich führte, anders als bei üblichen „allgemeinen" Vorgesprächen, zu Detail-Fragestellungen und schließlich verlässlichen Festlegungen, weil sehr schnell mit ganz konkretem Plotting (mit Karteikarten und Beatboards) begonnen wurde. Dem voraus ging die *gemeinsam* verabredete Einigung, jede Episode mit einem Recab zu starten, von ca. 12 Minuten reiner Erzählzeit auszugehen und mit sechs Beats in einem Akt zu erzählen, der mit einem starken Episodencliff enden sollte.[199] Zudem wurde die Staffel (also 144 Beats) in ihren wesentlichen narrativen Elementen ausstrukturiert, große Staffel-Wendepunkte und Tent-Poles über die 24 Episoden verteilt.[200]

Um den Plottingprozess effektiver zu machen, gingen die Autorin und der Autor vor den Plotting-Sessions in Vorleistung und erarbeiteten Onepager für die pro Session auszuarbeitenden vier bis sechs Episoden. Im Room wurden aus diesen Onepagern dann gemeinsam sechs Beats pro Episode ausgeplottet.

---

199 Es handelte sich hierbei also um eine Short-Form-Serie mit 24 Episoden à 12 Min.

200 Diese zunächst theoretischen Festlegungen konnten sofort an den vorliegenden Synopsen bzw. Drehbüchern der ersten Episoden überprüft werden. Schnell stellte sich heraus, dass der angedachte Staffelbogen nicht genügend Material für die 24 Episoden lieferte und in den einzelnen Episoden noch deutlich mehr geplottet werden musste.

Sowohl die Produzentin als auch der Redakteur plotteten mit (wenn auch deutlich zurückhaltender als die Autorin und der Autor). Die kreativ-inhaltliche Führung wurde dabei von der später Regie führenden Autorin übernommen, die dank dieser Doppelfunktion und der Miteinbeziehung in die Produktionsvorgänge durch die Produzentin tatsächlich als eine Art Showrunner agieren konnte. Sie war es also, die letztlich, immer in Absprache mit der anwesenden Redaktion und Produktion, die finalen inhaltlichen Entscheidungen traf.

Im Verlauf des Prozesses wurde außerdem der Dramaturg zu einem Development Producer.[201] Seine Aufgabe bestand nicht nur in dramaturgischer Beratung, sondern vor allem auch darin, den Room sowohl zu moderieren als auch ausgleichend bei Konflikten zu agieren. Er wies auf aufkommende Missverständnisse hin und forderte das Team zu einem Ausdiskutieren und zu Entscheidungen auf, wenn die verschiedenen Haltungen im Room zu verschiedenen Visionen zu werden drohten. Die Neutralität dieser von allen akzeptierten Position war dabei entscheidend.[202]

Neben dem konstanten Abgleich der Vision ging es während des Plottens schnell auch um budgetäre Auswirkungen einer narrativen Entscheidung[203] oder darum, ob ein Detail im Sinne der Senderpolitik überhaupt erzählt werden kann – lange, bevor dieses Detail dann handlungsrelevant ausgeschrieben in einem Drehbuch stand. Da die Vorproduktion bereits während des Plottens begann, wurden andere Gewerke früh miteingebunden.[204] Zwischen den Plottingphasen schrieben die Autorin/Regisseurin und der Autor den Beatboards folgend zunächst Outlines (eine Fassung), dann die Drehbücher,

---

201 Siehe Kap. VI. 3.

202 Zwar wurde diese Position vom Sender mittels Tagesgagen bezahlt, dennoch fungierte der Development Producer nicht als verlängerter Redaktionsarm, sondern hatte nur eine Agenda: die erzählerische Qualität des Werkes.

203 Die Karteikarten hatten verschiedene Farben und hoben beispielsweise die Beats mit Kindern besonders hervor, um sofort sichtbar zu machen, in welchem Umfang die kleinen Schauspieler:innen (kürzere Drehzeit, mehr Drehtage, mehr Kosten!) zum Einsatz kommen und ob und inwieweit sich dies mit logistischen und budgetären Gegebenheiten in Einklang bringen ließ.

204 Insbesondere ein Animationsstudio, das so schnell wusste, was die (einzige) animierte Figur Beutolomäus in der ansonsten realfilmischen Serie alles können muss. Das Studio konnte seinerseits den Autor:innen klarmachen, welche Handlungen eine Animation aufwendiger (und teurer) machen würde. Sodass also der Showrunner eine Entscheidung in Abwägung von narrativer Notwendigkeit und Budgetgrenzen treffen konnte.

die zuerst mit der Produzentin besprochen wurden und dann an Development Producer und Sender gingen. Der Development Producer überprüfte die Einhaltung der Beats und aller getroffenen strukturellen Verabredungen und entwarf schriftliche Notes (in der Regel max. eine gute halbe Seite), die der Redakteur überarbeitete bzw. ergänzte und an die Autor:innen schickte – lange Abnahmegespräche waren nicht nötig. Dieser effiziente Prozess führte zu lediglich zwei bis drei, in sehr seltenen Fällen vier Fassungen bis zur Drehfassung.

Ein weiterer Beweis für die Effizienz dieser Arbeitsweise: Die geplante Entwicklungszeit wurde um zwei Monate unterboten. Rohschnitt- oder finale Abnahmen im Schneideraum verliefen später ebenso effektiv. Man musste sich schließlich nicht mehr um den Plot, um die Mechanik oder Logik der Erzählung kümmern (die waren durch die gemeinsame Arbeit im Room bereits von allen Seiten abgenommen), sondern konnte sich ganz auf szenische Details konzentrieren. Das gesamte Writers'-Room-Team blieb zudem während der Drehphase eingebunden. Bei Schwierigkeiten oder Problemen am Set konnte so gemeinsam nach einer die Vision nicht beschädigenden Lösung gesucht werden. Die Mehrkosten dieser Form der Stoffentwicklung (Raummieten, Development Producer, Reisekosten etc.) übernahm der Sender – der allerdings hinterher davon sprach, dass sich dieses Investment „vorne" (also bei der Entwicklung) eben nicht nur aufgrund der entstandenen höheren Qualität des Formats auszahlte, sondern auch ganz konkret, weil „hinten" (Produktion und Postproduktion) durch die gute Vorarbeit eben keine Mehrkosten angefallen wären und manches sogar eingespart werden konnte.

(FAST) EIN ECHTER US-ROOM

Als Headwriter und Regie-Duo – und mit der eigenen Firma co-produzierend – bilden Jantje Friese und Baran bo Odar derzeit neben Anna und Jörg Winger eines der erfolgreichsten Showrunner-Couples in Deutschland. Die Entwicklung ihres Welterfolgs DARK (2017), der ersten deutschen Netflix-Serie, orientierte sich – zumindest in den ersten beiden Staffeln – stark am US-Modell, die letzte Staffel hat Jantje Friese allerdings allein erarbeitet.

Wir wollen in aller Kürze exemplarisch vorstellen, wie die erste Season entwickelt wurde.[205]

Neben Jantje Friese als Headwriter saßen drei weitere Autor:innen sowie eine Writers' Assistance im Room, der aus einem großen Raum bestand, in dem immer alle gemeinsam oder parallel arbeiteten. Zu Beginn wurden ca. zwei Wochen drauf verwendet, das Format, die Figuren, die Staffel-Storylines – die Vision also – vorzustellen und gemeinsam zu brainstormen. Pro Episode hatte das Team für das gemeinsame Plotten und das Anfertigen der Outlines jeweils fünf bis sieben Tage Zeit. Für die erste Drehbuchfassung wurden die Episoden an die Autor:innen verteilt,[206] die dafür zwei Wochen Zeit hatten, eine weitere Woche wurde für einen ersten Polish reserviert. Bis zu diesem Zeitpunkt schrieben alle im Room – und konnten sich intensiv austauschen. Ab der zweiten Fassung (entstanden in etwa sieben Tagen) übernahm die Headautorin die Bücher, der Writers' Room wurde geschlossen. Für die dritte Fassung brauchte Jantje Friese drei bis vier Tage. Final gepolisht wurden die Bücher bis in die Drehphase hinein. Als die Vorproduktion begann, lag die Hälfte der Bücher in der zweiten Fassung vor, bei Drehbeginn die Hälfte der dritten Fassungen. Der DARK-Writers'-Room (Gesamtzeit: elf Wochen in der ersten Staffel) arbeitete unter anderem mit Whiteboards und Karteikarten, aber auch mit digitalen Programmen.

Strukturell gab es vonseiten der Showrunner klare Vorgaben, so wurde etwa in einem Sechs-Akt-Schema erzählt. Im Writers' Room war allein Jantje Friese präsent und verantwortlich, die aber alles intensiv mit Co-Showrunner Baran bo Odar besprach. Die weitere Produktionsfirma Wiedemann und Berg sowie auch Netflix waren die gesamte Zeit der Entwicklung über eingebunden, griffen aber nicht inhaltlich ein, sondern kommentierten lediglich die Werkstufen und Entwicklungsfortschritte. Die finale Entscheidungsgewalt lag bis zum Schluss ganz in den Händen des Showrunner-Duos.

---

205 Vgl: Katrin Merkel und Timo Gößler: The German Room. Das System Writers' Room und seine Anwendung in der deutschen Serienentwicklung. In: Wendepunkt No. 44, Juni 2019.
206 Die Autor:innen erhielten dann Written-by-Credits.

Dieses Beispiel zeigt, dass es also durchaus möglich ist, auch hierzulande nah an den US-Prozessen orientiert zu entwickeln (wenn das entsprechend qualifizierte Personal zur Verfügung steht). Dies taten und tun sicher nicht alle der modernen deutschen Quality-Serien, doch alle folgen zumindest einigen Aspekten des US-Ansatzes (z. B. starker kreativer Lead mit mehr oder weniger erweiterten Entscheidungsbefugnissen), um die Qualität entstehen zu lassen, für die moderne Serienware „Made in Germany" mittlerweile immer öfter auch international steht.

Wesentlich entschlossener und weiter gingen auf diesem Weg die dänischen Kolleg:innen, und das bereits vor zwei Jahrzehnten.

5. EUROPEAN GAME CHANGER: DER DANISH ROOM

In vielen europäischen Ländern finden Writers'-Room-Ansätze zunehmend Anklang, was vor allem an den weltweit produzierenden Playern und ihrer US-geprägten Erwartung an die Stoffentwicklung liegt. Allerdings sind Writers' Rooms in Europa noch lange keine Selbstverständlichkeit, noch nicht mal in Großbritannien, wo man vor rund zehn Jahren einige US-Showrunner einflog, um Writers'-Room-Strukturen aufzubauen – was allerdings auch dort nicht ganz einfach war. Das US-Modell kommt zwar in Großbritannien immer öfter und in größerer Breite zur Anwendung, vor allem auch bei US/UK-Koproduktionen, doch bis heute werden dort einige der auch weltweit gefeierten Serien von einer Person allein geschrieben.[207]

Wenn es um praktikable Modelle dafür geht, wie US-amerikanische Writers'-Room-Prozesse, -Methoden und -Ansätze sinnvoll in europäische Fernsehlandschaften zu implementieren sind, lohnt sich vor allem der Blick zu unserem Nachbar Dänemark. Dänemark gehörte zu den ersten europäischen TV-Nationen, die mit nicht-englischsprachigen Serien Welterfolge feierten. Wir behaupten, dass die dänischen Kolleg:innen einfach frühzeitig verstanden

---

207 Vgl. Steve O'Brian: The room where it happens: why writers' rooms make for great TV, www.theguardian.com.

haben, warum das US-Modell der Stoffentwicklung so erfolgreich war (und ist). Doch statt das Writers'-Room-Modell einfach 1:1 umzusetzen, wurde genau analysiert, welche Aspekte für die Qualität entscheidend sind. Davon ausgehend wurde ein eigenes Modell entwickelt, das in Varianten bis heute herausragende Serien hervorbringt. Dies gelang unter anderem auch deswegen, weil die Dän:innen den Mut hatten, hierfür ihre Produktionslandschaft radikal umzustrukturieren.

Verantwortlich für die dänische Serienrevolution, die bereits Mitte der 1990er Jahre mit Lars von Triers GEISTER (RIGET) begann, ist der öffentlich-rechtliche Sender DR (ehemals Danmarks Radio)[208], dessen Entscheider:innen und Executives bereits Ende der 1990er nach Hollywood flogen und sich sehr genau ansahen, wie die hochwertigen Serien der neuen Generation entstanden. Mit dem gewonnenen Wissen experimentierten die dänischen Kolleg:innen anhand von verschiedenen Entwicklungsmodellen und entwarfen nach und nach eine Art *Danish Room*, der einige wesentliche Aspekte des US-Modells übernahm. Bevor wir die inhaltlichen Aspekte beleuchten, wollen wir kurz nachzeichnen, mit welchen strukturellen Maßnahmen DR die dänische Serien-Produktionslandschaft nachhaltig revolutionierte.[209]

Eine der radikalsten Veränderungen erwuchs aus der Beobachtung, dass vor allem herausragende Autor:innen maßgeblich für die Qualität einer Serie verantwortlich sind – und dass diese Freiraum und kreative Entscheidungsmacht brauchen. Und da DR nicht nur auftraggebender Sender, sondern auch gleichzeitig zumeist (mindestens majoritärer) Produzent seines Programm ist, konnte die Arbeitsweise konsequent umgestellt werden. Entscheidend war außerdem die Einsicht, dass Qualität nur entstehen kann, wenn möglichst konsequent *einer* Vision (und zwar der einer Autor:in) gefolgt werde. Diese Maxime galt bei DR bereits seit Ende der 1990er Jahre. In der Folge kam es

---

208 Die dänische Fernsehbranche ist sehr klein, neben DR gibt es zwar Streamer und private Fernsehanbieter, dennoch ist DR in dem kleinen Land bis heute überaus dominant und stellt mit großem Abstand die meisten Fernsehinhalte her, sodass deren Ansätze stets in die gesamte dänische Branche wirken.

209 Eva Novrup Redvall: Writing and Producing Television Drama in Denmark. From *The Kingdom* to *The Killing*. Basingstoke 2013.

zu einer selbstverordneten Hierarchie- und Machtverschiebung, nicht nur in der Beziehung zwischen Redaktion und Kreativen, sondern auch unter den Serienschaffenden: weg von der Regie als maßgeblicher kreativer Entscheidungsinstanz, hin zu den Autor:innen.[210] Diese ersten neuen Ansätze wurden Anfang der 2000er unter dem damaligen DR-„Head of Drama" Ingolf Gabold in einem ersten Guideline-Papier festgeschrieben.

NEUES SELBSTVERSTÄNDNIS DER REDAKTION

Der Head of Drama beschnitt also die eigene (auch produzentische) Entscheidungsmacht und übergab sie teilweise – der Qualität wegen – den Kreativen, im Besonderen den Autor:innen. Gabold schilderte, dass er zwar als Auftraggeber die Gesamtverantwortung innerhalb des Senders behalten habe, dabei aber nur „in charge", nicht „in control" gewesen sei.

Dieses Prinzip fand auch Einzug in die „15 Produktionsdogmen", zu denen sich DR verpflichtete. Dieses Modell entspricht der Idee von einem Sender als kuratierendem Auftraggeber. Ganz ähnlich wie in Deutschland hielten auch in Dänemark über viele Jahrzehnte hinweg fest angestellte, dramaturgisch arbeitende Redakteur:innen eine kreativ eingreifende Position inne, auch sie hatten innerhalb der fiktionalen Entwicklung enormen inhaltlichen Einfluss – bis diese Position Anfang der 2000er abgeschafft wurde.[211]

DR stieg außerdem Anfang der 2000er Jahre intensiv in die Nachwuchsförderung ein und arbeitete dabei mit der staatlichen Dänischen Filmhochschule zusammen, an der Serienentwicklung und -produktion als Ausbildungsinhalt bis dato nicht vorkam. Neue Workshops wurden etabliert, TV-Profis als Dozierende verpflichtet. Neue Talente wurden zudem mittels einer Art mehrmonatigen Stipendiums nach dem Abschluss ermutigt und dafür bezahlt, über Serienstoffe nachzudenken und selbige mit DR zu diskutieren.

---

210 Was etwa bis heute dadurch garantiert wird, dass eine Serienstaffel immer von mehreren Regisseur:innen umgesetzt wird, die der kreativen Führung einer Autor:in unterstehen.

211 Dramaturg:innen arbeiten heute in Dänemark, ähnlich wie bei uns, als vom Headwriter bzw. von der Produzent:in angeheuerte beratende Freelancer, nicht mehr als einflussnehmende Redakteur:innen.

Zeitgleich entwickelten DR-Verantwortliche besagte 15 Produktionsdog-men, die neben einigen wenigen inhaltlichen Aspekten[212] vor allem festschrei-ben, dass der Vision einer Autor:in[213] zu folgen ist, die kreativ das letzte Wort hat. Die Produzent:innen (in der Regel bei DR bzw. DR Fiction angestellt) sind frei in der Wahl der Kreativen und Heads, die sie gemeinsam mit dem Head-writer auswählen. Ein weiteres Dogma besagt, dass ein Crossover in Sachen „Talents" gewünscht ist, also Kreative auch aus der freien Branche, wie etwa dem Kinobereich, durchaus willkommen sind.[214]

Zudem tragen die Produzent:innen – ein weiteres der Dogmen – die volle Budget-Verantwortung für die jeweilige Serie und sollen in der Beziehung zu den Kreativen wie ein „Coach" auftreten. Die Produzent:innen halten Kontakt zum Head of Drama beim Sender, der seinerseits den Produzent:innen gegen-über wie ein Coach auftritt – wortwörtlich findet sich in den Dogmen die von Gabold zitierte Formulierung: „Our motto as leaders is: not in control – but in charge." Diese Haltung vermeide konsensgetriebene bzw. kompromisshafte Entscheidungen.[215] Es waren also durchwegs radikale strukturelle Veränderun-gen, durch die die kollaborativen Arbeitsweisen eines Writers' Rooms sinnvoll integriert werden konnten – bis dato ganz und gar nicht üblich in Dänemark.

HEADWRITER/PRODUZENT:IN-DUO STATT SHOWRUNNER

Der Begriff „Showrunner" ist bei den dänischen Kolleg:innen nicht üblich; sie sprechen eher davon, dass die US-Position Showrunner auf zwei Personen aufgeteilt ist: dem Headwriter (in der Regel auch Creator der Serie) und einer bei DR bzw. im Produktionsdepartement DR Fiction fest angestellten Pro-

---

212 So zum Beispiel das „double-layer storytelling", jeder Inhalt bei DR soll neben den „guten Geschich-ten" an der Oberfläche immer sozial und ethisch relevante Fragestellungen behandeln.

213 Interessanterweise wird in den 15 Dogmen beim Begriff „Autor:in" darauf hingewiesen, dass dies nur bei Serien zwingend eine Drehbuchautor:in sein muss, bei anderen Formaten wie etwa Spielfilmen auch die Regie sein kann.

214 Dies erklärt sich dadurch, dass das dänische Kino nicht zuletzt dank „Dogma 95" seinerzeit zum besten der Welt gehörte, dänisches Fernsehen aber überwiegend vom beim Sender fest angestellten Kreati-ven gemacht wurde. Durch die Einbindung von Kinotalenten erhoffte man sich neue Impulse und das künstlerische Gefälle zwischen Fernsehen und Kino zu überwinden – was den Kolleg:innen zweifels-frei geglückt ist.

215 Vgl. Redvall, S. 78. Die hier nicht erwähnten Dogmen beziehen sich im Wesentlichen auf DR-spezi-fische Strukturen, die in unserem Zusammenhang weniger von Interesse sind. Eine Übersicht der 15 Dogmen findet sich im Anhang.

duzent:in. Diese trägt die finanzielle und produktionelle Verantwortung und soll vom Headwriter in alle kreativen Entscheidungen miteingebunden werden. Dieses Duo arbeitet idealerweise vertrauensvoll und sehr eng zusammen, entscheidet in der Regel gemeinsam zum Beispiel über Besetzung der Regie, der Head of Departments und der Schauspieler:innen und entspricht als Paar in Sachen Kompetenz, Verantwortlichkeiten und Pflichten der US-amerikanischen Showrunner-Position. Produzent:innen sollen – den Dogmen folgend – Feedback auf Storylines oder Drehbuchfassungen geben, aber nicht in Form von verpflichtenden Abnahmen oder inhaltlichem Einfluss, sondern als unterstützender Sparringpartner auf Augenhöhe – ebenso wie dies Headwriter bei produzentischen Aspekten für die Produzent:innen tun können.

Das kreative Sagen hat der Headwriter, dessen Aufgabe es (wie in den USA) ist, die Vision der Serie bis hin zur Fertigstellung zu schützen und zu bewahren. Dementsprechend kann ein dänischer Headwriter auch viel am Set, im Schneideraum oder in der Mischung sitzen – je nachdem, wieviel an Verantwortung er oder sie an die Regie delegiert. Der Headwriter hat immer das letzte kreative Wort, seine oder ihre Arbeit ist erst getan, wenn die Serie ausgestrahlt wird. Allerdings hat er mit der Produzent:in eine starke Partner:in an der Seite, die ihn – zumindest im Falle einer glückenden Zusammenarbeit, derer es in Dänemark viele zu geben scheint – an der Spitze weniger einsam macht, als es US-Showrunner normalerweise sind.

Im Zweifel kann eine Produzent:in einen Headwriter zwar feuern, aber nur aus produktionell-finanziellen Gründen (weil zum Beispiel Vorgaben kontinuierlich nicht eingehalten werden), nicht aus künstlerischen Gründen oder weil man inhaltlich verschiedener Meinung ist. In einem solchen Falle wird sich im Zweifel immer der Headwriter durchsetzen.

Kleine Rooms

Dänische Writers' Rooms bestehen traditionell oft aus kleinen Teams: dem Headwriter (= Creator) und zwei Episodewritern[216], die in der Regel die

---

[216] Dies scheint sich aktuell zu ändern, bei der Netflix-Serie EQUINOX werden sechs Autor:innen genannt, bei der DR-Produktion WENN DIE STILLE EINKEHRT (2020) waren manche der acht Autor:innen laut Credits nur für einzelne Storylines verantwortlich.

ersten Fassungen der Arbeitspapiere und Drehbücher schreiben. Zwar schreiben auch Headwriter mitunter von Anfang an selbst, aber es kann durchaus vorkommen, dass sie erst die finalen Rewrites der Drehbücher übernehmen. Headwriter leiten den Writers' Room und treffen dort final alle organisatorischen und kreativen Entscheidungen.

Teilweise arbeiten diese kleinen Teams auch bereits vor dem Greenlight zusammen und entwickeln gemeinsam die Welt, die Figuren, Seasonbögen oder erste Episodenideen (weiter) und stellen dann die Serie gemeinsam in einem finalen Pitch dem Head of Drama beim Sender vor, der hierbei noch inhaltlich Einfluss nehmen kann – bis sie oder er ein Greenlight gibt. Diese Phase ist bezahlt, in den Produktionsdogmen ist festgelegt, dass neben dem Creator auch weitere Autor:innen auf Grundlage eines Monatsgehalts zur konzeptuellen (Weiter-)Entwicklung von Ideen bei DR angestellt werden können, und zwar noch bevor klar ist, ob die Serie umgesetzt werden wird.

Dänische Writers' Rooms arbeiten häufig nicht konstant gemeinsam an einem Ort. Es gibt in aller Regel klar festgelegte Arbeitsphasen, in denen der Plottingprozess (gemeinsam an einem Ort) vom Schreibprozess (jeder Episodewriter für sich zu Hause, aber exklusiv und mit vergleichsweise engem Schedule) entkoppelt wird. Und einen klaren, natürlich von Format zu Format variierenden Zeitplan mit strengen Deadlines, der in der Regel mehr Zeit zur Verfügung stellt, als dies in den USA der Fall ist (allerdings deutlich weniger Zeit als in den meisten deutschen Writers' Rooms light). Als Beispiel soll im Folgenden der Ablauf der Arbeit an einer Episode von BORGEN dargelegt werden:[217]

Im Room: Gemeinsames Plotten einer Episode (Head und Episodewriter): zwei Wochen (10 Arbeitstage)

Zu Hause: Treatment (ein Episodewriter): eine Woche

---

217 Headwriter: Adam Price. Diesen Ablauf hat Jeppe Gjervig Gram, Episodewriter bei BORGEN und im Anschluss Headwriter von FOLLOW THE MONEY (BEDRAG), in diversen Interviews und Workshops vorgestellt, zudem wurde der Ablauf als Case Study von Eva Novrup Redvall in ihrem Buch beschrieben. Bisweilen unterscheiden sich die Aussagen Grams in kleinen Details von den Angaben bei Redvall. Es ist anzunehmen, dass es bei den verschiedenen Staffeln von BORGEN und in bestimmten Phasen zu verschiedenen Zeitspannen kam – dennoch kann diese Übersicht als exemplarisch gelten.

Im Room: Gemeinsame Besprechung des Treatments (Head, Episodewriter und Produzent:in)

Zu Hause: Drehbuch, 1. Fassung (ein Episodewriter): zwei Wochen

Im Room: Gemeinsame Besprechung der 1. Fassung (Head, Episodewriter und Produzent:in)

Zu Hause: Drehbuch, 2. Fassung (ein Episodewriter): zwei Wochen

Im Room: Gemeinsame Besprechung der Fassung (Head, Episodewriter und Produzent:in)

Zu Hause: Drehbuch, 3. gegebenenfalls 4. oder mehr Fassung(en): Dauer verschieden und vom Produktionsstand abhängig (Headwriter übernimmt, in Absprache mit Produzent:in und Regie, Head of Drama gibt Notes)

Im Room: Table-Read der letzten Fassung, eine Woche vor dem Dreh (Headwriter, Episodewriter, Produzent:in, Regie und andere Gewerke)

Damit alle Autor:innen (Episodewriter und gegebenenfalls auch der Headwriter, falls dieser selbst Drehbücher übernimmt) in den Drehbuch-Schreibphasen etwas zu tun haben, wird das Episodenplotting mehrere Episodenplots hervorbringen und dementsprechend vier bzw. sechs Wochen (bei drei Episoden) am Stück dauern. Mitunter werden Episoden im Prozess dann auch getauscht – die zweite Fassung des Drehbuchs schreibt dann vielleicht der jeweils andere Episodewriter.[218]

Am Anfang neuer horizontal erzählter Serien bzw. auch neuer Staffeln steht zudem ein gemeinschaftliches Season-Plotten an, in dem die Staffel als Ganzes in den wesentlichen Handlungen anentwickelt wird. Bei zehn Folgen wird sich hierfür in der Regel vier Wochen Zeit genommen.

---

218 Wie genau im Episodenplotting vorgegangen wird und wie viele Tage genau darauf verwendet werden, variiert natürlich von Format zu Format und von Headwriter zu Headwriter. Jeppe Gjervig Gram beschreibt, dass er sowohl bei BORGEN als auch bei FOLLOW THE MONEY immer die erste Woche mit einem allgemeinen Brainstorm zu möglichen Plots und Storylines der jeweiligen Episode beginnt, die dann bis zum Ende der ersten Woche entschieden und ausgeplottet würden, in der zweiten Woche ginge es dann darum, die Storylines miteinander zu verweben und die Episode als Ganzes fertig zu plotten.

Der gesamte Entwicklungs- und Schreibprozess einer klassischen DR-Staffel (zehn Folgen à 60 Minuten) dauert in etwa ein gutes Jahr, allerdings wird innerhalb dieses Jahres schon mit der Vorproduktion, der Produktion und dann auch Postproduktion der ersten Episoden begonnen.

Zwar arbeiten moderne dänische Serien nicht immer mit einer Aktstruktur, in aller Regel aber mit Beats, und weisen dabei zum Teil eine enorme erzählerische Dichte auf, die sich an der US-amerikanischen Erzählweise orientiert.[219] Es wird also mit Beats an der Wand geplottet. Im Falle von BORGEN und FOLLOW THE MONEY war es zudem so, dass die Produzentin einen Zwischenstand oder Finalstand des Plottings mündlich gepitcht bekam und dann als quasi *first audience* Feedback geben sollte. Zudem integrieren dänische Writers' Rooms in dieser Phase auch gerne Expert:innen und Fachberater:innen in die Arbeit (im Falle von BORGEN also zum Beispiel jemanden, der sich mit der dänischen Politik und deren Abläufen auskannte), um etwaige logische oder faktische Fehler aufzuspüren, bevor sie aufs Papier kommen.

Der Sender hält sich im Entwicklungsprozess komplett zurück, es gibt keine Abnahmen. In der Regel haben Sendervertreter:innen bzw. der Head of Drama die Gelegenheit, einmal kommentierende Notes auf die Headwriter-Fassungen der Drehbücher (in der Regel die dritte Fassung) zu geben – die dann allerdings natürlich nicht alles einreißen dürfen, was mühsam vorher erdacht wurde, und die auch nicht den Charakter von Anweisungen haben, denen Folge zu leisten wäre.

DIE PRODUKTION

Klassischerweise wird in Dänemark in Zwei-Folgen-Blöcken mit jeweils einer Regie gedreht. Die Vorproduktion und Produktion beginnt nicht sofort nach dem Greenlight, aber definitiv bevor die finalen Fassungen aller Bücher fertig sind. Allerdings sind die Prozesse – schon allein aufgrund der längeren Zeit-

---

219 Jeppe Gjervig Gram beschrieb in einem Gespräch, wie sie bei BORGEN oder FOLLOW THE MONEY irgendwann ein Gespür dafür bekommen hätten, welche Beat-Anzahl für welche Figur und Storyline die optimale darstellen würde, und dass er zum Beispiel immer darauf achte, dass bei einer 60-minütigen Folge mindestens 30 besser 40 Beats zum erzählerischen Einsatz kämen, was ziemlich genau den klassischen US-Paradigmen (Beat = max. zwei Minuten) entspricht.

phasen – nicht ganz so eng ineinander verzahnt wie in den USA. Dennoch hat DR im Zuge der Umstrukturierung auch eine Infrastruktur aufgebaut, die die verschiedenen Gewerke in räumliche Nähe zueinander bringt. Es entstanden zum Beispiel Studios, in denen nicht nur gedreht wird, sondern z. B. auch die Büros der Szenografen und Kostümmenschen und auch der Writers' Room untergebracht sind. Kurze Wege also, die es bei angelaufener Vorproduktion bzw. Produktion ermöglichen, die Heads der verschiedenen Gewerke spontan und schnell in den Room zu laden und einzubinden, wenn das vonnöten ist.

DR hat sehr bewusst festgelegt, dass Autor:innen die oberste kreative Entscheidungsinstanz der Serien sind – und natürlich hat dies Auswirkungen auf die Beziehung zur Regie. Dabei betonen die dänischen Kolleg:innen, dass es natürlich einen immensen Unterschied mache, ob es sich um den *Conceptualizing Director* – also die Regie der ersten beiden Folgen einer neuen Serie – oder um eine später beauftragte Epiodenregisseur:in handelt.

Headwriter und Produzent:in wählen gemeinsam die Regisseur:innen aus – und das werden sie stets sehr sorgsam machen. Im Falle des Conceptualizing Directors, dessen Aufgabe ja auch dann darin besteht, im Sinne der Vision die Serie ästhetisch und inszenatorisch zu verorten und gemeinsam mit dem DoP die „richtige" Bildsprache zu entwickeln, wird ein Headwriter im Sinne seiner Serie jemanden auswählen, deren oder dessen außerordentliches Talent eben bestens die Vision auf den Bildschirm bringen kann und sie oder ihn früh in die Entwicklung und die vorproduktionellen Überlegungen miteinbeziehen. Nicht als weitere Autor:in oder Entscheider:in, sondern als künstlerische Partner:in mit entsprechendem Frei- und Entfaltungsraum, aber ohne die Möglichkeit, die Vision des Headwriters zu verändern oder auch nur infrage zu stellen. Episodenregisseur:innen kommen in Dänemark in der Regel ab der dritten oder vierten Drehbuchfassung hinzu und müssen sich dann dem etablierten Stil und erst recht der Vision der Serie unterordnen. Es gehört also explizit nicht zu ihren Aufgaben, dem Format eine eigene Handschrift zu verpassen.

┌─── **ZUSAMMENFASSUNG: WESENTLICHE ASPEKTE DES DANISH ROOM** ───┐

- folgt dem Prinzip des konsequenten Verfolgens EINER VISION, die von einer Autor:in (Headwriter) ausgeht
- auftraggebender Sender ist meistens gleichzeitig (mindestens majoritärer) Produzent („Inhouse-Produktionen", agiert dabei also auch ähnlich wie ein Studio in den USA)
- nach dem Greenlight minimaler inhaltlicher Einfluss des Senders („in charge – but not in controll"), keine Abnahmen der Entwicklungsstufen
- Headwriter und die beim Sender fest angestellte Produzent:in übernehmen gemeinsam die Showrunner-Position
- Danish Rooms bestehen in der Regel aus kleinen Teams: z. B. Headwriter und zwei Episodewriter
- Plottingphase immer im Team mit Beat-Struktur und klaren Zeitabläufen
- kurze Drehbuchphase, häufig zu Hause, dennoch intensive Absprache aller Arbeitsschritte gemeinsam im Team und im Room
- klar strukturierte Zeitabläufe (sorgen aufgrund der Dichte automatisch für eine Exklusivität der Autor:innen)
- finale Rewrites immer vom Headwriter
- Headwriter bleibt *keeper of the vision* bis zum Schluss, hat das finale Sagen bei allen kreativen Entscheidungen
- Unterscheidung zwischen Conceptualizing Director und nachfolgenden Regisseur:innen, die deutlich weniger Freiraum in der Inszenierung und Umsetzung haben

Modell geeignet für:
Alle Serien, die mit einer überschaubaren Anzahl an Episoden (unserer Meinung nach bis max. zwölf) pro Staffel erzählen, die genügend Zeit haben, um in kleiner Writers'-Room-Besetzung zu arbeiten, und die im Kontext eines Auftraggebers entstehen, der seine Aufgabe als kuratierend versteht und weder in die Stoffentwicklung eingreift noch auf Abnahmen aller Werkstufen besteht.

└──┘

6. FAZIT

Bei allen Modellen, Varianten und Ansätzen lassen sich in unterschiedlicher Ausprägung einige Merkmale finden, die dem US-Writers'-Room entlehnt sind. Vor allem die neuen Player auf dem Markt verlangen und fördern mit Macht die für viele Akteur:innen noch immer neuen, im US-Kontext aber längst tradierten Standards. Die etablierten deutschen Sendeanstalten (öffentlich-rechtliche wie private) beobachten diese Arbeitsweisen interessiert und experimentieren teilweise damit, ohne allerdings ihre eigenen Strukturen grundlegend umzubauen oder allgemeingültige Regularien zu etablieren – was zwangsläufig zu Unklarheiten, Spannungen und Mißverständnissen führt.

Das Headwriter-Modell wurde in Deutschland wirklich verbindlich nur im Daily- und Weekly-Drama etabliert. Vor allem bei der Entwicklung von neuen Quality-Serien wird das Prinzip Headwriter jedoch zunehmend – wenn auch nicht überall – in Richtung Showrunning verstanden und erweitert: mehr und mehr (vor allem namhafte) Headwriter bzw. Creator erhalten mehr kreative und teilweise auch produzentische Entscheidungsgewalt. Teamarbeit in der Stoffentwicklung meint heute immer öfter nicht mehr nur gemeinsames Brainstormen, sondern strukturierteres, wenn auch noch nicht immer verbindliches Plotten. Mangelnde Absprachen und unklare Hierarchiestrukturen sorgen zudem immer noch für Reibungsverluste.

In verschiedenen Varianten erscheint aber zumindest phasenweise die Exklusivität von Autor:innen von zunehmender Wichtigkeit. Zudem bestimmen immer öfter Schedules und verbindliche Vorgaben auch auf Auftraggeberseite die Entwicklungsabläufe. Das Agieren von Redaktionen und Auftraggebern (Feedback, Abnahmen, Einbindung in den Prozess) zeichnet sich – wenn auch sicherlich noch nicht überall – durch ein immer höheres Maß an Flexibilität aus und orientiert sich zunehmend an den Bedürfnissen der Entwicklungs- und Produktionsprozesse.

Es ist also einiges in Bewegung. Bei vielen Formaten allerdings werden diese neuen Arbeitsweisen und Ansätze zumeist von der aktuellen Produzent:in, in manchen Fällen auch vom entsprechenden und in der Regel hochkarätigen Headwriter und Creator, selten auch von einer Redaktion bzw. einem Auftraggeber vorgegeben und durchgesetzt und sind (noch) nicht strukturell verankert. Was zum einen bedeutet, dass Prozesse jedes Mal aufs Neue individuell ausgehandelt werden müssen, und zum anderen, dass sich kaum stringent und flächendeckend Kompetenzen und Erfahrungswerte in der Branche herausbilden und etablieren können. Mit einer Ausnahme: Bei den Daily- und manchen Weekly-Produktionen bestimmt das durchökonomisierte System seit Jahrzehnten konsistent, umfassend und konsequent wesentliche Aspekte der Writers'-Room-Arbeitsweise. Diese Erfahrungen und Strukturen können allen Writers'-Room-Ansätzen und -Modellen durchaus zur Inspiration dienen, weswegen wir die wesentlichen Akteur:innen ganz explizit zu einem Austausch anregen wollen.

Denn nur mit Neugierde und der Bereitschaft, etwas Neues zu wagen, können die aktuellen Herausforderungen gemeistert werden. Inspirieren kann dabei sicher auch der Weg, den Dänemark bereits vor Jahrzehnten beschritt und der zu dem bis heute erfolgreichen Modell des *Danish Room* führte, der eine beachtenswerte Adaption des US-Modells darstellt und für den deutschen, letztlich sogar den gesamten europäischen Markt durchaus Vorbildcharakter haben könnte.

Wir sind davon überzeugt, dass wir als deutsche Branche zu einer verbindlichen Einheitlichkeit gelangen müssen. Alle Beteiligten müssen um die generellen Abläufe und Prozesse in der Anwendung eines Modells wissen und sie akzeptieren. Es muss gar nicht unser Ziel sein, das US-Modell Writers' Room vollständig zu imitieren – doch genau so wenig sollten Modellvarianten und Writers'-Room-Ansätze geradezu experimentell und beliebig an individuelle Befindlichkeiten angepasst werden.

Um im internationalen Qualitätsvergleich dauerhaft mithalten zu können, müssen wir uns dahingehend professionalisieren, dass wir die Potenziale der US-Writers'-Room-Methodik in Bezug auf erzählerische Qualität und auch Effektivität durch *Vereinheitlichung* voll ausschöpfen und dabei mit unseren spezifischen Traditionen in Einklang bringen. Erste Schritte – und das ist die gute Nachricht – sind ja längst gemacht.

VI. DER GERMAN ROOM

Im Folgenden möchten wir zusammenfassend Empfehlungen für einen *German Room* geben – mit dem wir hier nicht nur den eigentlichen Writers' Room, sondern auch das Produktionsumfeld meinen, in das das State-of-the-Art-Modell der Serien-Stoffentwicklung eingebettet sein muss, damit alle Potenziale voll ausgeschöpft werden können. Dies gilt nicht nur, aber gerade bei der Entwicklung von neuen und modernen seriellen Formaten mit komplexen Erzählweisen bzw. Anforderungen (enger Zeitrahmen, horizontal erzählt, großes Ensemble, multiperspektivischer Ansatz o. Ä.). In der aktuellen Umbruchphase, in der sich die deutsche Branche befindet und in der tradierte Strukturen und Abläufe zunehmend von neuen Ansätzen abgelöst werden, besteht die Notwendigkeit, Prozesse und Positionen neu zu justieren. Und das ist aus unserer Sicht eine echte Chance!

Die inhaltliche Stringenz, Konsistenz und Effektivität des komplexen Systems Writers' Room ist unserer Meinung nach unbestreitbar – was natürlich nicht bedeutet, dass man manche Aspekte nicht auch sehr kritisch betrachten kann. Es geht uns nicht darum, grundsätzlich das US-System als „fits always" zu idealisieren. Wichtig ist uns vielmehr, bewusst zu machen, welche Konsequenzen die Entscheidung, in einem Writers'-Room-Modell zu arbeiten, nach sich zieht. Dabei sind natürlich immer individuelle Anpassungen möglich – einige Aspekte des Modells sind variabel und auch verhandelbar, einige andere aber sind es aus unserer Sicht nicht. Und das fängt mit dem nötigen Verständnis beziehungsweise Mindset an.

1. MINDSET

Das System Writers' Room wurde konzipiert, um den Prozess der Serien- bzw. Buchentwicklung nicht nur so kreativ und effizient wie möglich, sondern vor allem auch plan- und kalkulierbar zu machen. Dementsprechend ist die Stoffentwicklung ein Teil der Produktion, der idealerweise weder räumlich noch zeitlich von den Dreharbeiten oder der Postproduktion abgetrennt ist, und der genauso ökonomisch sinnvoll und exakt plan- und kalkulierbar zu sein hat wie jede andere Arbeits- bzw. Produktionsphase. Die volle Effektivität eines German Rooms erfüllt sich insofern nur dann, wenn auch bei der Stoffentwicklung die Verbindlichkeit und der Respekt in Bezug auf den Zeitplan, die Abläufe und die Entscheidungshierarchien als absolut notwendig verstanden und akzeptiert werden – von allen. So wie es auch bei uns in der Phase des Drehs oder der Postproduktion gang und gäbe ist.

Die Planbarkeit des German-Room-Modells kostet jedoch Geld, sie erfordert Investitionen in Infrastruktur, Material und Personal und erhöht somit die Kosten für die Stoffentwicklung. Und diese Mehrkosten sind keinesfalls mit dem bis dato für die Epsiodendrehbücher zur Verfügung stehenden Budget zu verrechnen, sondern kommen hinzu – aber nur auf den ersten Blick. Denn diese höhere Investition am Anfang zahlt sich in der Regel am Ende nicht nur durch die zu erwartende Qualität, sondern auch finanziell aus: durch die kreative Konzentration und die Ökonomisierung der Prozesse verkürzen sich die Entwicklungszeiten, unvorhergesehene und extra zu vergütende Rewrites oder Polishes, Drehverschiebungen oder aufwendige Nachdrehs werden sehr viel unwahrscheinlicher.

Der kreative Kern des Writers'-Room-Modells besteht darin, die Vision eines Formats von Anfang an ins Zentrum zu stellen und die Wahrung dieser Vision einer Showrunner-Persönlichkeit zu übertragen – er oder sie ist der ultimative Visionkeeper. In Einzelfällen wurde auch bei uns in Deutschland bereits in Showrunner-ähnlichen Konstellationen entwickelt, meist wurde die Position dabei von mehreren Personen ausgefüllt.[220] Dies kommt auch in Amerika durchaus vor und hat den entscheidenden Vorteil, die immense Verantwortung eines Showrunners nicht alleine tragen zu müssen – denn an der Spitze ist es bekanntlich auch sehr einsam. Und so lange es nur ganz vereinzelt echte Showrunner mit der entsprechenden Kompetenz in unserem Markt gibt, ist der Einsatz von Showrunner-Teams aus unserer Sicht derzeit am sinnvollsten.

Dabei bietet sich primär die Kombination aus Headwriter und Produzent:in/ Executive Producer an. Mit Headwriter meinen wir eine Person, die die volle kreative Verantwortung für die Entwicklung des Formats und für *alle* Bücher bis zur Drehfassung und darüber hinaus trägt, diese also in jedem Fall final überarbeitet und ggf. rewrited.[221]

Arbeits- und Zuständigkeitsbereiche sollten unmissverständlich geklärt bzw. getrennt werden. Denn nicht nur das Produktions-Team, auch ein Writers' Room selbst funktioniert dann am besten, wenn er nicht verschiedene Ansagen, Meinungen und Geschmäcker bedienen muss.[222] Ein Headwriter sollte alleiniger Ansprechpartner sein, vor allem für die Autor:innen im Room. Darüber hinaus bleibt er oder sie idealerweise aber auch der kreative Lead in den weiteren Prozessen, wohingegen die Produzent:in in Absprache mit ihm entscheidet, welchen produktionellen oder finanziellen Zwangslagen sich die Erfüllung der Vision beugen muss. Diesbezüglich ist die Produzent:in auf hierarchischer Ebene zwar übergeordnet, hat aber nicht inhaltlich in die Entwicklung und in die kreativen Entscheidungen einzugreifen.

Ob die Formatvision von einem Showrunner oder einem Showrunner-Team vertreten wird, ist im Grunde zweitrangig. Wichtig ist allein, dass es nur *eine* Stimme gibt, die als Visionkeeper die relevanten Entscheidungen formuliert

---

220 Die dementsprechend auch alle einen Executive Producer-Titel tragen, wie z. B. Jantje Friese und Baran bo Odar bei DARK oder Anna und Jörg Winger bei DEUTSCHLAND.

221 Diese Position ist deutlich umfangreicher als die herkömmliche, eher organisatorische oder auch bürokratische Funktion von Chefautor:innen, die z. B. lediglich Senderwünsche einarbeiten, Formatanpassungen vornehmen oder bei Bedarf (aber nicht zwangsläufig) Dialoge polishen.

222 Weswegen sich im dänischen Modell beispielsweise die Produzent:in komplett aus dem Room zurückgezogen hat und lediglich als erste Feedback gebende Instanz agiert.

und deren Ansagen Folge geleistet wird. Und dass alle am Prozess Beteiligten dies nicht nur akzeptieren, sondern als Voraussetzung für das Funktionieren des Modells begreifen.

> *Wenn ein Format im System German Room/Showrunner entwickelt und produziert werden soll, ist ein gemeinsames Mindset bzw. Verständnis von zentraler Bedeutung. Fundamental ist eine angemessene finanzielle Ausstattung der Stoffentwicklung und die Einigung auf die EINE Vision eines Showrunners oder Showrunner-Teams, der oder das als Visionkeeper den gesamten Prozess führt.*

2. STRUKTUREN UND HIERARCHIEN

Hat man sich für die Arbeit mit einem German Room und/oder gar mit einem Showrunner entschlossen, dann ist der nächste grundlegende Schritt, die richtigen Partner:innen zu finden. Da noch die meisten Marktteilnehmenden, zumindest die mit viel Erfahrung, in einem fundamental anders organisierten System professionell sozialisiert wurden, ist es besonders wichtig, sich vorab zu versichern, dass alle beteiligten Parteien sich ihrer Aufgabe und Position im Writers'-Room-Modell bewusst sind:

Auftraggebende Sender müssen sich und ihr Selbstverständnis reflektieren, wenn sie Formate in ihr Portfolio aufnehmen wollen, die im Modell Writers' Room entwickelt wurden bzw. werden sollen. Das traditionelle deutsche System des Redakteursfernsehen bedeutet absolute inhaltliche Kontrolle bzw. Steuerung, aber auch einen hohen Zeit- und Personaleinsatz. Die Erfüllung einer (eigenen) Vision zu beauftragen und in die Hände von Auftragnehmer:innen zu legen, ohne selber durchgehend am Prozess beteiligt zu sein, das erfordert nicht nur einen immensen Kommunikationseinsatz für alle, sondern erzeugt auch viele (kreative und zeitliche) Reibungsverluste. Eine stark mitgestaltende inhaltliche und produktionelle Einflussnahme steht der Funktions- und Arbeitsweise des Systems Showrunner/Writers' Room diametral entgegen, zudem verstehen sich (vor allem hochkarätige) Kreative immer weniger als Dienstleister, verschließen sich zunehmend einem stark kontrollierenden redaktionellen Zugriff und äußern ihre Unzufriedenheit. Ein kritischer Dialog über Strukturen und Arbeitsweisen erscheint insofern auch jenseits der neuen Arbeitsweisen unausweichlich.[223]

Die Alternative zu herkömmlichen Abläufen ist also, entweder die betreuende Redakteur:in vollständig und konsequent in den Stoffentwicklungsprozess zu implementieren und mit der erforderlichen Entscheidungsgewalt zu versehen (siehe Kap. V. 4.)[224], oder aber deren Position als kuratierend zu verstehen, ohne aktive Beteiligung an der Stoffentwicklung und ohne produktionelle Entscheidungsgewalt. Sie muss also sehr wohl *in charge* sein, aber eben nicht (mehr) *in control* – wie es die dänischen Kolleg:innen ausgedrückt haben. Ein (bezahlender) Auftraggeber wird logischerweise immer das Recht haben, die Abnahme zu verweigern oder in welcher Form auch immer zu reagieren, wenn das beauftragte Produkt anders zu werden droht als versprochen und ausgehandelt. Doch es ist dennoch ein gänzlich anderer Ansatz, eine Vision „einzukaufen", als diese selbst (mit) zu entwickeln.[225] Für welchen Ansatz sich auftraggebende Sender auch immer entscheiden: in jedem Fall sollten sie – ebenso wie ihr Gegenüber – mit nur *einer* Stimme sprechen bzw. kommunizieren.

Eine Erhöhung der eingesetzten Mittel für die Stoffentwicklung ist ebenfalls unvermeidlich – denn die Hochleistungsmaschine Writers' Room hat wie oben erläutert ihren Preis und es ist nicht mehr vertret- und auch nicht vermittelbar, dass diese Mehrkosten vornehmlich an die ausführenden Produzent:

---

223 Die neue Programmdirektorin der ARD erhielt unmittelbar nach Amtsantritt im Sommer 2021 offene Briefe mit sehr klaren Forderungen sowohl vom VDD als auch vom Regie-Verband – und es ist nur eine Frage der Zeit, bis diese Forderungen auch an die ebenfalls neu gewählte Intendanz des ZDF gerichtet werden. Vgl. Timo Niemeier: Drehbuchautoren schreiben Offenen Brief an Christine Strobl, www.dwdl.de.
224 Was einen noch größeren Zeit- und Personaleinsatz und ebenfalls einen Strukturwandel erfordert.
225 Dieser Ansatz konsequent weitergedacht würde generell einen geringeren Zeit- und Personaleinsatz bei der Betreuung von fiktionalen Formaten erfordern.

innen bzw. letztendlich an die Kreativen weitergereicht werden. Auch hier regt sich Widerstand, auch gegen das Investitionsgebaren der neuen Anbieter, die von den vergleichsweise niedrigen Produktionskosten in Deutschland und Europa profitieren wollen, ohne dem Markt angemessene Investitionen zukommen zu lassen.[226] Perspektivisch werden sich aber alle Auftraggeber mit der Forderung nach einer gerechteren Aufteilung der finanziellen Last für eine besser ausgestattete Stoffentwicklung auseinandersetzen müssen. Von der Qualität profitieren alle, insofern es ist unumgänglich, dass in höhere erzählerische und produktionelle Standards, insbesondere aber in die bei uns tendenziell unterfinanzierte Stoffentwicklung auch von Auftraggeberseite mehr Geld investiert wird, um dauerhaft im internationalen Vergleich bestehen zu können. Und letztendlich auch, um ein immer anspruchsvolleres heimisches Publikum weiterhin zufriedenstellen zu können.

Produzent:innen müssen ebenfalls entscheiden, welche Rolle sie im Modell German Room einnehmen wollen und auch, welches finanzielle Risiko sie bereit sind, auf sich zu nehmen. Am wichtigsten aber: Zunehmend autonom agierende Produktionspartner:innen sind nicht mehr Auftragsproduzent:innen, die sich als Erfüllungsgehilfen einer redaktionellen Vision betrachten, sondern selbstbewusste Programmanbieter. Bis es zu einer Beauftragung kommt und ein Writers' Room seine eigentliche Arbeit aufnimmt, muss künftig aber auch (noch) mehr in Vorleistung gegangen werden, dafür ist aber auch mehr Rechte-Autonomie möglich. Für welche Strategie man sich auch immer entscheidet: Um in dem momentan immer noch extrem virulenten Serienmarkt und insbesondere bei den neuen Streaming-Anbietern Aufmerksamkeit zu erlangen, ist es unumgänglich, mehr Personal, mehr Zeit und Geld als bisher in die Konzeptphase zu investieren und darauf vorbereitet zu sein, ab dem Greenlight mit ebenfalls mehr Geld die Stoffentwicklung effizienter zu machen. Denn wenn Formatideen etwa internationalen Streamern angeboten werden sollen, muss auch mit internationalen Entwicklungsstandards und -zeiten gerechnet werden.

---

226 Torsten Zarges: Produzenten fordern lokale Investitionspflicht für Netflix & Co., www.dwdl.de.

Große Medienhäuser und/oder Firmengruppen haben hier naturgemäß mehr Handlungsspielraum. Aber auch kleineren Firmen stehen inzwischen flexible Finanzierungsmöglichkeiten zur Verfügung – sei es z. B. über Koproduktionsmodelle (etwa auch mit einer Distributionsfirma) oder Förderungen. Produktionsfirmen müssen zudem zukünftig nicht mehr nur spannende und erfolgversprechende Formatideen aufspüren oder beauftragen, sondern kreative Persönlichkeiten an sich binden, die idealerweise auch produktionelles Know-how mitbringen oder zumindest bereit sind, es sich anzueignen. Die treffsichere Einschätzung dieser Persönlichkeiten und Potenziale spielt inzwischen eine weitaus größere Rolle als bisher: Ist hier ein möglicher Showrunner mit einer Idee am Start oder eher ein Headwriter, vielleicht auch zunächst „nur" ein Creator? Und: Wie positioniert sich die Idee im globalen Markt – und inwieweit sind hier also internationale Entwicklungsstandards unumgänglich? Diese Einschätzungen ohne das sichere (weil vollfinanzierte) Netz einer Auftragsproduktion zu treffen, ist die neue Herausforderung.

Dies hat dann auch Auswirkungen auf das Kreativpersonal. Ein gut funktionierendes Writers'-Room-Team zusammenzustellen, ist ebenfalls nicht so leicht: Es soll möglichst divers und in der Lage sein, kollaborativ mit großer handwerklicher Kompetenz zu arbeiten. Vertraute und vertrauensvolle und teilweise langjährige Beziehungen zu einem bestimmten Pool an Kreativen, mit denen man bisher „immer" zusammengearbeitet hat, sind in diesem Zusammenhang möglicherweise nicht mehr das Maß aller Dinge. Und letztendlich muss der Room ja auch von der Person zusammengestellt werden, die ihn leitet – und das ist nicht die Produzent:in.

Auch müssen neue Finanzierungs- und Entlohnungsmodelle erdacht werden, denn das Drehbuch ist endgültig nicht mehr die einzige geldwerte Werkstufe. Konzeptentwicklung und -erstellung zum Beispiel muss endlich einkalkuliert und finanziert werden – dass dieser elementare Arbeitsschritt mit dem Drehbuch bzw. mit den Drehbüchern verrechnet wird, ist nicht länger hinnehmbar. Zudem erzeugt das Modell Writers' Room neue Positionen und auch urheberrechtliche Ansprüche in anderen als den bisher relevanten

Entwicklungsphasen, die genauso angemessen entlohnt werden müssen: Die maßgebliche Entwicklungsarbeit geschieht im Writers' Room und (vor allem gute) Autor:innen werden nicht mehr lange flächendeckend hinnehmen, dass sie im Wesentlichen erst vollständig bei Drehbeginn für ihre Arbeit entlohnt werden. Die Grenzen zwischen Autor:innentätigkeiten und produzentischen Aufgaben lösen sich mehr und mehr auf, denn Showrunner und auch erfolgreiche Headautor:innen lassen sich perspektivisch nicht mehr von produzentischen Entscheidungsgewalten und Verantwortlichkeiten fernhalten.

Insofern müssen Produzent:innen auch ihre eigene Rolle und Position im Prozess der Stoffentwicklung überdenken, wenn sie die kreative Kraft eines Writers' Rooms bzw. einer starken Headautor:in oder gar eines Showrunner-Modells nutzen wollen – inhaltliche Eingriffe zu jedwedem Zeitpunkt der Stoffentwicklung bzw. der Produktion sind hier nicht vorgesehen. Wenn sie nicht persönlich kontinuierlich und explizit am Prozess teilnehmen können oder wollen, müssen sie im Grunde produzentische Macht (zum Beispiel ihr Abnahmerecht) an den Showrunner oder das Showrunner-Team, einen Executive Producer oder einen Headwriter abgeben.

Das Gleiche gilt für die deutschen Producer, die in unserem System keine Autor:innen sind, traditionell aber erheblichen inhaltlichen Einfluss nehmen. Erfahrung und Kompetenz entscheiden darüber, ob sie im Room tätig sind oder die Produktion leiten – beides gleichzeitig ist nicht vorgesehen. Wenn es einen echten Showrunner gibt, wird ihre Rolle eine ganz klar untergeordnete sein. Erfüllen sie gemeinsam mit einem Headwriter die Position eines Showrunners, ist ihr Aufgabenbereich primär der Produktion zugeordnet und sie müssen mit den entsprechenden produzentischen Entscheidungsbefugnissen ausgestattet (und deshalb zu Produzent:innen bzw. Executive Producern) werden, um die reibungslose Funktionstüchtigkeit des Systems gewährleisten zu können. Wenn sie hingegen explizit, durchgängig und ausschließlich am Stoffentwicklungsprozess teilnehmen, sind sie – genau wie professionelle Dramaturg:innen, die diese Aufgaben übernehmen können – Development Producer und inhaltlich ebenfalls einem Headwriter oder einem Showrunner untergeordnet.

Die Verantwortung für die Umsetzung der Vision liegt darüber hinaus nicht mehr bzw. nicht mehr ausschließlich in der Hand der Regie. Im Modell German Room sind Regisseur:innen nicht (wie in Deutschland traditionell üblich) automatisch Creator *ihrer* Episoden. Hier wird unterschieden, ob sie als Conceptualizing Director den ersten Drehblock, bzw. bei Miniserien vielleicht auch die ganze Staffel, zu verantworten haben und damit grundlegend Ästhetik und Inszenierung der gesamten Serie mitgestalten oder ob sie – so wie es im Daily- und Weekly-Drama-Bereich bereits gang und gäbe ist – als Regisseur:in späterer Blöcke primär die Aufgabe übernehmen, den Vorgaben der ersten Episoden zu folgen. Conceptualizing Directors arbeiten natürlich eng mit einem Showrunner(-team) zusammen. Und natürlich wird sich ein cleverer Showrunner dem wertvollen Input einer erfahrenen Regie nicht verschließen – im Gegenteil, er oder sie ist darauf angewiesen. Möglicherweise werden Regisseur:innen von dem oder den Visionkeeper/n auch dazu eingeladen, sich an der Entwicklung bzw. Konzeptionierung eines (neuen) Formats zu beteiligen. Aber die endgültigen Entscheidungen über Inhalte, Cast, Motive oder Figurenführung liegen beim Showrunner(-Team)[227], genauso wie die Verantwortung für die finalen Drehfassungen der Bücher. Denn gestalterische Ausformulierung der Formatvision und auch die narrativ-szenische Ausgestaltung auf Buchebene stehen – so ist der Plan – zu Drehbeginn nicht mehr zur Diskussion, weswegen es auch keine Regiefassungen gibt. Regisseur:innen haben hier ausschließlich als Autor:innen oder Showrunner Zugriff auf die Bücher, dann sind sie aber logischerweise auch am gesamten Buchentwicklungsprozess (aller Episoden einer Staffel) beteiligt. Dieser sensible Transformationsprozess im Bereich der Serienproduktion sollte idealerweise von den Auftraggebern moderiert und begleitet werden. Denn das Ziel ist eine fruchtbare Kooperation, ein Austausch auf Augenhöhe, der für beide Seiten noch ungewohnt ist und derzeit leider noch eher zu Abgrenzungs- und Schuldzuweisungsreaktionen führt.[228]

Autor:innen müssen sich im Modell German Room ebenfalls klar und gegebenenfalls neu positionieren: Wer bin ich, als was will ich arbeiten? Nicht jede

---

227 Natürlich können der Showrunner bzw. das Showrunner-Team diese Entscheidungen vertrauensvoll in die Hände der Regie delegieren – dort ist sie nur eben nicht automatisch oder von vornherein.
228 Timo Niemeier: Regisseure gehen auf Konfrontation zu Drehbuchautoren, www.dwdl.de.

Autor:in hat das Zeug oder die Ambition, Headwriter oder gar Showrunner zu sein – oder die erforderlichen produktionellen/produzentischen Kompetenzen. Headwriter sind vollverantwortliche Anführer:in des Schreibteams, Showrunner führen das gesamte Produktionsteam – sind also nicht mehr Gleiche unter Gleichen, sondern stets in der Führungsrolle, um die entscheidenden Ansagen zu machen und unter Umständen auch unliebsame Entscheidungen zu treffen.

Aber selbst die Entscheidung für das Arbeiten als Staff Writer in einem Writers' Room muss reflektiert getroffen werden. Weil sie voraussetzt, sich selbstbewusst und ohne Groll oder Minderwertigkeitskomplex ganz explizit als kreative Dienstleister:in zu verstehen, die ihr Können in den Dienst einer Vision zu stellen bereit ist, die nicht zwangsläufig der eigenen entspricht. Er oder sie muss in der Lage sein, sie sich zu eigen zu machen. Der Unterschied: Sie folgen einer schreibenden Kolleg:in und im besten Fall einer einzigen, klaren und verbindlichen Vision. Autor:innen haben zudem verschiedene, sehr spezifische Positionen, die im Vorfeld klar vereinbart und verstanden werden müssen.[229] Und: es reicht in diesem Zusammenhang nicht, die entscheidende Idee gehabt zu haben. Insofern wird sich auch ein Creator, der nicht die Erfahrung bzw. Kompetenz hat, ein Schreibteam anzuleiten und den gesamten Prozess zu steuern, im Modell Writers' Room einem Headwriter bzw. Showrunner unterordnen müssen.

Tradierte Hierarchien müssen im Modell German Room überdacht, neu definiert und Verantwortlichkeiten neu justiert werden – das betrifft insbesondere Redaktion, Produktion und Regie. Viele ihrer bisherigen Verantwortlichkeiten liegen im Modell Writers' Room in den Händen eines Showrunners oder eines Showrunner-Teams, bestehend aus Executive Producer und Headautor:in. Aber auch Autor:innen müssen lernen, sich realistisch und entsprechend ihren tatsächlichen Erfahrungen und Kompetenzen und den Bedürfnissen des Modells zu positionieren.

---

229 Diese inhaltliche (Neu-)Justierung glaubwürdig zu vertreten und auch vertraglich abzusichern, ist ohne juristisches Know-how eine Herausforderung. Aus diesem Grund setzt sich erfreulicherweise auch für Autor:innen in Deutschland die Vertretung durch eine Agentur immer mehr durch.

3. POSITIONEN UND CREDITS

Das System German Room bringt eine Vielzahl von (neuen) Positionen und Tätigkeitsbereichen für Autor:innen hervor, die zum Teil unterschiedliche Beteiligungen an der Wertschöpfung generieren. Wir wollen hier noch einmal möglichst unmissverständlich die wesentlichen Positionen, Funktionen, Titel und Aufgabenbereiche zusammenfassen:

CREATOR UND HEADWRITER

Ein Creator ist die Person, die die Grundidee einer Serie nicht nur gehabt, sondern auch (aus-)entwickelt und zu Papier gebracht hat.[230] Der Creator leistet mit der Ausarbeitung eines Konzepts oder sogar eines Pilotbuches einen für das gesamte Format essenziellen schöpferischen Akt, ist dementsprechend zu entlohnen und auch an der Wertschöpfung zu beteiligen – egal ob er oder sie im Folgenden mit der Ausarbeitung einzelner Bücher konkret beauftragt oder auch nur daran beteiligt ist oder nicht. Diese eigenständigen Werkstufen sind zudem gesondert zu vergüten – und nicht (wie bisher in Deutschland üblich) mit den Werkstufen des Drehbuches/der Drehbücher oder sonstigen Tätigkeiten zu verrechnen. Der angemessene und inzwischen auch gebräuchliche Credit lautet „created by". Eine deutsche Entsprechung könnte „eine Serie von" oder „Idee und Konzeption" sein. Ein einfaches „Idee" oder „nach einer Idee von" ist jedenfalls wenig aussagekräftig und nicht geeignet, die Schöpfungshöhe einer vollumfänglichen Serienkonzeption abzubilden.

Übernimmt der Creator eines Formats auch die Leitung der Stoffentwicklung bzw. des Writers' Rooms – was ja durchaus naheliegend und auch anstrebenswert ist, um die Umsetzung der eigenen Vision zu steuern – ist der *zusätzliche* Titel Headwriter oder Headautor:in angebracht. Im Modell German Room umfasst diese Tätigkeit neben der organisatorischen insbesondere die inhaltliche Leitung des Rooms, die maßgebliche und verantwortliche Entwicklung der Handlungs- und Figurenbögen und auch die (mindestens letzte) Überarbeitung (Rewrite) aller Episodenbücher. Während ein Creator also the-

---

230 Dazu gehören unseres Erachtens mindestens sowohl die Grundidee der Serie als auch die Beschreibung der wichtigsten Figuren, der Storyworld/des Settings und ausformulierte Staffelbögen (Figuren und/oder Storyline) bzw. im Falle von Procedurals Kurzsynopsen einiger Beispielepisoden.

oretisch auch ein Newcomer mit einer brillanten Idee und einem gehörigen Schreibtalent sein kann, liegt bei einem Headwriter die *volle* Verantwortung für den *gesamten* Prozess und *alle* Papiere, die den Room verlassen. Insofern erfordert diese Position einiges an Erfahrung, Durchsetzungskraft und Know-how, dementsprechend hat die Entlohnung auch deutlich über der von Episodenautor:innen zu liegen. Sowohl die konkreten Tätigkeiten als auch die inhaltliche Verantwortung des Headwriters erzeugen dabei ebenfalls schöpferische und damit urheberrechtliche Anteile an den Episodenbüchern.[231]

Übernimmt der Creator und/oder Headwriter darüber hinaus noch produzentische Aufgaben, die über die Buchentwicklung hinausgehen – was wir ausdrücklich befürworten, denn nur so können deutsche Autor:innen an produzentische Verantwortungsbereiche herangeführt werden –, wird im Modell German Room ein weiterer, zusätzlicher Producer-Titel fällig.[232] Liegt die volle inhaltliche wie produktionelle und produzentische Verantwortung in einer Hand, dann, und nur dann, handelt es sich um eine Showrunner-Position – die (auch im US-System) an sich nicht titelfähig ist, üblicherweise aber mit einem Executive-Producer-Titel gekennzeichnet wird.[233] Handelt es sich um ein Showrunner-Duo, bestehend aus Produzent:in und Headwriter, steht beiden ein Executive-Producer-Titel zu. Ist der Creator und/oder Headwriter in Bezug auf produktionelle Entscheidungen lediglich in beratender/kommentierender Position tätig oder hat nur in manchen Bereichen (zum Beispiel Besetzung der Regie) ein Mitspracherecht ist möglicherweise ein (Creative) Producer-Titel zutreffender.[234]

DEVELOPMENT PRODUCER

Als Development Producer bezeichnen wir Personen, die im Prozess der Stoff- und Buchentwicklung tätig sind, aber keine produzentischen Verantwortlich-

---

231 Ob Creator oder Headautor:innen diese Anteile einfordern oder nicht, ist Verhandlungssache – sie stehen ihnen unserer Einschätzung nach aber in jedem Fall zu.

232 Diese Aufgaben können Mitsprache- oder Vetorechte sein oder das Recht, etwas zu kommentieren (z. B. Besetzung oder Schnitt). Damit sollte jedoch immer auch die Pflicht verknüpft sein, in einem möglichst präzise definierten Zeitraum eine (alternative bzw. bessere) Lösung zu finden bzw. sich an der Suche danach aktiv zu beteiligen.

233 Wie z. B. Jantje Friese und Baran bo Odar bei DARK oder Philipp Käßbohrer bei HOW TO SELL DRUGS ONLINE (FAST). Einige dieser Executive Producer waren mit ihrer eigenen Firma an der Produktion beteiligt – dies ist aber keine zwingende Voraussetzung für diesen Titel.

234 Wie z. B. Annette Hess bei WIR KINDER VOM BAHNHOF ZOO.

keiten tragen.[235] Ihr zusätzlicher Einsatz ist insbesondere dann sinnvoll, wenn Creators oder Headwriter nicht über ausreichend Erfahrung oder Kompetenz verfügen, um einen Room inhaltlich-organisatorisch zu leiten sowie gleichzeitig die Entwicklungsarbeit effizient zu strukturieren. Denn die Leitung eines Writers' Rooms setzt profunde Kenntnisse der Abläufe und auch eine gewisse Durchsetzungskraft voraus – die sich kaum aufoktroyieren lässt, sondern nur durch Kompetenz und Erfahrung zu erlangen ist. Zunehmend wird diese Position mit professionellen Dramaturg:innen besetzt, es können aber auch Producer sein. Charakterisierend für ihre Tätigkeit ist, dass sie am Development und Plotten beteiligt sind, ihr Einsatz jedoch primär die Organisation, Moderation oder auch Leitung eines Writers' Rooms und seiner Prozesse, die dramaturgische Begleitung und die Überprüfung von vereinbarten strukturellen und/oder dramaturgischen Maßgaben zum Ziel hat. Sie besitzen die entsprechende Erfahrung und Qualifikation und sind dadurch als „Anwält:innen des Werks" für die Qualitätssicherung, als Prozess-Coach für möglichst optimale Abläufe und/oder als Unterstützung für einen Showrunner/Headwriter für die Wahrung der Vision (nicht ihrer eigenen!) zuständig.[236] Jedwede Entscheidungsgewalt kann ihnen nur von einem (inhaltlich übergeordneten) Headwriter, einer (hierarchisch übergeordneten) Produzent:in oder einem (inhaltlich *und* hierarchisch übergeordneten) Showrunner verliehen werden.

Mit dem Development-, Creative- oder Executive-Producer-Titel *allein* geht also keine bzw. nicht per se eine schreibende Tätigkeit einher, der kreative Input wird in der Regel durch eine Anstellung oder Tagesgagen abgedeckt, weswegen eine Teilhabe an der urheberrechtlich geregelten Wertschöpfung (in Bezug auf Konzept oder die Episodenbücher) aus unserer Sicht in diesem Fall nicht angebracht ist. Auch juristisch sind Produzent:innen in unserem Rechtssystem keine

---

235 Der Begriff „Development Producer" wird auch in den USA verwendet, meint dort aber die Produzent:in der Produktionsfirma, die mit dem Creator gemeinsam am Serienkonzept arbeitet (was bei uns zu den klassischen Aufgaben von Produzent:innen, Producern oder auch Dramaturg:innen gehört), im Writers' Room aber in der Regel nicht dabei ist, weil hier der Showrunner übernimmt. Der Begriff (kein klassischer Credit) ist in den USA in der Arbeitspraxis also in Abgrenzung zu all den anderen „Producern" nötig, die dort ja z. B. auch Autor:innen im Room sein können.

236 Wir empfehlen die Besetzung dieser Position ausdrücklich, da selbst erfahrene Autor:innen oft nicht geübt darin sind, einen Room und damit ihre Kolleg:innen wirklich zu leiten. Explizite Ausnahme bilden hier Headwriter in der Daily- und Weekly-Produktion, die umfassende und sehr klar definierte Aufgaben- und Verantwortungsbereiche ausfüllen.

Urheber. Als Autor:innen können sie es aber werden, als sogenannte Writing Producer. Dies kann auch auf Regisseur:innen zutreffen, die dann zu Writing Directors werden. Voraussetzung ist allerdings, dass sie als Autor:innen an dem gesamten Prozess der Stoffentwicklung durchgängig teilnehmen, also Teil des Writers' Rooms sind und dementsprechend inhaltlich einem Headwriter oder einem Showrunner untergeordnet sind – sofern sie nicht selber genau diese Position einnehmen. Allerdings sind diese Bezeichnungen unserer Einschätzung nach nicht titelfähig, sondern dienen eher der beruflichen Positionierung bzw. Selbstdefinition.

STAFF WRITER

Der Begriff Staff Writer hat sich in Deutschland inzwischen durchgesetzt und bezeichnet im German Room – anders als im US-Modell – die Episodenautor:innen, die sowohl mit Plotten als auch Schreiben befasst sind. In vertraglicher Abgrenzung zu Einsteiger:innen ist für erfahrene Autor:innen zur beruflichen Selbstverortung auch die Position bzw. Bezeichnung Senior Writer angebracht.

Für ihre Beschäftigung ist es unabdingbar, nicht nur die Arbeit in einem hierarchischen System, sondern auch formale und strukturell-dramaturgische Vorgaben nicht als Einschränkung, sondern als professionelle Selbstverständlichkeit zu betrachten. Staff Writer müssen nicht nur ihr Schreibhandwerk absolut zuverlässig beherrschen, sondern auch in der Lage sein, sich die Vision einer übergeordneten Instanz anzueignen. Sie können mit der Erstellung von allen oder nur mit einzelnen Werkstufen eines Episodenbuches betraut sein und sind dann – anders als in Deutschland traditionell üblich – auch nicht automatisch alleinige Urheber. Dafür tragen sie weder die alleinige, noch die volle Verantwortung für das verfasste Werk oder die jeweilige Werkstufe – diese Verantwortung liegt einzig und allein bei der Headautor:in oder dem Showrunner. Insofern gibt es im German Room kein „mein Buch". Aber egal welche konkrete Arbeit eine Episodenautor:in für eine Episode geleistet hat, sie oder er verdient unseres Erachtens *immer* einen Credit, der in Ausdifferenzierung der tatsächlichen Tätigkeit nicht unbedingt das klassische deutsche „(Dreh-)Buch" sein muss, sondern beispielsweise auch „Story" oder „Storyline" im Falle von Drehbuchvorstufen lauten könnte.

Autor:innen, die an der Konzeptentwicklung beteiligt sind, können unter Umständen zu Mit-Urheber:innen werden und müssen in dem Fall auch genannt werden (z. B. auf dem Titelblatt eines Konzeptpapiers oder eines gemeinsam geplotteten Piloten und je nach Umfang dann auch mit Credit in der Serie), um so als Co-Creator ebenfalls an der Wertschöpfung beteiligt zu werden. Auch dies muss *vor* Arbeitsbeginn geklärt werden.

Auch wenn die Bezeichnung und Beschäftigung von Storylinern/Outlinern und Dialogbuchautor:innen hierzulande bislang nur im Bereich der Produktion von Daily Drama üblich ist, wollen wir sie hier aufführen – gut denkbar und auch empfehlenswert, dass diese Tätigkeitsprofile perspektivisch auch bei der Entwicklung von anderen Formaten mitgedacht werden. Storyliner sind in unserem Zusammenhang Personen, die an der Stoffentwicklung, insbesondere am Plotten von Episoden beteiligt sind und eine wie auch immer geartete oder bezeichnete Vorstufe des Drehbuches schreiben – das kann die Daily-typische Storyline sein, eine wesentlich knappere Outline oder ein Beatsheet, aber auch ein ausführliches Bildertreatment. Dialogbuchautor:innen sind hingegen Personen, die nicht zwangsläufig am vorherigen Stoffentwicklungsprozess beteiligt gewesen sein müssen (aber können) und die ausschließlich die Verschriftlichung einer Vorstufe in szenische Drehbuchform ausführen. Der Einsatz von solchen, sehr spezifischen Positionen kann durchaus sinnvoll sein – hat jemand ein ganz besonderes Talent in der einen (z. B. plotten) oder anderen Disziplin (z. B. Dialoge schreiben), kann dies die Qualität aller Episoden enorm steigern. Die Unterscheidung ist aber logischerweise nur sinnvoll bzw. notwendig, wenn eine Autor:in nur mit *einer* dieser beiden Arbeitsstufen betraut ist[237] – schreibt eine Person beides, ist sie automatisch Episodenautor:in. Beide Tätigkeiten erzeugen eine anteilige Urheberschaft an einem Episodendrehbuch.

---

237 Was aus organisatorischen Gründen, etwa bei einer eingeschränkten zeitlichen Verfügbarkeit, Sinn machen kann – oder wegen des expliziten Talents für eine der beiden Textformen.

Unüblich ist in unserem System außerdem die gesonderte Behandlung oder auch Nennung von schreibenden Einsteiger:innen. Sie sollten unserer Meinung nach in einem German Room perspektivisch aber unbedingt mitgedacht und einbezogen und auch so bezeichnet werden – die sukzessive und praxisnahe Heranführung an den Beruf ist schließlich ein wesentlicher Bestandteil des erfolgreichen Originals. Zudem sollten sich perspektivisch Erfahrung und Erfolg nicht nur an steigenden Honoraren, sondern auch nach außen sichtbar an den Credits ablesen lassen.

Im US-amerikanischen System werden sie als Staff Writer (intern auch als Baby Writer) bezeichnet, wir wollen sie – in Anlehnung an die uns bekannten Junior Producer – Junior Writer oder auch Junior-Autor:in nennen. Auf diese Weise wird klar, dass sie zwar Autor:innen sind, aber eben auch Anfänger:innen, die keinesfalls die gleiche Verantwortung tragen (und entsprechend auch nicht übertragen bekommen sollten) wie die erfahrenen Kolleg:innen. Es darf nicht länger als lästiges Übel gelten, sondern muss klar akzeptiert sein und entsprechend einkalkuliert werden, dass sie mehr Aufmerksamkeit, Betreuung und Führung brauchen. Dennoch erbringen sie kreative und damit schöpferische Leistungen und sind entsprechend an der Wertschöpfung zu beteiligen. Gleichzeitig gehen wir aber auch davon aus, dass ihr Input (aufgrund der geringeren Erfahrung) nicht von der gleichen verlässlichen Konsistenz und Tiefe sein kann, wie er von einer erfahreneren Kolleg:in zu erwarten ist, weswegen für sie auch andere Gagen gelten (können).[238]

Ebenfalls überaus wertvoll, oft unterschätzt und von uns ausdrücklich empfohlen ist der Einsatz eines Writers' Assistant. Dies ist eine extrem nützliche Position, gleichzeitig ein exzellenter, weil praxisnaher Einstieg für angehende Autor:innen. Neben administrativen (z. B. Script Coordination), organisatorischen (z. B. Terminkoordination) oder einfachen unterstützenden Tätigkeiten

---

238 Entpuppt sich ein Junior Writer als außerordentliches Talent, das auch ohne entsprechende Erfahrungswerte die Leistung und Qualität einer Episodenautor:in erfüllen kann und als solche eingesetzt wird, muss sich dies natürlich in Sachen Gage und Titel niederschlagen (wie dies auch in den USA üblich ist).

für den Room (z. B. Recherche) kann diese Person mit essenziellen, aber nicht kreativen Schreibarbeiten betraut werden (Protokolle oder auch die Fixierung von Beatsheets) – ohne dass daraus schon zwingend urheberrechtlich relevante Ansprüche erwachsen. Möchte man ganz gezielt Nachwuchs z. B. für ein bestimmtes Format ausbilden, ist die Einbindung von Hospitant:innen oder auch Trainees sinnvoll. Diese können die oben genannten Aufgaben eines Writers' Assistant übernehmen, sind aber möglicherweise auch nur für eine begrenzte Zeit am Stoffentwicklungsprozess beteiligt, um eine konkrete Werkstufe oder einen bestimmten Teil des Prozesses kennenzulernen.[239]

Das US-amerikanische Guild-System, welches seit Jahrzehnten die Showrunner und ihre Writers'-Room-Autor:innen als kreatives Epizentrum von fiktionalen Formaten versteht, hat allgemein anerkannte und verbindliche Regularien für die Vergabe der Credits gefunden. Eine solche Form von Verbindlichkeit gibt es bei uns leider (noch) nicht – das letzte Wort über Art und Anzahl der genannten Titel liegt hierzulande traditionell bei den Sendern, die hierfür häufig eigene Regularien haben. Hier müssen sie sich bewegen und flexible Lösungen erarbeiten, die eine angemessene Würdigung der Akteur:innen in diesen neuen Prozessstrukturen möglich macht. Eine (willkürliche) Begrenzung zum Beispiel bei der Anzahl von Namen für eine bestimmte Position, oder andersherum die Begrenzung der Anzahl an Titel für eine bestimmte Person, hat beispielsweise nichts (mehr) bzw. wenig mit der Realität eines Writers' Rooms zu tun. Unserer Meinung nach sollte sich auch in Deutschland die Credit-Vergabe mehr an tatsächlichen, sich verändernden Prozessen orientieren und diese im Vor- und Abspann widerspiegeln. Einzelfälle zeigen, dass es durchaus bereits eine neue Offenheit zu geben scheint. Das sollte Ansporn für die Produzent:innen sein, die Auftraggeber in die Pflicht zu nehmen, auf die sich zunehmend verändernden neuen Arbeitsweisen zu reagieren und den damit verbundenen Ansprüchen aller Beteiligten auf angemessene Wahrnehmung zu entsprechen.

---

239 Indem sie zum Beispiel ein Shadow schreiben, was wir zu Ausbildungszwecken grundsätzlich empfehlen – allerdings ist dann natürlich auch Zeit für Lektüre und Feedback einzukalkulieren.

> *Absolute Klarheit und Transparenz in Bezug auf Verantwortlichkeiten, Positionen, ihre Bezeichnung und Entlohnung ist eine grundlegende Voraussetzung für die reibungslose Funktionsweise eines German Rooms. Autor:innen können je nach Tätigkeitsbereich, Erfahrung und Kompetenz* MEHRERE *verschiedene Titel generierende Positionen ausfüllen, deren Bezeichnung sowohl im Arbeitsprozess als auch in der Credit-Vergabe möglichst unmissverständlich zu klären ist.*

4. LEGAL FRAMEWORK UND VERTRAGSGESTALTUNG

Wie wir in Kap. I. erläutert haben, war bzw. ist das Selbstverständnis von deutschen TV-Autor:innen von einer Kultur geprägt, die tief in der Idee des künstlerischen Geniegedankens verwurzelt ist. Dazu trägt – wenn auch nicht intendiert – auch unsere gängige Vertragsgestaltung bei, in der Autor:innen versichern müssen, „alleinige Urheber" eines (schützenswerten) Werkes zu sein, das rechtlich durch die individuelle „persönliche geistige Schöpfungshöhe" definiert ist.

Ebenso problematisch ist aus heutiger Sicht die Fokussierung auf das Drehbuch als wesentliche geldwerte Leistung. Am wirkungsmächtigsten ist hierbei sicherlich die (ebenso gängige wie ungerechte) Praxis der Risikoverlagerung hin zu den Autor:innen – indem der Löwenanteil des Honorars erst für das endgültig abgenommene Buch, womöglich sogar erst zu Drehbeginn fällig wird. Zudem hat sich die Praxis eines Total Buy Out durchgesetzt, rechtlich flankiert durch den nebulösen Anspruch auf „angemessene Entlohnung"[240] (bei einem unerwarteten Erfolg). Erfolg war zu Zeiten von analogen Ausstrahlungen vergleichsweise gut messbar – doch nun hat sich das Nutzungsverhalten grund-

---

240 Nebulös deswegen, weil sich über den Begriff „angemessen" offensichtlich ausgiebig streiten lässt – wie sich an diversen gerichtlichen Auseinandersetzung ablesen lässt, vgl. zum Beispiel Legal Tribune Online: OLG Stuttgart bejaht Nachvergütungsanspruch: Chef-Kameramann von DAS BOOT erhält Geld von ARD, www.lto.de.

legend geändert, Inhalte sind in den Mediatheken und auf Streamingportalen ganz anders verfügbar. Umso wichtiger ist es, dass deutsche und europäische Serienentwickler:innen sich nicht nur diensteifrig neuere Arbeitsweisen wie etwa den Writers' Room aneignen und sich den teilweise recht rigiden vertraglichen Vorgaben global agierender Unternehmen beugen, sondern dass sie im Gegenzug für ihre auch international immer wertvolleren Produkte und Leistungen auch angemessene Vergütungsmodelle einfordern.[241]

Denn bisher ist es insbesondere für US-amerikanische Streaminganbieter nicht nur ein strategischer Schachzug, lokale Märkte auch mit lokalem Content zu erobern, sondern auch ein wirtschaftlicher: Mit wesentlich geringeren Kosten als auf dem heimischen Markt können sie hier international erfolgreiche Formate herstellen.[242] Und diese lokalen Formate können auch nur von lokalen Kreativen hergestellt werden. Sowohl Produzent:innen als auch Showrunner sollten diesbezüglich den Schulterschluss auch mit europäischen Kolleg:innen suchen – denn allerorten ändern sich gerade die Arbeitsweisen und wir sollten die Chance der Neujustierung ergreifen, um nicht nur gerechtere, sondern auch einheitliche und verbindliche Vereinbarungen zu treffen.

Für die Autor:innen in einem Writers' Room gilt eine gemeinschaftliche Urheberschaft, die in der Schaffung eines Werkes durch mehrere Personen begründet ist. Jeder Miturheber erbringt einen (schöpferischen) Werkbeitrag, „ohne dass sich ihre Anteile gesondert verwerten lassen".[243] Aber was ist ein gemeinsames Werk im German Room? In unserem Zusammenhang ist das eben nicht nur das Drehbuch einer Episode, sondern auch die gemeinsam erarbeitete (Staffel-)Konzeption und vor allem die wesentlichen, gemeinsam erarbeiteten (schriftlichen) Vorstufen des Drehbuches – wie auch immer sie

---

241 Seit Frühjahr 2021 befindet sich der VDD in Verhandlung mit Netflix über eine Gemeinsame Vergütungsregelung (VGR) – ein dringend erforderlicher Meilenstein, an dem sich alle nachfolgenden Vereinbarungen und auch der Gesetzgeber orientieren werden. Vgl. auch Fußnote 250.
242 Die WGA definiert ein Episodenbudget bis 1,7 Millionen Dollar als Low-Budget-Produktion, ab 3,8 Millionen Dollar pro Folge ist dann von High Budget die Rede, die jeweiligen Honorare (auch für Autor:innen) werden in den USA entsprechend angepasst. Vgl. WGA: Schedule of Minimums 2020.
243 § 8 Abs. 1 UrhG. Kommentierende Anregungen sind insofern nicht ausreichend, um eine Miturheberschaft zu generieren, weswegen beispielsweise durch Assistent:innen-Tätigkeiten oder auch durch eine dramaturgische Beratung in der Regel keine urheberrechtlichen Ansprüche entstehen – und eben auch nicht durch Anmerkungen und Impulse von Produzent:innen oder Regie.

vertraglich bezeichnet werden (z. B. Beatsheet, Exposé, Treatment, Story- oder auch Outline).

Durch das gemeinsame Erschaffen der jeweiligen Werkstufen entsteht also die sogenannte „Miturhebergemeinschaft". Die Erlöse aus einer Veröffentlichung oder Verwertung stehen im Falle einer Erlösbeteiligung allen Miturheber:innen im Zweifel zu gleichen Teilen zu – sofern dies nicht anders verabredet ist. Deswegen ist es von so zentraler Bedeutung, dass die Anteile der Mitwirkung vorab vertraglich verabredet werden. Es muss außerdem Einigkeit und ein gemeinsames Verständnis der Prozesse und Positionen und deren Honorierung herrschen. Showrunner, Executive Producer und Headwriter sollten hier den Autor:innen (verbindliche) Vorschläge machen, denn es liegt in ihrem Verantwortungsbereich, nach welchen Regeln der German Room funktionieren soll.

Anteile an Budget und Verwertung

Im Modell German Room haben nicht nur alle am jeweiligen Plottingprozess einer Episode und der Staffelkonzeption beteiligten Autor:innen, sondern auch der Creator und/oder ein Headwriter einen schöpferischen und damit urheberrechtlich relevanten Anteil an jedem Episodendrehbuch, in der Regel auch an der Staffelkonzeption. Um Missstimmungen oder gar juristische Auseinandersetzungen zu vermeiden, sollten die Anteile der einzelnen Akteur:innen an jeder Werkstufe also im Vorfeld reflektiert, kommuniziert und in angemessene Entlohnungsmodelle gegossen werden.

Neben den schriftlich manifestierten Werkstufen (Drehbuch und die oben benannten Vorstufen) muss dabei auch die Plottingphase im Writers' Room Berücksichtigung finden, denn brainstormen, futuren, plotten oder eine Folge „breaken" sind ebenfalls Autor:innentätigkeiten, die nicht nur Zeit, sondern auch Know-how und Kreativität erfordern und deshalb regelmäßig bereits für sich allein betrachtet persönliche geistige Schöpfungen darstellen. Die schriftliche Fixierung eines Werkes bzw. von Werkteilen ist insoweit keinesfalls Voraussetzung für den Urheberrechtsschutz. Mündliche Äußerungen von schöpferischen Leistungen genügen, selbst wenn sie nicht aufgezeichnet werden.

Gleichwohl sind schriftlich fixierte Werkstufen demgegenüber leichter zu identifizieren und entsprechend zu besolden, da sie den beteiligten Personen besser zugeordnet werden können. Wie will man diese verschiedenen Werkstufen bzw. Tätigkeiten nun angemessen anteilig entlohnen? Letztendlich kann dies nur individuell gestaltet werden, wir halten jedoch eine möglichst allgemeingültige und zumindest ungefähre Verabredung für sinnvoll. In Anlehnung an die bei der Daily Soap üblichen Aufteilung schlagen wir als Diskussionsgrundlage folgende Aufteilung der Wertschöpfung (und mögliche Credits vor:[244]

	Wert-schöp-fung		Credit	Budget
Creator	ca. 5%	Hat die Idee entwickelt und Serienkonzeption/ Vision verschriftlicht, darin Thema, Setting, Figuren und Staffeldesign skizziert.[1]	Creator, created by, Idee und Konzeption	Konzept
Staffel-outline, Staffelkon-zeption	10%	(Grob) ausgeplottete *gesamte* Staffel, auf jeden Fall konkreter ausgearbeitet als die Konzeption (z. B. Arena und Tent-Poles jeder Episode).[2]	Story Develop-ment	Konzept, Drehbuch
Headwriter	5%	Verantwortet und steuert inhaltlich vollver-antwortlich den gesamten Prozess der Buchent-wicklung als Visionkeeper und finalisiert (und verantwortet) alle Episodenbücher.[3]	Headwriter, Chefau-tor:in, Head-autor:in	Personal, Drehbuch
Outline, Beatsheet, Exposé, Treatment o. Ä.	30%	Wie auch immer geartete, auf jeden Fall verbind-liche und verschriftlichte Vorstufe eines Episoden-drehbuchs. Entlohnung kann zusätzlich aufgeteilt werden in z. B. 1. Fsg. (20 %) und 2. Fsg. (10 %).	Story, Storyline	Personal, Drehbuch
Drehbuch	50%	Kann ebenfalls aufgeteilt werden (z. B. 1. Fsg. 30 %, 2. Fsg. 10 %, 3. und 4. Fsg. 5 %). Auf diese Weise kann die Entlohnung für eine Überarbeitung durch eine Autor:in z. B. klar zugeordnet werden.[4]	Buch, Drehbuch, Dialogbuch (Soap)	Personal, Drehbuch

1 Insbesondere (sehr) lang laufende Formate emanzipieren sich womöglich irgendwann von ihren Schöpfer:innen, weswegen dieser Anteil abnehmen kann. Doch grundsätzlich sind die Creators eines Formats inbesondere in den ersten Staffeln an den Episodenbüchern zu beteiligen, da sie mit ihrer Kreation das Format naturgemäß prägen.
2 Wenn Autor:innen z. B. bereits im Konzeptstadium mitarbeiten und einen wesentlichen Beitrag leisten zur Staffel-konzeption, muss diese schöpferische Leistung honoriert und auch manifestiert werden – indem sie z. B. als Co-Creator auf dem Konzeptpapier genannt werden – unabhängig davon, ob sie es konkret (auf-)geschrieben haben oder nicht.
3 Dieser Headwriter-Anteil pro Buch sollte ein Polish abdecken – für umfassende Überarbeitungen oder gar komplette Rewrites sind gesonderte Vereinbarungen zu treffen.
4 Auf jeden Fall sollte eine feste Anzahl von Fassungen vereinbart werden – anders lässt sich ein präziser Zeitplan sowieso nicht erstellen bzw. einhalten.

244 Als Bemessungsgrundlage dienen hier die von uns empfohlenen Positionen und (schriftlichen) Werkstufen für ein Episodendrehbuch einer neu entwickelten Serie. Die Werkstufen können dabei individuell bezeichnet und unterschiedlich ausführlich ausfallen. Diese Anteilsübersicht kann dann nicht nur Grundlage für angemessene Entlohnungen sein, sondern auch für die prozentualen Anteile von Folgevergütungen (VG-Wort, Bestsellervergütung etc.) eine Orientierung bieten.

Um dies noch einmal ganz deutlich zu machen: Das kann und darf in Sachen Honorare nicht bedeuten, bisher übliche und an eine oder vielleicht zwei Episodenautor:innen ausbezahlte Drehbuchgagen einfach auf mehrere Personen zu verteilen, sondern vielmehr, dass das Gesamtbudget für eine Episode erhöht werden muss bzw. dass die bisher nicht oder selten kalkulierten und ausbezahlten Gagen für die Wertschöpfungsanteile zum Beispiel des Headwriters on top hinzukommen.[245]

Ausschlaggebend für die Feststellung einer urheberrechtlich relevanten Leistung können auf diese Weise nach wie vor die schriftlich fixierten Werkstufen einhergehend mit den Nennungen sein: Wer auf der entsprechenden Werkstufe genannt wird, ist automatisch an der Wertschöpfung beteiligt. Die hier vorgeschlagene höhere Allokation der Anteile auf die schriftlich fixierten Vorstufen des Drehbuchs dient zugleich einer angemesseneren Honorierung der schöpferischen Leistungen aus dem (überwiegend mündlich gestalteten) Plottingprozess. Eine gestandene Autor:in hat hier sicherlich eine andere Verhandlungsposition als ein Newcomer, aber auch diese Denk- und Herangehensweise halten wir für sinnvoll: Auch die Chance auf Beteiligung an der Wertschöpfung sollte als messbare Größe eines Professionalisierungsgrades betrachtet werden, der sich an Erfahrung und Berufspraxis bemisst – und nicht an der (im Vorfeld ebenfalls schwer messbaren) Genialität einer einzigen Idee bzw. deren mutmaßlicher (und ebenfalls schwer messbaren) Wirkungsmächtigkeit für das Format.

Und last but not least: Alles, was vor der konkreten Ausformulierung von Episoden stattfindet, muss zukünftig endlich gesondert kalkuliert, finanziert und angemessen entlohnt werden.

---

245 Wie gesagt, diese Anteile stehen unseres Erachtens Headwritern und Creatorn zu, ob sie eingefordert oder ob sie vielleicht auch durch eine andere Vergütungsform abgegolten werden, ist Verhandlungssache.

Autor:innen in einem German Room sind in keinem Fall alleinige Urheber:innen eines Episodendrehbuches – egal welche und wie viele Werkstufen sie tatsächlich schreiben. An der Wertschöpfung sind immer auch der Creator/Showrunner und/oder Headwriter beteiligt. Die Konzeptentwicklung ist angemessen zu entlohnen und getrennt von der Drehbucherstellung zu budgetieren.

VERTRAGSGESTALTUNG

Seriendrehbücher wurden auch in der Vergangenheit nur in den seltensten Fällen wirklich von einer Einzelperson entwickelt, und heute schon gar nicht – dieser Realität muss auch vertraglich Rechnung getragen werden.

Welche Vertragsart empfiehlt sich nun für die Staff Writer in einem German Room? Die Beschäftigung mittels des üblichen Werkvertrags bietet den Produzent:innen am meisten Flexibilität, was Art, Umfang und auch Dauer der Beschäftigung betrifft – eine exklusive Bindung an das Projekt (sowohl inhaltlich als auch zeitlich) können sie allerdings nicht erwarten und nach deutschem Werkvertragsrecht auch nicht einfordern. Ein Anstellungsvertrag, wonach die Leistungserbringung als solche geschuldet und die Vergütung nicht an konkrete Werkstufen geknüpft ist, unterliegt hingegen komplexen arbeitsrechtlichen Vorgaben (unter anderem bzw. insbesondere in Bezug auf den Kündigungsschutz). Eine Alternative bieten Dienst- oder auch Stabverträge, die mit entsprechenden Werkvertragselementen kombiniert werden können. Allerdings können sich gerade bei den weisungsgebundenen Staff Writern hieraus auch Statusabgrenzungsfragen ergeben, die es vorab zu klären gilt.

Im Rahmen von Verträgen mit Autor:innen ist zu präzisieren, ob sie beispielsweise schon an der Staffelkonzeption mitgearbeitet haben und deshalb auch an der Wertschöpfung der Episoden zu beteiligen sind. Oder ob sie als Autor:innen im Writers' Room verpflichtet werden, ohne an der Staffelkonzeption mitgearbeitet zu haben. Hier sind insbesondere der Schreibauftrag/Umfang und die Timeline festzulegen und die dafür vorgesehenen Credits und urheberrechtliche Anteilsregelungen zu vereinbaren, denn die Leistungspflicht kann sich nur nach einem vorher vereinbarten Vertrag richten. Die Anwesenheit der Writers'-Room-Autor:innen sollte zudem per Tages- bzw. Wochengagen entlohnt werden – und zwar und unabhängig von den konkreten Schreibaufträgen.

In Bezug auf die in Deutschland bei Werkaufträgen gesetzlich geregelte Abnahme von Werken bzw. Werkstufen müssen ebenfalls die spezifischen Arbeits- und Funktionsweisen des Modells German Room mitgedacht werden. Zunächst muss geklärt bzw. möglicherweise angepasst werden, wer die Abnahme letztendlich verantwortet und erteilt: Die Abnahme eines Werkes unterliegt rechtlich dem Auftraggeber, also regelmäßig den Produzent:innen als Vertragspartner:innen der Autor:innen – die Letztentscheidung über die Abnahme kann jedoch vertraglich auch an den Showrunner oder einen Headwriter übertragen werden.[246]

Im Hinblick auf die Vergütung der Autor:innen ist für alle Vertragsparteien zu klären, inwieweit die üblichen Parameter für eine Anknüpfung an die Abnahme von Werkstufen und/oder Drehbüchern noch greifen können.[247] Denn im German Room liegt die Verantwortung für die konkrete inhaltliche Ausgestaltung ja noch viel weniger beim einzelnen Staff Writer, insofern ist es interessengerechter, die Vergütung an die termingerechte Lieferung zu koppeln. Für nicht mehr zeitgemäß halten wir zudem die Vereinbarung einer letzten Rate bei Drehbeginn – denn ob eine Produktion stattfindet oder nicht, liegt ganz sicher nicht in der Verantwortung der ohnehin weisungsgebundenen Episodenautor:innen. Da diese Vorgehensweise mit dem bei uns gängigen Geldfluss zu tun hat (die Produktion also erst zahlt, wenn sie ihrerseits Geld vom Auf-

---

246 Perspektivisch halten wir es für sinnvoll und auch möglich, dass Showrunner die juristischen Vertragspartner:innen der Autor:innen werden – denn dies entspricht dem Grundgedanken, dass Showrunner produzentische Verantwortung übernehmen.

247 Häufig ist die Zahlungsfälligkeit dem deutschen Werkvertragsrecht entsprechend an die Abnahme von Werkstufen gekoppelt, die Regeln für Abnahme bzw. Verweigerung einer Abnahme sind ebenfalls gesetzlich geregelt. Dazu gehört auch, dass die Abnahme beispielsweise nicht willkürlich verweigert werden kann.

traggeber bekommt), muss hier perspektivisch nach einer gerechteren Balance gesucht werden – die auch die Auftraggeber mit in die Verantwortung nimmt.

Ebenfalls bedenkenswert sind auch angemessene Formulierungen bezüglich des gesetzlich verankerten Rechts auf Nachbesserung durch den Auftragnehmer bei Mängeln – denn im Modell German Room sind Fristverlängerungen gegenüber einzelnen Autor:innen nicht vorgesehen beziehungsweise nur schwer handhabbar: Wenn eine Autor:in einen Arbeitsschritt/eine Werkstufe nicht ordnungsgemäß oder wie geplant abliefert, übernimmt jemand anderes diese Aufgabe. Die finale inhaltliche Verantwortung liegt im Modell German Room eben nicht bei den Autor:innen, sondern beim Showrunner(-Team) oder einem Headwriter, dementsprechend müssen diese idealerweise auch die Freiheit haben, das Schreibteam jederzeit nach ihren Vorstellungen zu gestalten – also unter Umständen auch, eine Autor:in aus dem Team auszutauschen. Da dies für alle ein nicht nur schmerzlicher, sondern auch juristisch heikler Vorgang ist, gilt es hier ganz besonders, im Vorfeld verbindliche, aber auch angemessene Vereinbarungen zu finden.

Ebenso wenig ist es zweckdienlich, einen Vertrag über eine bestimmte bzw. ganze und konkret benannte Episodenfolge mit den einzelnen Autor:innen abzuschließen (denn dies kann sich im Prozess ändern). Sinnvoller ist es beispielsweise, sich auf eine bestimmte, garantierte Anzahl von Credit-fähigen Werkstufen und/oder einen garantierten Zeitraum zu verständigen – auf diese Weise hat der Showrunner/Headwriter die nötige Freiheit in der Bucharbeit und auch die Autor:innen immer noch eine planbare Sicherheit. Unbedingt empfehlenswert ist auch die Begrenzung auf eine fest vereinbarte Anzahl an Fassungen (aller Werkstufen) – denn anders lässt sich ein verlässlicher Zeitplan nicht erstellen und erst recht nicht einhalten.[248]

Für Showrunner und Headwriter sind die Möglichkeiten der individuellen Vertragsgestaltung natürlich ungleich größer. Einige Parameter sollten aller-

---

248 Als Richtwert sollten max. zwei Fassungen für die DB-Vorstufe und drei bis vier Fassungen für das Drehbuch gelten – wobei die letzte Fassung immer dem Headwriter/Showrunner gehören muss, so ein finaler Polish oder ein finaler Rewrite notwendig ist.

dings auch hier eindeutig geklärt werden, da Showrunner und Headwriter immer in einer Doppelfunktion agieren: einerseits in einer führenden produzentischen Position, z. B. als Executive Producer, andererseits erbringen sie als Autor:innen auch urheberrechtlich relevante Leistungen. Diese beiden Leistungsarten sollten in getrennten Verträgen geregelt werden. Hierbei ist die genaue Bestimmung der Leitungs- und Führungsaufgaben wie auch der damit einhergehenden Letztentscheidungsrechte von Bedeutung, vor allem in Bezug auf die Zusammenarbeit mit den (anderen) Executive Producern. Bezüglich der Autor:innentätigkeit sind insbesondere Erfolgsbeteiligungen und/oder *Format Fees* zu verhandeln, die Mitwirkung an weiteren Staffeln und natürlich angemessene Exit-Vereinbarungen zu treffen.

Perspektivisch wird die Vertragslage also anspruchsvoller, da einzelne Akteur:innen unter Umständen mehrere Positionen bekleiden und Werkstufen gesondert bzw. nach anderen als den bisher gängigen Parametern beurteilt und entlohnt werden. Wir empfehlen jedenfalls, auch darüber nachzudenken, die Autor:innen mit Anstellungsverträgen an ein Projekt zu binden. Auf diese Weise ist der Produzent:in die exklusive Verfügbarkeit für einen gewissen (begrenzten) Zeitraum und den Autor:innen für diesen Zeitraum ein geregeltes Einkommen garantiert. Und da ein Writers' Room erst nach Beauftragung zustande kommt, ist die Finanzierung (theoretisch) gesichert. Sicher, für Produzent:innen ist die Anstellung aufgrund der zu entrichtenden Sozialleistungen und der geringeren Flexibilität im Falle eines erforderlichen Austauschs von Autor:innen kostenintensiver – andererseits ist ein ganz anders planbarer Workflow und auch Output möglich, wie verschiedene Beispiele aus der Praxis zeigen. Für Autor:innen ist hingegen ein nicht unerhebliches Maß an arbeitsrechtlichem Schutz und auch finanzielle Sicherheit gewährleistet – allerdings ist der Wechsel zwischen freiberuflicher und angestellter Tätigkeit in Deutschland nicht ganz unproblematisch und mit teilweise erheblichem bürokratischen Aufwand verbunden.[249]

---

249 Sobald 51 Prozent der Einkünfte aus nicht selbstständiger Arbeit erwirtschaftet werden, besteht beispielsweise keine Beitragsberechtigung bei der Künstlersozialkasse (KSK) mehr. Für Autor:innen ist das Angestellten-Modell insofern erst ab einem bestimmten Beschäftigungszeitraum/Einkommen wirtschaftlich sinnvoll.

Zentraler Leitgedanke bei einem Writers' Room sollte dennoch sein, zumindest die Position Headwriter/Showrunner konsequent zu implementieren und eine Mindestanzahl von Episodenautor:innen für die Dauer der Buchentwicklung so exklusiv wie möglich zu engagieren – die dadurch entsprechend für alle beteiligten Parteien besser planbar wird.

Vergütung

Die Entlohnung für die individuellen Arbeiten der Autor:innen in einem German Room ist das eine. Vertraglich werden hierfür regelmäßig Buy-Out-Vergütungen vereinbart, also ein Festbetrag (kann auch budgetabhängig sein), mit dem die Übertragung aller Verwertungsrechte an Werk und Arbeitsleistungen abgegolten werden. Zudem gibt es Vereinbarungen, die zusätzlich eine Erfolgsbeteiligung an den Auswertungserlösen der Produzent:innen vorsehen.

Letztere gestaltet sich allerdings insbesondere bei seriellen Auftragsproduktionen schwierig, in denen die Produktionsfirma im Wege von „Total Buy Out"-Vereinbarungen mit ihrem Auftraggeber (Sender, Streamer etc.) selbst nur mit einer Servicegebühr entlohnt wird. Die angemessene Vergütung der Autor:innen liegt insoweit in den Händen der Verwerter. Diese sind in Deutschland gesetzlich dazu verpflichtet, mit Vereinigungen von Urheber:innen (also beispielsweise dem VDD) Verhandlungen über gemeinsame Vergütungsregeln zu führen, worin die Angemessenheit von Vergütungen und weitere Zahlungen im Erfolgsfall festgelegt werden. Einmal getroffene Vereinbarungen von Branchenverbänden gelten dabei als Richtschnur, an der sich auch die Gerichte im Falle von juristischen Auseinandersetzungen orientieren – was die Bedeutung dieser Vereinbarungen hervorhebt.[250]

„Erfolg" lässt sich dabei nicht mehr nur in Ausstrahlungen und Quoten bemessen, auch die Dauer der Verfügbarkeit in Mediatheken und auf Plattformen

---

250 So sind die zwischen VDD und den öffentlich-rechtlichen Sendeanstalten vereinbarten Vergütungsregelungen (GVR) auch für andere Marktteilnehmer bindend. Wie erwähnt befindet sich der VDD derzeit in Verhandlungen mit Netflix, vgl. Marc Mensch: Update: Netflix in Verhandlungen über gemeinsame Vergütungsregeln, https://beta.blickpunktfilm.de.

generiert einen Wert – genauso wie Abrufzahlen, die in einem bestimmten Zeitraum generiert werden. Allein die Verfügbarkeit stellt insofern bereits einen Gewinn für die Lizenznehmer:in dar und sollte dementsprechend auch angemessen vergütet werden. Es ist notwendig, hier zeitgemäße Modelle zu erarbeiten.[251]

Gängige Parameter der Vertragsgestaltung müssen im Modell German Room neu definiert werden – hierzu gehören insbesondere Schreibauftrag, Werkstufe, Abnahme, Vergütung und Credits. Perspektivisch kann sich vor allem auch die Beschäftigung von Autor:innen von der Freiberuflichkeit hin zu Formen der (zeitlich begrenzten) Anstellung bewegen. Auf jeden Fall sollten Lösungen für eine exklusive Bindung an das Format gefunden werden. Für Showrunner gilt es aufgrund ihrer multiplen Tätigkeitsbereiche (als zum Beispiel Executive Producer UND Headwriter) unterschiedliche Verträge zu schließen.

5. ARBEITSWEISEN IN DER KONZEPTPHASE

Konzeptpapiere landen unseres Erachtens immer noch zu oft zu früh auf den Schreibtischen von Entscheider:innen – und haben entsprechend geringere Chancen auf Wahrnehmung geschweige denn ein Greenlight. Oder (fast noch schlimmer): Sie erhalten ein Greenlight, ohne dass die Vision wirklich steht, was im weiteren Verlauf der Stoffentwicklung etliche Verständigungs- und Abgleichungsrunden nach sich zieht, die bei allen Beteiligten zu Einbußen von Zeit, Nerven und vor allem Geld führen. Dem kann nur mit Investitionen in die

---

251 Ein Blick auf die Vereinbarungen der WGA kann hier hilfreich sein. Allerdings sind diesbezüglich auch die rechtlichen und systemischen Unterschiede zu berücksichtigen: wer ist Hersteller:in, Urheber:in, Eigentümer:in, Lizenznehmer:in etc.

Visionsentwicklung vor Sender- oder Plattformbeteiligung begegnet werden – und liegt somit im Wesentlichen in der Hand der Produzent:innen.[252]

Der Writers' Room kommt für gewöhnlich erst *nach* dem Greenlight eines Senders oder Streamers zum Einsatz, um die konkrete Arbeit des Ausplottens der Episoden und die Entwicklung der Drehbücher zu bewerkstelligen. Doch die beschriebenen Methoden eigenen sich natürlich auch für die Konzeptentwicklungsphase. Ähnlich wie dies seit geraumer Zeit die sogenannten Mini-Rooms in den USA tun (siehe Kap. III. 5.), empfiehlt sich diese Art der gemeinsamen Konzeptentwicklung insbesondere dann, wenn die Creators oder die Firma selbst wenig Serienerfahrung haben und/oder offen für die Unterstützung durch ein Team sind. Doch was früher (deutlich weniger strukturiert) vielleicht als gemeinsames Brainstormen bezeichnet wurde, will heute oft gleich ein Writers' Room sein. Es handelt sich hierbei aus unserer Sicht aber lediglich um eine Art Vorform, bei der manche der Tools genutzt werden. Wir nennen dieses Modell im Folgenden deshalb den „Room vor dem Room" oder auch Concept Room.

DER CONCEPT ROOM

Zu Beginn einer Serienidee steht oft ein einziger Impuls: eine Welt bzw. Arena, eine Prämisse, eine Zeitepoche oder aber vielleicht auch eine Vorlage (Roman, Biografie o. Ä.). Ein Concept Room kann davon ausgehend durch das sinnvolle Zusammenwirken verschiedener Kräfte vergleichsweise schnell und effektiv den Creator (in vielen Fällen dann der spätere Headwriter/Showrunner) dabei unterstützen, die richtigen Entscheidungen für konkrete Format-Prämissen, Figuren oder mögliche Handlungsstränge zu treffen. Gibt es hingegen bereits ein erstes Konzept oder existieren Ideen für Charaktere und Storylines, kann ein solcher Room nicht nur dabei helfen, sie tiefer auszuarbeiten, sondern sich auch einer klareren Vorstellung darüber anzunähern, wie z. B. die Tonalität der Serie ist, in welchem Genre oder Genremix sie sinnvollerweise verortet sein wird oder welche erzählerische Dichte die richtige ist.

---

252 Eine wichtige Rolle in der Finanzierung der Konzeptphase spielen (gerade für kleine Firmen) die erfreulicherweise zunehmenden Formen der Förderung für die Entwicklung von Serienkonzepten.

Für wie lange ein Concept Room zusammenkommt, hängt von der jeweiligen Zielsetzung und Ausgangslage ab. Ein Concept Room kann sich beispielsweise über Monate hinweg immer wieder an Wochenenden treffen oder zwei Wochen am Stück arbeiten. Wenn nur eine erste Idee und eine Arena zum Beispiel feststehen, aber noch viel an Figuren und möglichen Storylines, der Erzählweise und der Tonalität gearbeitet werden muss, sind mehrere Wochen einzuplanen. Wenn es bereits eine ordentliche erste Fassung eines ausgearbeiteten Konzepts gibt, können wenige Tage vollkommen ausreichen, um es mithilfe der kreativen Kollaboration zu schärfen.

Die Größe und Auswahl des Teams ist natürlich auch bei einem Concept Room immer eine individuelle Entscheidung und hängt von dem zur Verfügung stehenden Budget ab. Es macht aber Sinn, sich an der geplanten Größe des späteren Writers' Rooms zu orientieren. Gleiches gilt für die Auswahl der Autor:innen, die potenziell für die Weiterarbeit infrage kommen können, aber nicht zwingend müssen. Im Modell Concept Room können zudem Strukturen und Arbeitsweisen erprobt werden, die im späteren Room enorm Zeit sparen, weil ein Kennenlernen und sich ans Format herantasten nicht mehr nötig ist. Concept Rooms bieten zudem die Möglichkeit, Autor:innen und ihre Arbeitsweisen kennenzulernen, sich als Team auszuprobieren oder aber vorbereitend Writers'-Room-Tools und -Handwerk zu trainieren. Den beteiligten Autor:innen bietet der Concept Room im Gegenzug die Chance, für sich zu entscheiden, ob sie der (immer klarer werdenden) Vision folgen und später im Room effektiv und im Sinne der Serie arbeiten könnten und wollen – oder eben nicht.[253]

Hat ein Creator oder Headwriter nicht die Erfahrung oder Kompetenz, nicht nur den Room bzw. den gesamten Stoffentwicklungsprozess zu konzipieren und zu leiten, ist der Einsatz eines Development Producers sinnvoll. So kann sich ein Creator (bzw. ein späterer Headwriter/Showrunner) ganz auf die kreativen Prozesse und die Schärfung seiner Vision konzentrieren. Unbedingt

---

[253] Dann ist an dieser Stelle für beide Seiten der ideale Zeitpunkt, die Zusammenarbeit zu beenden. Leider kommt es öfter vor, dass sich erst lange nach dem Start eines Writers' Rooms herausstellt, dass eine Autor:in „nicht auf dem Format" ist und die geforderte Vision nicht teilt – je später dies offensichtlich wird, desto dramatischer die Konsequenzen für alle Beteiligten.

erforderlich ist die Besetzung dieser Position aber vor allem dann, wenn es (noch) gar nicht *einen* Creator im eigentlichen Sinne gibt – etwa, wenn eine Produzent:in die Grundidee für eine Serie hatte, sich diesbezüglich nun mit Autor:innen austauscht und allenfalls als Co-Creator in Erscheinung treten will. Im Falle des Fehlens eines Creators muss diese moderierende Instanz darauf achten, dass am Ende nicht etwa ein kreativer Kompromiss steht, sondern wirklich herausgefunden wurde, was das Beste für die Serie und deren stringente Vision ist.

Da in einem Concept Room in der Regel eben noch nicht gültig ausgeplottet wird, ist er grundsätzlich offener auch für zusätzliche Positionen und Gewerke. Neben dem Creator und den Autor:innen können z. B. potenzielle oder bereits feststehende Produzent:innen und Producer und/oder Dramaturg:innen hinzukommen. Auch die frühe und zumindest zeitweise Einbindung von Fachberater:innen ist extrem hilfreich, um Potenziale für Stoff, Arena, Figuren und Plots zu erkunden.

Darüber hinaus sollte ein Concept Room eine so inspirierend wie möglich gestaltete Umgebung bieten. Dies kann bedeuten, zunächst Recherchematerial jeder Art gemeinsam zu durchforsten, als Team Referenzmaterial zu sichten oder z. B. den Raum zu gestalten mit Landkarten der Arena, Fotos, Bildern, Musik aus der Zeit und dem Milieu, in dem die Serie verortet ist, bzw. Zeitungsartikel oder Type-Cast-Ideen etc. an die Wände zu hängen. Vielleicht hilft auch ein Impulsvortrag oder beispielsweise ein gemeinsamer Museumsbesuch dabei, die Kreativität der Gruppe zu stimulieren.[254]

Während ein Writers' Room ein sehr konkretes Arbeiten nach festen Regeln und Strukturen zum Ziel und keine Zeit für ein völlig freies und allzu langes Experimentieren hat, setzt der Concept Room methodisch auf einen offeneren, auch experimentelleren Brainstormingprozess. Denkbar ist auch ein spiel-

---

[254] Ein Concept Room von wenigen Tagen kann beispielsweise auch örtlich in das jeweilige Setting des geplanten Formats verlagert werden, die Entwicklung einer mittelalterlichen Spukserie also zum Beispiel in einer Burg stattfindet. Die Offenheit dieser Writers'-Room-Vorstufe sollte jedenfalls auf möglichst vielfältige und kreative Weise genutzt werden.

erisches Episodenplotten mit Strukturvorgaben, um zum Beispiel herauszufin-
den, ob eine Fünf-, Sechs- oder Vieraktstruktur und 60- oder eher 45-minütige
Episoden sinnvoller für die Strukturierung des Formats sind.[255] Schnell kann die
Arbeit im Concept Room auch deutlich machen, dass die Season vielleicht mehr
oder weniger Episoden benötigt, als ursprünglich geplant. Das Ziel sollte aber
auch in einem solchen Fall sein, Strukturen konkret auszuloten – und nicht, sich
in einem völlig freien Plottingprozess zu verlieren (so verführerisch dies auch
sein mag).

Das An- oder sogar Ausplotten eines potenziellen Piloten kann ebenfalls
zu den konkreten Zielsetzungen eines Concept Rooms gehören. Mitunter
entsteht hierbei tatsächlich ein präsentabler (natürlich extra bezahlter) Plot,
der, vom Creator und/oder anderen in Drehbuchform ausgeschrieben, Teil des
Packages wird, mit dem die Produktion dann an Auftraggeber herantritt – nicht
ganz unähnlich den klassischen US-Prozessen.

Transparenz ist vor allem in diesem Zusammenhang unerlässlich: In funktionierenden Concept Rooms wird klar und fair kommuniziert, welche Erwartungen an die Teilnehmenden gestellt werden, worum es in diesem Concept
Room geht und dass die investierte Zeit und die kreative Leistung angemessen bezahlt wird. Natürlich muss sich die Produzent:in bzw. der Creator alle
Verwertungsrechte an allem, was im Room entsteht, sichern. Im Gegenzug
brauchen Autor:innen aber auch die Sicherheit einer angemessenen Vergütung und zudem verbindliche Vereinbarungen darüber, in welcher Weise ihre
kreative Leistung genannt wird (Credit-Garantie).[256] Zudem muss transparent
gemacht werden, inwieweit der Concept Room im Falle einer Beauftragung

---

255 Nicht nur, aber vor allem im Fall von Plotting-Tätigkeiten entstehen schnell urheberrechtlich relevante Leistungen – hier gilt es mehr denn je, für einen entsprechenden rechtlichen Rahmen und ein Cre-
dit-Framework zu sorgen.
256 Klare Definitionen, welche Arbeit genau welche Bezeichnung oder einen Credit garantiert, gibt es derzeit in Deutschland auch im Bezug auf die Konzeptphase nahezu nicht. In den letzten Jahren aber ist
wie in Kap. VI. 3. bereits erwähnt gerade bei Sendern viel Bewegung in ehemals statische Credit-Richtlinien gekommen, sodass auch hier durchaus kreativ nach den richtigen Bezeichnungen gesucht werden kann – z. B. „mitentwickelt von" oder „Mitarbeit", „Entwicklung", „Co-Creator"oder dergleichen.
Derzeit arbeiten diverse Gruppierungen und Verbände an Credit-Richtlinien (z. B. Kontrakt 18 oder der
VDD).

den Autor:innen die Chance auf eine Weiterbeschäftigung bietet – alleine die Aussicht auf eine solche Beauftragung kann dabei keinesfalls bereits die Entlohnung sein für den professionellen kreativen Input.

Etwaige, sich aus der Zusammenarbeit ergebende weiterführende Leistungen (zum Beispiel Mitarbeit am Konzeptpapier, Einarbeitung der Plottingideen in bestehende Outlines etc.) werden in der Regel extra vergütet – dies ist schon allein auch deshalb sinnvoll, weil für gewöhnlich nicht alle Teilnehmenden eines Concept Rooms gleichermaßen am Konzept mit- bzw. weiterschreiben. Wenn klar ist, dass dies der Creator übernimmt, wird das ebenso kommuniziert, wie wenn erst am Ende der Concept-Room-Phase eine Entscheidung darüber fällt, wer generell oder wer welchen Teil eines Konzepts als (Co-)Creator bzw. Autor:in schreiben wird.

Concept Rooms sind keine Writers' Rooms. Sie kommen VOR der Einreichung bzw. Beauftragung zum Einsatz, um die Vision zu finden oder gegebenenfalls zu schärfen. Der Prozess ist der eines vergleichsweise freien, aber dennoch strukturierten Brainstormings, die Zeitdauer ist äußerst variabel. Sowohl das Team als auch die Arbeitsweise für einen späteren Writers' Room können erprobt werden, unerlässlich ist aber auch hier eine Leitung, die entweder der Creator/Headwriter oder ein Development Producer übernehmen kann.

6. ARBEITSWEISEN IM GERMAN ROOM

Beginnen wir mit dem Ort. Oft sind die physischen Writers' Rooms in Deutschland noch improvisierte Notlösungen auf (sehr) kurze Zeit. Dabei wird häufig unterschätzt, wie wichtig eine inspirierende und logistisch durchdachte Umgebung für hochwertige kreative Arbeit ist. Ganz klar, monatelang eine Fabriketage anzumieten, die jeder Autor:in ein eigenes Büro bietet und die mit diversen Gimmicks wie Kickern und Tischtennisplatten ausgestattet ist, kann sich eine deutsche Produktionsfirma kaum leisten. Dabei kann ein Raum auch mit sehr kostengünstigen Mitteln inspirierend gestaltet werden: alles, was die Welt der Serie inhaltlich und visuell sinnlich erfahrbar macht, kann helfen. Und ebenso wichtig ist der Aspekt des „kreativen Spielplatzes" – wie auch immer das konkretisiert wird: Die Produzent:in und der Headwriter bzw. Showrunner sollten sich hierüber vorab Gedanken machen und auch ein kleines Budget einplanen. Die Ausstattung eines funktionierenden Writers' Rooms (auch mit genügend Stiften, Karteikärtchen, Pins und Post-its etc.) ist keine zu vernachlässigende Lappalie, sondern essenzielle Voraussetzung – also hier bitte nicht sparen!

WEITERE ZU BEDENKENDE LOGISTISCHE FRAGESTELLUNGEN:

- Wie viele Arbeitsplätze (mit Stuhl und Tisch) braucht der Room?
- Reicht ein Raum oder braucht es mehrere? Welche technische Infrastruktur ist mindestens nötig (Steckdosen, Drucker etc.)?
- Sind zusätzliche Arbeitsplätze gewünscht? Müssen die Autor:innen sich zurückziehen können, arbeiten sie auch mal allein oder nur im Team?
- Wie wichtig ist die Nähe der Produktion, anderer Gewerke oder vielleicht sogar eines späteren Hauptmotivs? (Je mehr räumliche Nähe desto besser.)
- Ist genug Platz an den Wänden für die Boards (Whiteboards, Pinnwände etc.)?

Der Room ist ein geschützter und exklusiver Ort und gehört einzig und allein den Writern. Auch Produzent:innen, Redakteur:innen, die Regie oder andere Gewerke müssen sich ganz selbstverständlich anmelden bzw. fragen, ob sie in den Room kommen *dürfen* bzw. wann sie am wenigsten stören oder eben auch hilfreich sein können – am Set kommt schließlich auch niemand unangemeldet vorbei. Und allein der Headwriter bzw. Showrunner hat zu entscheiden, wann und wem sich die Türen eines Writers' Rooms öffnen. Der geschützte Raum muss also als solcher von allen akzeptiert werden und so lange wie möglich und nötig als solcher genutzt werden können – was bei lang laufenden Serien bedeutet, dass ein Writers' Room dauerhaft eingerichtet wird, bei kürzeren Formaten (z. B. Mini-Serien) idealerweise mindestens bis zu den Drehfassungen der Bücher existieren sollte.

Der physische Writers' Room muss der Serie ein exklusiv den Autor:innen vorbehaltenes, top ausgestattetes und inspirierendes Zuhause bieten – so lange wie möglich und nötig.

DAS TEAM

Bei der Zusammenstellung eines Writing-Teams empfiehlt es sich, auf eine Kombination aus verschiedenen Perspektiven, Erfahrungen, aber auch Kompetenzen zu setzen. Jedes Format kann von einem individuell und vom Headwriter/Showrunner festzulegenden Grad an Diversität auf verschiedenen Ebenen im Team profitieren. Erfahrene „Serienhandwerker:innen" (auch aus dem Bereich Daily und Weekly Drama), in Writers'-Room-Methodik ausgebildeter Nachwuchs und z. B. künstlerisch ambitionierte, eigensinnige Autor:innen, die statt Serienerfahrung einen kühnen erzählerischen Ansatz haben, können ebenso zu einem Team zusammenwachsen, wie Kolleg:innen mit verschiedenstem persönlichen Background. Ob ein Team aber wirklich funktioniert, wird sich immer erst in der konkreten Arbeit zeigen, ganz egal wie perfekt es „auf dem Papier" zusammengestellt wurde oder wie kompetent die individuellen Autor:innen erscheinen.

Da eine realistische Selbsteinschätzung bei deutschen Autor:innen zum einen noch lange keine Selbstverständlichkeit ist und ein neues Team zum anderen eben auch eine schwer vorhersagbare Eigendynamik entwickelt, kann der von uns beschriebene Concept Room hilfreich sein, um die „Funktionstüchtigkeit" eines potenziellen Teams zu erproben. Oder um dem Nachwuchs in der Position eines Junior Writers einen praxisnahen Einstieg und Training zu ermöglichen. Eine absolute Gleichbehandlung aller Autor:innen, unabhängig von ihrer Berufserfahrung, macht dabei wenig Sinn – Einsteiger:innen brauchen nun einmal mehr Zeit und Anleitung. Wenn diese Hierarchiestufen genutzt werden, muss aber auch absolut klar und transparent kommuniziert werden, wer welche Position und Verantwortlichkeiten im Room übernimmt. Aber vor allem: wer die eine ultimative Entscheidungshoheit als Visionkeeper hat – nach innen und nach außen!

Zur größtmöglichen Klarheit gehört im Vorfeld nicht nur, die finanziellen Bedingungen vertraglich zu klären, sondern auch eindeutig zu kommunizieren, wie in dem Room gearbeitet werden wird, was die genauen Zielsetzungen sind, und ein entsprechendes Commitment aller Beteiligten einzufordern – neben dem Beschäftigungsvertrag also auch einen verbindlichen „Methodenvertrag" abzuschließen. Dabei sollte zwischenmenschlich und vor allem auch vertraglich geregelt werden, wie man sich unter welchen Bedingungen ohne großen Aufwand trennen kann, wenn die gemeinsame Arbeit nicht funktioniert.[257] Natürlich darf eine solche Regelung nicht dafür missbraucht werden, Kreative beliebig auszutauschen bzw. den Room zu verlassen, wenn ein vermeintlich besseres Angebot um die Ecke kommt – das ist nicht im Interesse des Prozesses/der Serie, denn jeder Wechsel bringt Unruhe und Verzögerungen mit sich. Umso wichtiger ist die wohlüberlegte Zusammenstellung des Schreibteams und die verbindliche Übereinkunft der Zusammenarbeit – von beiden Seiten.

Das (zumindest offiziell) exklusive Engagement der Autor:innen ist im US-Writers' Room nach wie vor alternativlos und wir plädieren dafür, auch in einem German Room zumindest bestimmte Exklusivphasen zu vereinbaren (und diese natürlich angemessen zu entlohnen). Ein für alle verbindliches und zuverlässiges Schedule mit klaren Absprachen hilft bei der Planung (wann zum

---

257 Auch wenn uns insbesondere diese Vereinbarung schwierig erscheint, weil beiden Parteien letztendlich die absolute Verbindlichkeit fehlt, den Prozess gemeinsam bis zum Ende zu gehen: Das oberste Gebot ist in diesem Arbeitsmodell nun mal die Qualität der Serie – und die Entscheidungsgewalt des Showrunners, was und auch wer der Qualität der Serie dienlich ist, und wer nicht.

Beispiel zwingend exklusiv zusammen im Room gearbeitet wird oder in welcher Taktung und in welcher Frist später die Bücher entstehen müssen). Dass sich ein solches Schedule im Verlauf der Arbeit unter Umständen ändern kann und dann neue Absprachen getroffen werden müssen, versteht sich von selbst.

Unabdingbar ist hierfür die richtige Führung bzw. Moderation des Rooms, bei der es aber nicht nur um Aspekte des eigentlichen (kreativen) Prozesses und die Einhaltung der Timeline, sondern immer auch um das Herstellen und Aufrechterhalten einer guten, respektvollen und produktiven Atmosphäre geht, in der die Arbeit effektiv vorangehen kann. Auch das ist Erfahrungssache und kann unerfahrene Headwriter oder Showrunner überfordern. Es kann also auch hier sinnvoll sein, einen Development Producer mit den entsprechenden Kompetenzen als moderierende Instanz ins Team zu holen. Eine Writers' Assistance sollte ebenfalls ein selbstverständliches Mitglied des German-Room-Teams sein.

Bei der Zusammenstellung des Writing-Teams müssen nicht nur der Grad an Writers'-Room-Erfahrung und Kompetenz, sondern auch Faktoren wie Diversität und echte Teamfähigkeit berücksichtigt werden. Zudem sollte eine zumindest zeitweise Exklusivität vereinbart werden. Sowohl zeitliche als auch methodische Vorgaben sowie Positionen und Hierarchien müssen vorab klar kommuniziert und von allen akzeptiert werden.

PERMANENTER VISIONSABGLEICH

Je klarer und eindeutiger die Vision des zu entwickelnden Formats ist, desto schneller, effektiver und hochwertiger kann ein Writers' Room arbeiten. Betrachtet man die Vision als den bereits erwähnten Kompass einer Reise, kann es in einem Concept Room unter Umständen darum gehen, den Kompass erst mal zu bauen bzw. das Ziel zu definieren. In einem Writers' Room muss dieser Visions-Kompass hingegen bereits existieren und Richtung und Ziel mit größtmöglicher Sicherheit vorgeben – der Room gestaltet dann die Reise dahin.

Diese Reise läuft innerhalb eines prozessualen und gestalterischen Frameworks ab, das nicht nur am Anfang ausgegeben, sondern permanent aktualisiert und entsprechend kommuniziert werden muss.

Gute Kommunikation in allen Prozessen und in jedem Moment der Arbeit gehört deswegen zu den unerlässlichen Grundlagen eines German Rooms. Und das meint: verlässliche Vorgaben, klare Ansagen und eindeutige Festlegungen, Entscheidungen durch *eine* Stimme, den Headwriter bzw. Showrunner, und eine ebenso verlässliche Absprache nach außen, mit den Auftraggebern und der Produktion. Alles andere ist ein Boykott des gerade wegen seiner Klarheit so effizienten Systems.

Die transparenten Prozesse der Stoffentwicklung mit Beats und Beatboards ermöglichen dabei in jedem Moment, an jedem noch so kleinen erzählerischen Detail einen sofortigen Visionsabgleich. Figuren und ihre Handlungen, Strukturierungen, Rhythmus, Dichte, selbst Tonalität und Stilistik werden im Entstehungsprozess diskutabel und bewertbar. Diese Arbeitsweise ermöglicht es, falsch eingeschlagene Richtungen sofort zu erkennen und „umzudrehen", noch bevor allzu viel Zeit und Kraft verloren geht. Je durchdachter und verlässlicher geplant die Arbeit verläuft – bei aller nötigen Flexibilität –, desto zielgerichteter, wirtschaftlich und kreativ effizienter und erfolgreicher wird ein Room arbeiten.

Die Arbeit innerhalb eines Writers' Rooms ist kein Prozess des FINDENS *der Vision, sondern der* AUSFÜHRUNG. *Transparente Kommunikation und ein permanenter Visionsabgleich müssen dabei unbedingt für kohärente, verlässliche und für alle gültige Entscheidungen und Ansagen durch Headwriter/Showrunner sorgen.*

Die Timeline

Steht die Vision und herrscht Einigkeit über die Prozesse, kann ein Writers' Room in verblüffender Geschwindigkeit zu hervorragenden Ergebnissen kommen. Mehr noch, die Geschwindigkeit kann die Qualität befeuern. Zum einen, weil unter Zeitdruck eine enorm hilfreiche Dynamik in den Prozess kommt, und weil zum anderen weniger Zeit ist, zu zweifeln und unsicher zu werden.[258]

Natürlich gibt es Autor:innen, die einfach mehr Zeit brauchen als andere, für die zu großer Zeitdruck die Hölle ist und die sich einfach immer erst in der siebten Fassung eines Drehbuchs auf die Höhe ihres Talents und Könnens geschrieben haben. Und es gibt solche, die von knappen Deadlines beflügelt werden und bei denen ein Drehbuch ab der dritten Fassung nicht mehr besser wird. Und natürlich gibt es auch Formate, die mehr Zeit und Fassungen brauchen. All das gilt es im Vorfeld zu beachten, um einen Zeitplan aufzusetzen, der gleichermaßen sinnvoll als auch realistisch ist und der eben immer auch Puffer einkalkuliert, die aber nicht derart großzügig gestaltet sein dürfen, dass es zu permanentem Leerlauf im Prozess kommt. Dies im Vorfeld realistisch ab- und einschätzen zu können, erfordert große Kompetenz und viel Erfahrung.

Wir halten diesbezüglich die praktisch erprobten und erfolgreichen, recht komfortablen Zeitabläufe der dänischen Kolleg:innen für eine sinnvolle Orientierung. Ausgehend von den beschriebenen Arbeitsphasen empfehlen wir folgende Arbeitsstufen und -zeiten einzukalkulieren:

- 2 bis 5 Arbeitstage **Vorarbeit**: Sprechen über generelle Aspekte (Characters, Storyworld, Format, Struktur, Arbeitsweise: Werkstufen, Anzahl der Buchfassungen etc.)
- 5 bis 20 Arbeitstage Plotting und Schreiben der kompletten **Season** (je nach Komplexität, Staffellänge, Storyline-Anzahl, Vorarbeit etc.)
- 5 bis 10 Arbeitstage Plotten einer **Episode** (45–60 Min.)

---

258 Hier unterscheiden zu können, welcher Zeitdruck effektiv oder aber hinderlich für die Qualität ist, ob mehr oder weniger Zeit sinnvoll oder erschwerend wäre, genau das gehört zu den Kernkompetenzen von Showrunnern und Headwritern, die dementsprechend auch Autor:innen auswählen, die diese Einschätzung der benötigten Zeit teilen.

- 1 bis max. 5 Arbeitstage Schreiben einer **Drehbuchvorstufe** (Beatsheet, Outline)
- max. 10 Arbeitstage für die **1. Drehbuchfassung**
- max. 5–10 Arbeitstage (Dauer abnehmend!) **jede weitere Fassung**

Ausgehend von diesen groben Richtwerten lässt sich dann unter Einbeziehung aller individuellen Faktoren einigermaßen errechnen, wie lange die Arbeit eines Rooms dauern wird. All das muss natürlich in Einklang mit dem gegebenenfalls nötigen Start der Vorproduktion und der gesetzten Deadline gebracht werden. Der Schedule sollte sich unbedingt über die Entwicklung der *gesamten* Staffel erstrecken und immer so detailliert wie möglich ausgestaltet und so verlässlich wie möglich eingehalten werden.

Für die Autor:innen muss ein solcher Zeitplan sehr klar formulieren, wann die gemeinsame Arbeit exklusiv zu leisten ist, und wann und in welchem Rahmen möglicherweise individuell gestaltbare Arbeitsphasen zu erwarten sind. Für Sender-Vertreter:innen muss der Zeitplan verbindlich formulieren, wann welche Arbeitspapiere zu erwarten sind – denn natürlich ist dieser Schedule auch eine Verpflichtung für die Auftraggeber und muss dementsprechend angemessene, aber eben auch verbindliche Zeitphasen für die Lektüre, Beurteilung und Abnahmen beinhalten. Grundsätzlich gilt bei der gemeinsamen Erstellung und der Einigung auf eine Timeline, das optimale Maß zwischen den strukturellen Notwendigkeiten, den zeitlichen Erwartungen der Auftraggeber und den idealen Abläufen der kreativen Prozesse zu finden.[259]

Ein Schedule bzw. die Timeline darf weder zu viel noch zu wenig Zeit für die jeweiligen Arbeitsschritte vorgeben und muss klarstellen, in welchen Phasen absolute und exklusive Verfügbarkeit aller Parteien erwartet wird bzw. gewährleistet sein muss.

---

259 Unabhängig davon, dass im Prozess natürlich immer eine Menge passieren kann, das Projekt vielleicht verschoben wird oder irgendetwas anderes Unvorhergesehenes geschieht (z. B. ein Personalwechsel im Sender oder der Ausbruch einer Pandemie), das alles wieder auf den Kopf stellt – we've all been there.

ARBEITEN MIT DEN TOOLS

Verlässlichkeit und Planbarkeit eines jeden Arbeitsschrittes sind weitere zentrale Grundlagen einer funktionierenden Writers'-Room-Arbeit. Insbesondere beim Plotting empfiehlt es sich daher, den Vorgehensweisen der US-Kolleg:innen zu folgen – ganz gleich, ob es um die ganze Season oder eine einzelne Episode geht – und mit den beschriebenen Tools zu arbeiten.

Für das Plotten eines validen Staffelbogens und dessen Überprüfung sollte immer ausreichend Zeit einkalkuliert werden. Schließlich kostet es sehr viel mehr Zeit, wenn man beim Episodenplotten feststellt, dass die Staffelstruktur nicht funktioniert und noch mal von vorne angefangen werden muss. Es liegt im weiteren Verlauf an der Vorliebe des Headwriters/Showrunners und an der zur Verfügung stehenden Zeit, ob sich alle gemeinsam an das Ausplotten der Episoden machen oder dies zum Beispiel in Zweierteams parallel stattfindet. Allerdings ist es in der Regel für alle sehr gewinnbringend, zumindest eine Folge gemeinsam durchzuarbeiten, um ein gemeinsames Gefühl für die erzählerische und strukturelle Ausgestaltung eines Episodenplots zu bekommen. Beats, Beatvorgaben und Aktstrukturmodelle sind dabei enorm hilfreiche Werkzeuge. Sie zwingen Autor:innen, im Sinne einer festgelegten narrativen Dichte und Figuren- bzw. Storyline-Balance zu erzählen – und dies in *jeder* Episode einzulösen. Beatboards machen den Episoden-Entwicklungsprozess dabei in jedem Moment überprüfbar, weil die Visualisierung auf dem Board wenig Interpretationsspielraum lässt.

Wer partout und aus welchen Gründen auch immer nicht mit Aktstrukturmodellen arbeiten möchte, sollte wenigstens mit Beat-Vorgaben plotten – und da ist die grobe Orientierung am ehemaligen US-Dogma (ein Beat = max. zwei Minuten) durchaus hilfreich.[260] Voraussetzung dafür ist aber, dass wirklich *Beats* auf die Kärtchen geschrieben werden und alle dasselbe darunter verstehen (vgl. Kap IV. 5.). Welche Szene oder Szenen sich dann hinter einem Beat verbergen, wie clever und organisch die Übergänge gestaltet oder die Beats

---

260 Das häufigste Argument gegen Akt-Modelle ist dabei oft, dass die Episode ja nicht von Werbung unterbrochen sei – das sollte aber niemanden daran hindern, die vielen Vorteile der Aktstruktur dennoch zu nutzen und einer Episode so automatisch mehrere spannende Wendungen zu verpassen.

szenisch ineinander montiert werden, hat Zeit bis zur Drehbuchphase. In Sachen Strukturierung, Plotmechanik und Überprüfung der erzählerischen Dichte ist ein Board jedoch nur mit echten Beats wirklich aussagekräftig. Es ist dabei immer ein wenig Geschmackssache, wie detailliert ausformuliert dieser notiert wird (ob auf einem Whiteboard oder Kärtchen) – generell gilt, dass alle den Beat beim Lesen sofort verstehen können müssen.

Die Plottingphase ist – neben der Konzeption eines neuen Formats – im Grunde die mit der größten kreativen Freiheit. Hier kann im Rahmen des Frameworks ausprobiert, rumgesponnen und experimentiert werden, hier ist Flexibilität und Einfallsreichtum gefragt. Plotten bedeutet aber nicht, lediglich eine grobe Orientierung dafür zu schaffen, was später in der Episode geschehen soll, sondern den Plot der Episode festzulegen, *verlässlich* festzulegen. Und das heißt natürlich auch, Beats, mit denen man unzufrieden ist, so lange zu verschieben oder zu ändern, bis man – oder zumindest der Showrunner/Headwriter – wirklich überzeugt ist. Am (vermeintlichen) Ende des Prozesses macht es Sinn, die Episode am Beatboard entlang zu pitchen – dem Showrunner/Headwriter, den Kolleg:innen oder vielleicht auch einer Room-externen Person (wie der Produzent:in), von der man Feedback will. Denn nichts schafft mehr Sicherheit in Sachen Plot, als wenn er ohne Haken und Leerstellen, Lücken und Holprigkeiten mündlich wiedergeben werden kann. Zudem empfiehlt es sich, über ein scheinbar fertig gebautes Board immer eine Nacht zu schlafen.

Ist es nun ergiebiger, zuerst alle Episoden zu plotten und dann die Drehbücher zu schreiben, oder sollten zunächst die ersten Episoden (in einer Fassung oder bis zur finalen?) geschrieben werden, um dann mit dem Plotten und Schreiben der nächsten zu beginnen? Auch diese Entscheidung muss der Headwriter/Showrunner treffen, sie ist unter anderem auch davon abhängig, wann die Vorproduktion beginnt, ob chronologisch in Blöcken, handlungschronologisch oder motivabhängig gedreht wird oder wie komplex das Plotting im Vergleich zum Drehbuchschreiben ist. Als Faustregel gilt: bei Procedurals ist es eher sinnvoll, zunächst die ersten Episoden (beispielsweise des ersten Drehblock) bis in die finale Drehbuchphase zu erarbeiten, wohingegen es bei horizontalen Serien meistens mehr Sinn macht, erst alle Episoden auszuzplotten, bevor mit der Drehbucharbeit begonnen wird.

> *Verbindliches Plotten ist die zentrale Aufgabe der Autor:innen im Room – und sollte unter allen Umständen mit großer Sorgfalt und Geduld vonstattengehen. Dabei sind klar vorgegebene bzw. verabredete Beats als kleinste Ploteinheiten, Beatvorgaben und Strukturmodelle extrem effiziente Tools.*

WERKSTUFEN

Wie viele und welche Arbeitsstufen notwendig sind, hängt einerseits von den Vorlieben des Headwriters/Showrunners, häufig aber auch von den Auftraggebern ab, die bestimmte Arbeitspapiere (Exposé, Treatment oder Outline) eben einfordern. Letzten Endes aber macht das Beatboard oder auch Beatsheet vor allem in gefälliger Prosa ausformulierte Treatments unnötig.

Es empfiehlt sich, nach dem Plotten der Staffel für jede Episode grobe One-Pager anzufertigen, die im Wesentlichen die Tent-Poles beinhalten und es somit ermöglichen, Feedback auf die Staffelstruktur zu geben, die dann unter Umständen noch einmal am Seasonboard verändert werden kann. Steht schließlich das Beatboard einer Episode, macht eine Verschriftlichung in Form eines Beatsheets oder einer etwas prosaischer geschriebenen Outline Sinn.[261] Entscheidet man sich für Outlines, besteht die Möglichkeit, ein wenig szenischer zu werden und zum Beispiel schon mal Beats miteinander zu verschränken bzw. ineinander zu montieren. Allerdings: das Beatbord gilt, es wurde mittlerweile mehrfach und von mehreren (mindestens vom Showrunner/Headwriter) überprüft und so abgenommen – also *müssen* alle Beats in der geplotteten Abfolge auch in der Schriftform vorkommen.[262]

---

261 Logistisch am sinnvollsten ist es, ein solches Papier vor Ort im Room anzufertigen, weil das Board eben vor einem steht und Unklarheiten sofort mit den Kolleg:innen ausgeräumt werden können.

262 Macht im Ausschreiben erzählerisch plötzlich das Streichen oder Ergänzen eines Beats Sinn, muss dies mit dem Showrunner/Headwriter besprochen und darf nicht einfach geändert werden!

Kommt es beim Feedback zu umfangreichen Änderungswünschen, hilft es, zurück ans Board zu gehen, die Veränderungen dort vorzunehmen und erst dann gegebenenfalls eine zweite Fassung des Beatsheets, der Outline oder (wenn es sein muss) eines Treatments zu schreiben. Und es gilt immer und grundsätzlich: Boards niemals abhängen oder löschen – eventuelle spätere Überarbeitungen lassen sich hier sehr viel schneller und einfacher bewerkstelligen als auf Papier!

Die Strukturierung und einzelne Beats inkl. der Plotmechanik sollten sich also problemlos an ein oder zwei Arbeitsfassungen von Papieren auf den Punkt bringen lassen, dementsprechend kann relativ schnell ins Drehbuch gegangen werden, das – wenn es nicht anders geht – auch zu Hause oder wo auch immer geschrieben werden kann. Doch auch hier gilt dasselbe wie bei der ersten Verschriftlichung der Boards: Die Vorarbeit gilt und ist verlässlich zu erfüllen! Diese strukturierte Arbeitsweise führt auch dazu, dass nur eine überschaubare Anzahl von Fassungen (max. drei bis vier) eingeplant werden muss und kann.

Gelingt etwas in der szenischen Ausformulierung nicht wie geplant, kann dies daran liegen, dass die Autor:in dies einfach nicht schafft, oder daran, dass es tatsächlich nicht geht. Aber wie damit umgegangen wird, hat allein der Showrunner bzw. der Headwriter zu entscheiden, nicht die Autor:in. Es braucht in dieser Phase also unbedingt eine Feedbackschleife zwischen Headwriter bzw. Showrunner und Autor:innen, die natürlich dann am einfachsten herzustellen ist, wenn alle – auch im Drehbuchprozess – vor Ort im Room bleiben. Es liegt schließlich in der Verantwortung des Headwriters/Showrunners, dafür zu sorgen, dass alle Bücher aus einem Guss und von gleicher Qualität sind – erzählerisch, tonal, sprachlich und strukturell. Hierfür kann er oder sie selber die finale Fassung oder den Polish übernehmen. Es kann aber auch hilfreich sein, Drehbuchfassungen nach der gemeinsamen Besprechung zwischen den Autor:innen zu tauschen. Auch kann es vorkommen, dass eine Autor:in genau den Ton trifft, den ein Showrunner/Headwriter sich vorstellt, und dementsprechend beauftragt wird, die Rewrites oder das Polishing aller Bücher zu übernehmen.

Die Erstellung der Drehfassung der Bücher – in der Regel durch den Head-writer/Showrunner – ist schließlich der letzte Schritt, bei dem neben dem fina-len Polish produktionell nötige Nachjustierungen wie zum Beispiel Drehplan-oder Motivanpassungen vorgenommen werden.

> *Das Beatboard bleibt immer die verlässliche und einzulösende Grund-lage für alle verabredeten Arbeitspapiere bis hin zum Drehbuch. Beat-sheets bzw. Outlines machen Exposés und vor allem Treatments häufig unnötig. Der Headwriter/ Showrunner trägt die volle Verantwortung für alle Werkstufen und hat dementsprechend das Recht, (finale) Änderun-gen an jeder Werkstufe vorzunehmen oder sie zu beauftragen.*

EINBINDUNG DER ANDEREN GEWERKE

Die Vorproduktion und die Buchentwicklung enger miteinander zu verzahnen, hier für mehr Parallelität zu sorgen, gehört zu den wichtigen Maßnahmen in der Etablierung des German Rooms. Kolleg:innen aus den verschiedenen Gewerken betrachten einen Plot oder eine Szene aus ihren professionellen Perspektiven. Für die Autor:innen ist es deswegen von unschätzbarem Vor-teil, wenn beispielsweise Kostüm oder Szenografie schon im Beat-Stadium eines Plots deutlich machen können, dass dieses oder jenes aus budgetären oder logistischen Gründen problematisch ist oder nicht gehen wird. Es liegt in der Verantwortung des Showrunners, dann eine Entscheidung zu treffen. Gerade in diesen Momenten fließen die Verantwortlichkeiten für Inhalt und Produktion in der Person eines Showrunners optimal ineinander. Auch die Ein-bindung der Herstellungsleitung, die qua ihrer Erfahrung mit Sicherheit auch im Beat-Stadium dabei helfen kann, die ökonomischen Notwendigkeiten mit den kreativen in Einklang zu bringen, kann in diesem Stadium extrem hilf-reich sein. Zudem ist nicht zu unterschätzen, wie inspirierend und hilfreich die Einbindung der individuellen Perspektiven der anderen Gewerke für die Stoff-und Drehbuchentwicklung sein kann – durch zum Beispiel Storyboars des DoP oder den Entwurf für ein wichtiges Kostüm.

Es geht bei der frühen Einbindung anderer Gewerke darum, wertvolle Impulse zu erhalten, die die Qualität und Effizienz der Weiterarbeit gleichermaßen erhöhen. Unbequeme oder schwierige Entscheidungen über unumgängliche Änderungen werden nicht so weit wie möglich nach hinten geschoben, sondern im Gegenteil, so weit wie möglich nach vorne geholt. Ob diese Impulse, Hinweise und Vorschläge immer dem gesamten Room gegeben werden oder ob sie nur mit dem Headwriter/Showrunner besprochen werden, muss gut überlegt werden – denn ebenso wie Notes der Auftraggeber Autor:innen nicht verunsichern dürfen, sollten Kommentare oder Fragen (zum Beispiel vonseiten der Regie) keinesfalls dazu führen, Gedankenflüsse in die falsche Richtung zu lenken und die Autoritätsposition des Headwriters/Showrunners infrage zu stellen oder gar zu beschädigen. Der konstruktive Austausch der Autor:innen mit den anderen Gewerken erweitert allerdings den Horizont und steigert zudem die produzentisch-produktionelle Kompetenz, die für eine spätere Tätigkeit als Headwriter oder Showrunner unabdingbar ist.

> *Für alle Gewerke ist es in der Regel sinnvoll, bereits vor der ersten Drehbuchfassung zu wissen, was auf sie zukommt und welche Herausforderungen zu lösen sein werden. Zudem können sie durch ihre professionellen Perspektiven wertvollen Input geben und die Weiterarbeit qualitativ und ökonomisch effizienter machen.*

Abnahmen, Feedback und Notes

Wie viele Abnahmen verträgt ein German Room? Natürlich lässt sich diese Frage nicht pauschal beantworten, wohl aber eine klare Tendenz angeben: so wenige, so kompakte und so effiziente wie möglich!

Im Modell German Room ist es der Job von Auftraggebern, das „Produkt" im Sinne der gekauften Vision kuratierend zu beurteilen, mit frischem Blick von außen sinnvolle Impulse für die Weiterarbeit zu geben oder klar bestimmte Entscheidungen abzulehnen. Aus unserer Sicht müssen hierzu vor allem drei

Dinge im Vorfeld vertrauensvoll und verlässlich zwischen Auftraggeber und Kreativen besprochen werden: erstens, wie viele und welche Arbeitsschritte bzw. Papiere sind wirklich nötig, zweitens, welche Texte müssen vorgelegt und abgenommen werden und drittens, wie viel Zeit dürfen bzw. müssen die Lektüre und die Notes beanspruchen?

Vereinbarte Leerlauf-Phasen können planvoll genutzt werden. Ein nicht kalkulierbares Warten bremst den kreativen Prozess hingegen immer aus. Konzentriertes Feedback sollte deswegen *immer* so schnell und kompakt wie möglich gegeben werden.[263] Und das muss gar nicht immer mündlich erfolgen. Schriftliche Notes zwingen zur konkreten Klarheit – sowohl aufseiten derer, die sie geben, als auch aufseiten derer, die mit ihnen weiterarbeiten – weswegen wir ganz klar die knappe schriftliche Anmerkung favorisieren, bei Unklarheiten kann man immer noch miteinander ins Gespräch gehen. „Anmerkung" bedeutet in diesem Fall aber auch genau das: ein Kommentar, ein Hinweis auf Schwächen, logische Fehler o. Ä. und nur in Ausnahmefällen Lösungsvorschläge. Grundsätzlich ist das Finden von Lösungen Aufgabe des Rooms.

Denkbar ist aber auch, die Auftraggeber schon vor der Verschriftlichung in die Prozesse einzubinden: der oben beschriebene Pitch und die Besprechung des Boards können das Verschicken, Lesen, Analysieren und Besprechen von Outlines ersetzen. Dies bedeutet eine enorme Zeitersparnis, erfordert allerdings die Kompetenz, eine solche Werkstufe verlässlich beurteilen zu können. Die Bedürfnisse und Belange der Auftraggeber müssen diesbezüglich in jedem Fall berücksichtigt werden, sie müssen sehr genau über die Arbeitsweise des jeweiligen Rooms Bescheid wissen und diese akzeptieren. Bei einem Beatsheet sind vor allem die Mechanik und einzelnen Handlungsschritte des Plots zu beurteilen (und nicht die verschiedenen Möglichkeiten der späteren szenischen Ausgestaltung). Eine Outline oder ein Treatment bieten dagegen mehr Imaginationsfläche – aber es kostet wertvolle Zeit, diese zu erstellen, zu lesen und zu kommentieren oder zu besprechen. All dies gilt es gegeneinander abzuwägen.

---

263 Mehrere Wochen zwischen Abgabe und Abnahme sind unserer Erfahrung nach definitiv zu lang.

In punkto Zeitersparnis kann es auch effizienter sein, wenn die Autor:innen aus dem Room nicht bei allen Besprechungen bzw. nicht in voller Besetzung dabei sind, sondern dies vom Headwriter bzw. Showrunner übernommen wird. Er oder sie kann auf diese Weise die Notes filtern, im Sinne der Vision kanalisieren und bereits in klare Handlungsanweisungen verpackt an den Room bzw. einzelne Autor:innen weitergeben.

Absolut essenziell ist es jedoch, dass jede Werkstufe verbindlich abgenommen und ab diesem Zeitpunkt nicht mehr grundsätzlich infrage gestellt wird: Steht der Figurenbogen, wird entwickelt. Ist der Plot abgenommen, wird er so und nicht anders erzählt und das Drehbuch schließlich nach dieser verpflichtenden Guideline geschrieben. Bei der Erstellung des Drehbuchs sollten Struktur- und Plotfragen geklärt sein – ab der Buchphase geht es im Wesentlichen „nur" noch darum, die szenische Ausgestaltung und die Dialoge zu kommentieren.

Im German-Room-System sind Abnahmen und Notemeetings keine gemeinsamen Stoffentwicklungsgespräche – die finden ausschließlich im Room statt. Idealerweise schriftliche Notes sollten möglichst zeitnah und kompakt erfolgen und in ihrer Charakteristik kuratierend sein. Abnahmen müssen absolut verbindlich und verlässlich sein, um einen optimalen Workflow zu gewährleisten.

7. ZUM SCHLUSS

Wir haben ausführlich dargelegt, wie und warum Writers' Rooms in den USA funktionieren, wie anders unsere Traditionen sind und weshalb es für uns an vielen Stellen so herausfordernd ist, mit dem Modell Writers' Room zu arbeiten. Doch es gibt auch immer häufiger Beispiele, die zeigen, unter welchen Bedingungen und mit welchen Überlegungen diese beiden Welten der Serienherstellung – die US-amerikanische und die europäische – zueinanderfinden können.

Das setzt unter Umständen mühsame Lernprozesse voraus – bei allen Beteiligten und auch bei denen, die über die Früchte der Arbeit berichten. Aber wir sind voller Hoffnung, dass eines Tages bei einer neuen und auch international erfolgreichen Qualitätsserie nicht mehr (ausschließlich) Regie und Produzent:in als kreatives Epizentrum genannt werden, sondern an erster Stelle Creator und Showrunner bzw. Headwriter. Und es auch sonst eine Selbstverständlichkeit wird, Autor:innen in der Berichterstattung zumindest angemessen zu würdigen.

Und natürlich stehen auch schmerzhafte Veränderungen an – denn die Reduzierung der kreativen Entscheidungspositionen und die Verschiebung von Entscheidungsmacht in Richtung der einen bedeutet zwangsläufig Positions- und Machtverlust für andere. Unser traditionelles System der Stoffentwicklung hat die Entscheider:innen von der Prozessbegleitung getrennt und auf den verschiedenen Hierarchiestufen Stellvertreterpositionen ohne echte Entscheidungsgewalt etabliert. Dies hat in der Folge zu teilweise extrem zeit- und geldaufwendigen Reporting- und Abstimmungsprozessen geführt. Die etablierten Auftraggeber werden insofern umdenken müssen, wenn sie Formate mit den tonangebenden Kreativen und in den in diesem Buch beschriebenen Arbeitsweisen entwickeln wollen. Und auch wer mit der standardisierten US-amerikanischen Arbeitsweise und dem extrem strukturierten Entwickeln von außen nach innen Schwierigkeiten hat oder aus anderen Gründen weiterhin die Zügel in der Hand behalten, die konkrete Entwicklung und Umsetzung einer eigenen Vision auch weiterhin in Auftrag geben möchte: Möglicherweise lohnt es sich ja dennoch, generell über die Effizienz und die Ökonomisierung von Arbeitsprozessen und Positionen nachzudenken, anstatt am Programm zu sparen.

Die Arbeit in und mit dem Modell German Room bedeutet jedenfalls auch für erfahrene Serienentwickler:innen und -hersteller:innen zusätzlichen zeitlichen und auch finanziellen Einsatz – in Weiterbildung und/oder Spezialisierung. Autor:innen, die ihre eigenen Ideen als Headwriter oder perspektivisch gar als Showrunner betreuen wollen, müssen sich produktionell weiterbilden und darin unterstützt werden. Sie müssen sich zudem Führungskompetenzen aneignen, während beispielsweise Producer sich im German Room perspektivisch für Stoffentwicklung oder Produktion entscheiden müssen. Regisseur:innen werden sich im Rahmen dieser Arbeitsweise darauf einstellen müssen, sich entweder konsequent in die Buchentwicklung zu integrieren oder aber zumindest auf Augenhöhe mit zunehmend selbstbewussten Creators, Showrunnern oder Headwritern zusammen zu arbeiten. Im Gegenzug dürfen sie aber natürlich auch qualitativ konsistente Drehbücher und einheitlich funktionierende Prozesse mit angemessenen Vorbereitungszeiten erwarten.

TV-Produzent:innen werden die Komfortzone der vollfinanzierten Auftragsproduktion immer öfter verlassen, möglicherweise ins Risiko gehen oder sich mit komplexen, international tragfähigen Finanzierungs- und Fördermodellen auseinandersetzen müssen, wenn sie beim anhaltenden Serienboom mithalten wollen. Kinoproduzent:innen haben diesbezüglich einen Erfahrungsvorsprung, auch die Zusammenarbeit mit willensstarken kreativen Persönlichkeiten, die sich keinesfalls als kreative Dienstleister:innen verstehen, sind sie gewohnt – dafür sind sie nicht mit den ökonomischen und organisatorischen Gegebenheiten bei der Entwicklung von TV-Serien vertraut und es fällt ihnen möglicherweise schwer, entsprechende Kompetenz von außen in ihre Prozesse einzubeziehen oder gar die Zügel aus der Hand zu geben.

Aber es gibt inzwischen ja auch bei uns in Deutschland einen reichen Erfahrungsschatz, der nicht nur in der „neuen Welt" der aufregenden Quality-Serien weiter wächst, sondern der in der „alten Welt" der Serienherstellung seit Jahrzehnten gedeihen konnte – sowohl in der Prime Time, vor allem aber im Bereich hochindustrialisierter Daily-Produktion. Auch hier müssen wir endlich Standesdünkel beiseitelegen, offen aufeinander zugehen und voneinander lernen. In der Bündelung und Optimierung aller Erfahrungen liegt ein Potenzial, das unserer Meinung nach bislang noch nicht einmal ansatzweise genutzt wird.

Am allerwichtigsten ist es insofern, dass wir als gesamte deutsche Serienbranche miteinander in den Dialog treten, um uns auf verbindliche Richtlinien und Arbeitsweisen zu verständigen. Natürlich ist kein Room wie der andere. Das ist in den USA im Übrigen auch so: Jedes Format, jedes Team, jede Konstellation ist anders. Die größte Herausforderung dabei ist und bleibt, das jeweils Beste für die Serie zu tun. Und das heißt, allzu individuelle Vorgehensweisen, die dem optimalen Ineinandergreifen der verschiedenen Positionen, Strukturen und Abläufe im Weg stehen oder sogar schaden, zu vermeiden. Die grundlegenden Prinzipien sollten auch in einem German Room deswegen nicht jedes Mal aufs Neue ausgehandelt oder infrage gestellt werden – diesen Reibungs-, Zeit- und Kraftverlust können wir uns schlicht nicht mehr leisten.

Denn Professionalisierung heißt letztendlich auch, Zeit und Kraft dorthin zu lenken, wo sie hingehören: in die Qualität der deutschen Serie.

ANHANG

AUSWERTUNG EINER UMFRAGE ZUR SERIENENTWICKLUNG IN DEUTSCHLAND 2021

2018 haben wir mit einer Umfrage zum Thema Stoffentwicklung neuer serieller Formate begonnen, erste Teilergebnisse 2019 veröffentlicht.[264] Bis zum Erscheinen dieses Buches haben insgesamt 21 aktuelle und neuentwickelte Serienproduktionen an der Befragung teilgenommen.

Acht der beauftragten Formate wurden für Streamingplattformen entwickelt, vier für Pay-TV, sechs für Privatsender (frei empfangbar und VOD) und drei für öffentlich-rechtliche Sender (Hauptprogramm und Sparte). Bei 16 von 21 Serien handelt es sich um Drama-Serien/Stundenformate mit drei bis zehn Episoden, bei den verbleibenden fünf um Comedy/Dramedy-Formate (22–33 Minuten) mit sechs bis zwanzig Episoden pro Season. Alle Formate wurden erstmalig im Zeitraum 2017 bis 2021 ausgestrahlt. Wir fragten unter anderem nach Zeiträumen für die einzelnen Entwicklungsstufen, der konkreten Arbeitsweise, aber auch nach der Personalstärke, den Entscheidungsgewalten und dem Entlohnungsmodell.

BESETZUNG UND CREDITS

Nur eine Serie wurde von einer Person alleine geschrieben, vier Formate in gleichberechtigten Zweierteams, eine Serie bot zehn Autor:innen auf, alle anderen entstanden in Teams mit drei bis sechs Autor:innen.

---

264 Vgl. Merkel/Gößler.

Immerhin acht Produktionen wurden nach eigener Aussage von einem Showrunner angeführt, die auch alle maßgeblich an den zentralen kreativen Produktionsentscheidungen beteiligt waren und wurden – und sechs von ihnen haben für diese Tätigkeit auch einen Executive-Producer-Titel erhalten. Auch der Titel Creative Producer taucht auf, immerhin in vier Fällen, allerdings für sehr unterschiedliche Personen: neben Autor:innen (zwei) auch für Regie (einmal) und einen Hauptdarsteller (einmal) – Letztere waren dementsprechend auch an der Buchentwicklung beteiligt.

Die Position Headwriter ist hingegen inzwischen flächendeckend in der deutschen Serienentwicklung angekommen, diese Position wurde bei den Teamentwicklungen entweder vom Showrunner (acht) bekleidet oder extra vergeben (sieben) – die anderen Serien wurden nicht in größeren Teams entwickelt und hatten dementsprechend keine Headwriter. Als Credit in Vor- oder Abspann wurde Headwriter bzw. Headautor:in achtmal, erstaunlicherweise auch Showrunner zweimal vergeben. Außerdem festzuhalten ist: Personen in der Position Showrunner und Headwriter haben mehrere Titel (meist zwei bis drei), die Ausdifferenzierung von Positionen und Tätigkeiten hält hier also klar erkennbar Einzug in die Praxis. Klar ausbaufähig ist allerdings der Einsatz von Writers' Assistants: nur sechs der 21 Produktionen gaben an, diese wichtige Position besetzt zu haben.

ARBEITSWEISE UND DAUER

14 der befragten Produktionen gaben an, dass sie in einem Writers' Room entwickelt hätten. Bei näherer Betrachtung stellte sich allerdings heraus, dass diese Bezeichnung nach wie vor fast ausschließlich das gemeinschaftliche Entwickeln oder Plotten beinhaltet – nicht aber das Schreiben von Drehbüchern oder auch nur Outlines an einem gemeinsamen Ort oder in einem fest installierten, über die gesamte Entwicklungsdauer bestehenden Room. In nur zwei Fällen wurde zumindest teilweise die Drehbucharbeit in den Writers' Room verlegt. Die Zeiträume für diese gemeinsamen Entwicklungsphasen reichen dabei von drei bis elf Wochen, oft unterteilt in mehrere kurze (gemeinschaftliche) Entwicklungsphasen.

Die Strukturierung durch dramaturgische Vorgaben ist nach wie vor unpopulär: Nur sechs Produktionen gaben an, mit einer vorgegebenen Aktstruktur (dabei viermal mit einem Vier-Akter) gearbeitet zu haben, mit Beats arbeiteten lediglich zwei Produktionen, mit einer Festlegung der Anzahl von Beats pro Akt oder Episode wurde nur in einem einzigen Fall gearbeitet.

ENTWICKLUNGSZEITEN

Die Gesamtentwicklungszeit – also von der Idee bis zum drehfertigen Buch – variiert stark, eine Serie brauchte hierfür einen wirklich langen Atem (fast sechs Jahre!), aber ersichtlich wird auch, dass mit 13 Formaten deutlich mehr als die Hälfte der 21 befragten Serien in einem Jahr (oder deutlich schneller) entwickelt wurden.

DAUER STOFFENTWICKLUNG GESAMT:

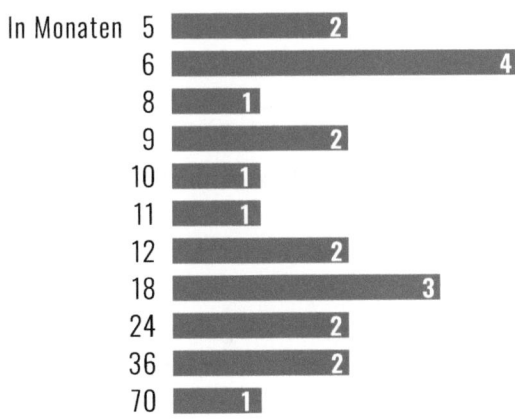

Bemerkenswert ist die extrem große Varianz der Entwicklungszeiten bei der Erstellung von Drehbüchern – ein weiterer Beweis für die komplette Abwesenheit von allgemeingültigen Strukturen und/oder Prozessen. Durchschnittlich betrug die Erstellungszeit für die Drehbücher (nach der Plottingphase) dabei knapp vier Monate.[265]

---

265 15 von 21 haben hierzu konkrete Angaben gemacht.

DAUER ERSTELLUNG DREHBÜCHER:

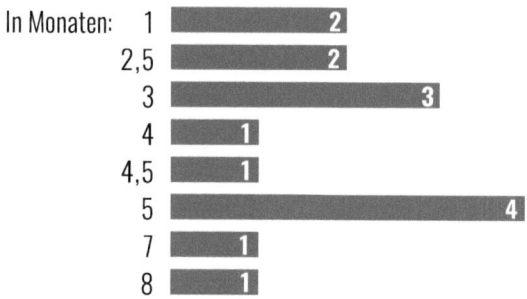

In Monaten:
1	2
2,5	2
3	3
4	1
4,5	1
5	4
7	1
8	1

Ein positiver Trend scheint sich dennoch dabei abzuzeichnen: bei immerhin neun der 21 Produktionen dauerte die Phase der Entwicklung inklusive des Plottings länger als das Schreiben der Drehbücher. Wir halten das für ein gutes Zeichen und wichtiges Indiz dafür, dass – wenn auch langsam – der (gemeinschaftlichen) Stoffentwicklung mehr Aufmerksamkeit und Zeit geschenkt wird, was eine der wesentlichen Voraussetzungen für eine effizientere Drehbucherstellung ist.[266] Auch bei der Produktion scheint sich ein kleiner Trend ausmachen zu lassen: immerhin bei knapp der Hälfte der Produktionen (zehn) starteten parallel zur Entwicklung/Erstellung der letzten Bücher bereits die Dreharbeiten.

ENTSCHEIDUNGSGEWALT

Insgesamt bei zehn von 21 Formaten lag nach eigenen Angaben die ultimative Entscheidungsgewalt auf Buchebene entweder beim Showrunner oder einem Headwriter. Bei ebenfalls zehn Produktionen wurden die Anmerkungen der Redaktion als kommentierend bezeichnet, Redakteur:innen waren also nicht aktiv an der Stoffentwicklung beteiligt – und zwar nicht nur bei den neueren Playern, sondern auch bei Produktionen für öffentlich-rechtliche und private Auftraggeber.

---

266 Als Vorbild wollen wir hier noch einmal an die Bucharbeit von DARK erinnern, wo jeweils – wie im US-amerikanischen Modell üblich – tatsächlich eine Woche für die Outline einer Episode eingeplant war, zwei Wochen für die Erstellung einer ersten Fassung, eine Woche für die zweite Fassung und dadurch lediglich drei bis vier Tage für eine dritte Fassung plus eine Woche Polishing benötigt wurden.

STOFFENTWICKLUNG UND IHRE ENTLOHNUNG

Obwohl sich die von uns befragten Formate im Falle von 14 Produktionen auf die ein oder andere Weise dem Writers'-Room-System angenähert haben, hat sich an dem tradierten deutschen Entlohnungsmodell kaum etwas geändert – hierzu haben insgesamt 16 Produktionen Auskunft gegeben: in 13 Fällen wurde wurde die Idee bzw. das Konzept extra vergütet (Minimum: 1,6 Prozent, Maximum 20 Prozent des Gesamthonorars der für das Konzept verantwortlichen Person(en), die allesamt auch in die weitere Entwicklung bzw. Bucharbeit eingebunden waren). In Einzelfällen wurden Outlines/Treatments etwas höher honoriert (bis zu 40 Prozent des Gesamthonorars für eine Episode). Doch das ändert nichts daran, dass immer noch bei 12 von 16 Produktionen 75 bis 90 Prozent des gesamten Honorars erst für das fertige, abgenommene Drehbuch fällig wurden, die letzte Rate wie gehabt erst bei Drehbeginn.

FAZIT

Auch wenn unsere Umfrage mit 21 Serien sicher nicht repräsentativ die gesamte aktuelle deutsche Serienlandschaft abbildet, lassen sich doch einige Trends und Tendenzen ablesen: Die Entwicklungszeiten scheinen sich zu verkürzen, deutsche Serien werden heute durchaus in größerer Zahl binnen eines Jahres oder sogar schneller entwickelt. Showrunner in der Funktion und Position eines Executive Producers mehren sich, vor allem aber die Position Headwriter hat sich offensichtlich flächendeckend etabliert. Die Verlagerung von Entscheidungsgewalten zu diesen Positionen ist ebenfalls klar erkennbar.

Weiterhin kaum Niederschlag haben jedoch die sehr konkreten dramaturgischen Arbeitsmethoden des Modells Writers' Room gefunden: die Entwicklung von Episodenplots mit vorgegebenen Aktstrukturen scheint immer noch selten vorzukommen, die Arbeit mit Beats fast gar nicht. Zudem scheinen sich auch die Entlohnungsmodelle noch nicht an die neuen Arbeitsstrukturen angepasst zu haben: Nur knapp die Hälfte der Konzepte wurde extra vergütet. Das Drehbuch beansprucht nicht nur nach wie vor den Löwenanteil, auch wird dieser immer noch häufig erst bei Abnahme der letzten Fassung oder gar bei Drehbeginn fällig.

Insofern ist eine Beschleunigung der Entwicklungszeit, eine zunehmende Offenheit bei der Besetzung und Betitelung der Positionen und auch der Verlagerung von Entscheidunsgewalten auszumachen, bei den konkreten Arbeitsmethoden und der Entlohnung gibt es noch reichlich Luft nach oben.

DIE 15 PRODUKTIONSDOGMEN VON DR*

1. Die Autor:in ist eine Grundvoraussetzung für die Existenz der Abteilung DR Fiction. Dabei muss „Autor:in" nicht zwangsläufig eine Drehbuchautor:in im eigentlichen Sinne meinen. Autor:in kann auch (in anderen fiktionalen Genres als dem traditionellen Drama) eine Editor:in, die Regisseur:in oder jemand anderes sein. Entscheidend ist, dass die Autor:in diejenige ist, die die Vision hat und diese vorantreibt, wenn es zu einem konkreten Projekt bei DR Fiction kommt. Die Autor:in wird respektvoll behandelt, vor allem wenn es um die *eine Vision* geht. Die Autor:in erarbeitet die Drehbücher in enger Zusammenarbeit mit DR Fiction, sodass unsere Entwicklungsexpertise in das Endprodukt miteinfließt. Hinsichtlich der Produktionsplanungen hat DR Fiction eine bestimmte Anzahl an „Inhouse-Autor:innen". Zwischen den Produktionen können sie auf Grundlage eines monatlichen Gehalts im Development neuer Serien eingesetzt werden.

2. Da wir ein öffentlich-rechtlicher Dienstleister sind, müssen sich unsere Produktionen – neben „einer guten Geschichte" – auch durch die Auseinandersetzung mit ethischen/sozialen Themen auszeichnen. In anderen Worten: Wir brauchen immer eine „duale Erzählung". Die Gewichtung dieser beiden narrativen Ebenen in ihrem Verhältnis zueinander wird immer abhängig sein vom historisch-kulturellen Diskurs der Gesellschaft.

3. Es wird ein Crossover zwischen den Autor:innen und Regisseur:innen der freien Branche und DR Fiction geben.

4. Bei den Produktionsteams wird es ein Crossover zwischen Freelancern und den Festangestellten bei DR Fiction geben.

5. DR Fiction Produzent:innen müssen ein klares Gespür für die Intentionen der Regisseur:in im Verhältnis zu den Intentionen des Headwriters haben.

6. Der Head of Drama delegiert seine Verantwortung in den einzelnen Produktionen auf die jeweiligen Produzent:innen.

7. Unter Berücksichtigung der Finanzen, der Ressourcen und des angestellten Personals braucht die DR Fiction Produzent:in größtmögliche Entscheidungsfreiheit.

8. In der Beziehung zur Produzent:in agiert der Head of Drama als Coach, genauso wie die Produzent:in als Coach für die Head of Departments agiert. Unser Motto in der Führung ist: wir haben nicht die Kontrolle, aber die Verantwortung. Diese Haltung verhindert konsensgetriebene Entscheidungen.

---

* Übersetzung der englischsprachigen Publikation von Redvall, S. 70.

9. Durch die Sicherstellung einer bestmöglichen Planung, zu der auch die terminge-rechte Ablieferung der Drehbücher gehört, werden dem Produktionsteam sinnvol-le Arbeitsbedingungen garantiert.

10. Um eine bestmögliche Synergie zwischen der Produktion, dem Medium und dem Publikum herzustellen, strebt DR Fiction Entwicklungen an, die dieses Dreieck der Kommunikation im Blick behalten.

11. Die Beziehung zwischen Redaktionsleitung und DR Fiction muss klar geregelt sein, wenn es um die inhaltliche Auswahl von Projekten geht.

12. Zwischen der Redaktionsleitung und DR Fiction gibt es einen langfristigen Plan, was die Finanzen und den Inhalt betrifft. Für TV Fiktion für ein erwachsenes Publi-kum: fünf Jahre, für Fiktion für Kinder: drei Jahre, Radio Drama: zwei Jahre, Jugend-fiktion: fortlaufend.

13. Zwischen der DR Medienforschung und DR Fiction gibt es einen permanenten Kon-takt hinsichtlich der Erfassung verschiedener Produktionen, inklusive verschiede-nen Tests und Studien.

14. In Zusammenarbeit mit der Redaktionsleitung legt DR Fiction besonderes Augen-merk auf Innovationen in Sachen Repertoire, Produktionsprozesse und Personal.

15. DR Fiction investiert jährlich 2 Prozent des Gesamtbudgets in die Entwicklung von neuen TV-Dramas.

WIR DANKEN:

Alex Esklam, Jantje Friese, Alex Gansa, Morgan Gendel, Hanno Hackfort, Annette Hess, Ralf Husmann, Sunna Isenberg, Catrin Kaufmann, Bob Konrad, Richard Kropf, Bernd Lemke, Alexander Lindh, Damian Lott, Nicola Lusuardi, Ron Markus, Valentin Mereutza, Marc Minnecker, Maggie Murphy, Arne Nolting, Dennis Schanz, Alex Schmid, Carsten Schulte, Heike Wachsmuth, Andi Wecker, Frank Weiß, Anna und Jörg Winger.

Besonderen Dank an:
Prof. Jens Becker, Katharina Domnick, Dr. Eva-Maria Fahmüller, Jeppe Gjervig Gram, Britta Hansen, Benjamin Harris, Petra Mirus, Don Schubert, Marcus Seibert, Kelly Souders.

Timo Gößler dankt:
Prof. Dr. Traute Schölling, Prof. Dr. Lothar Mikos, Ilse Biberti und Constantin Trettler.

GLOSSAR

A-/B-/C-Strang oder -Plot
Quantitative Hierarchisierung verschiedener Storylines innerhalb einer Serienepisode
oder -staffel. A-Strang = Hauptplot, B-Strang = Nebenplot, C-Strang = kleiner Nebenplot.

Abgeschlossene Erzählweise (→ *Procedural*)
Pro Episode einer Serie wird ein bestimmender Handlungsbogen (Hauptplot) von
Anfang bis Ende erzählt. Im Gegensatz zu → *horizontaler Erzählweise*.

Access Primetime
Sendezeit unmittelbar vor der → *Primetime*, in Deutschland zwischen 17 und 20 Uhr.

Aktbreak
Letzter → *Beat* eines Episoden-Aktes. Bei Werbeunterbrechungen der Beat direkt davor
und meist als → *Cliffhanger* gestaltet.

All-year-staffing
Begriff, der die zunehmende Praxis in den USA beschreibt, Writers' Rooms das ganze
Jahr über – und nicht nur in der traditionellen → *Staffing Season* – zu besetzen.

Anthology-Serie
Serielles Format, bei dem die einzelnen Episoden (oder → *Seasons*) nur durch ein Thema,
Genre oder sonst allgemeiner und nicht durch zum Beispiel wiederkehrende Figuren
verbunden sind.

Arena
Lokale Verortung einer Serie oder einer Episode in Ort und Milieu, oft als Synonym für
Setting verwendet.

Arena driven
Die Welt beziehungsweise das Setting einer Serie liefert dank zahlreicher Konflikte und
nicht enden wollender möglicher Kollisionen den dominierenden Motor für die Handlung, manchmal auch „world driven".

Auftragsproduktion
Eine von einem Sender oder Streamer in Auftrag gegebene Serie, die komplett vom Auftraggeber finanziert wird und ihm dann auch mit allen Verwertungsrechten gehört.

Autor:in vom Dienst (AvD)
Im deutschen Daily- und Weekly-Bereich eingesetzte Autor:innen-Position, die für
kurzfristige und schnelle, mal kleinere, mal größere Überarbeitungen oder Ergänzungen
während der (Vor-)Produktion zuständig ist.

Baby Writer
Anderer Begriff für → *Staff Writer* in den USA, die Einstiegsposition im Writers' Room
für Autor:innen.

Backdoor Pilot
Ein Spielfilmdrehbuch, das für sich alleine stehen kann, aber sich auch als Doppelfolge (Pilotepisode + zweite Episode) einer Serienstaffel einsetzen lässt. Kann aber auch eine Episode einer bestehenden Serie sein, die als Pilot für ein → *Spin-Off* fungiert und hier den Fokus der Ursprungsserie auf Nebenfiguren und Settings verlagert, die dann in einer eigenständigen neuen Serie weitererzählt werden.

Backup Scripts
Vor allem bei → *Procedurals* Drehbücher in der Hinterhand des → *Showrunners*, die zunächst nicht verwendet werden, aber eingesetzt werden können, wenn ein offizielles Episodendrehbuch aus welchen Gründen auch immer nicht funktioniert und die Zeit für einen kompletten → *Rewrite* fehlt.

Backup Scripts Order
Ein Auftraggeber/Sender in den USA verlangt die Anfertigung mehrere Episodenbücher, um sich dann auf deren Grundlage für oder gegen die Serie entscheiden zu können.

Beat
Handlungsschritt, kleinste erzählerische Einheit, vergleichbar mit dem deutschen „Vorgang". Ein Beat besteht aus dem Motiv einer Figur und dessen Ausführung. Ein → *dramatic beat* beinhaltet eine Kollision sich widersprechender Figurenmotive. Nicht zu verwechseln mit dem in Drehbuch-Dialogen verwendeten Beat, der eine Sprechpause meint.

Beatboard
Pinnwand, Whiteboard oder digitales Board an der Wand z. B. eines Writers' Rooms, auf dem der Plot einer Episode oder einer Staffel auf einzelne → *Beats* heruntergebrochen und zum Beispiel auf Karteikärtchen (= ein Beat) mehr oder weniger grob verschriftlicht wird.

Beatsheet
Arbeitspapier bzw. Drehbuchvorstufe. Eher reduziert ausformulierte und fast tabellarisch strukturierte Verschriftlichung der einzelnen → *Beats* einer Serienepisode (also des → *Breakdowns*).

Bible
Umfangreiches Serienkonzept für ein neues Format, das im Wesentlichen mindestens die Prämissen, die Welt, die Figuren, die wesentlichen Storylines und Handlungen (Staffel- und Episodensynopsen) und andere Charakteristika (z. B. Tonalität) vorstellt. In Deutschland manchmal auch der Begriff für eine verschriftlichte Sammlung aller inhaltlichen und formalen Informationen (Figuren und deren Bögen, Synopsen aller bereits entwickelten Episoden, Beschreibungen von Tonalität, Settings und Motiven etc.) einer bestehenden, in der Regel lang laufenden Serie.

Big Four
Die großen Broadcasting Networks in den USA: ABC, CBS, NBC, FOX. Da THE CW auch noch zu den großen Sendergruppen gehört, manchmal auch „Big Five" genannt.

Bildertreatment
Arbeitspapier bzw. Drehbuchvorstufe. Umfangreiche, in der Regel prosaisch ausgeschriebene (Episoden-)handlung, die sich in der Regel an der konkreten Abfolge der

Szenen orientiert. Formal durch nummerierte Bilderüberschriften bzw. Szenenheader und die beschriebenen Szenen strukturiert.

Breakdown
Detailliert ausgeplottete Handlung bzw. das Herunterbrechen eines Staffel- oder Episodenplots auf einzelne → *Beats* bzw. die kleinsten Handlungseinheiten. Als Verb: „to break storylines, episodes, the season".

Cable, Basic/Premium Cable
Pay-TV in den USA, das gegen Gebühren bezogen werden kann. Lediglich das teurere Premium Cable (z. B. HBO) verzichtet weitestgehend auf Werbung bzw. Werbeunterbrechungen. Nicht zu verwechseln mit dem deutschen Kabel- bzw. Privatfernsehen.

Character driven
Die inneren, in der Regel unlösbaren Konflikte der Hauptfigur(en) einer Serie und die sich daraus ergebenden Kollisionen liefern den dominierenden Motor für die Handlung, im Gegensatz zu einem äußeren Motor bei → *plot driven* oder → *arena driven*.

Cliff/Cliffhanger
Überraschende Wendung, die Fragen aufwirft – am Ende eines Aktes, einer Episode oder einer ganzen Staffel – und das Publikum zum Weiterschauen animieren soll.

Concept Room
Kein Writers' Room, sondern ein kollaboratives Modell zur Konzepterarbeitung bzw. -schärfung, das auf Writers'-Room-Methodik und -Strukturen zurückgreift.

Conceptual Director
Regisseur:in der ersten Episode(n) einer neuen Serie, entwirft in Absprache mit dem → *Showrunner* bzw. unter dessen Führung den Inszenierungsstil, die Schauspielführung und die ästhetische Ausgestaltung des Formats.

Creative Producer
Begriff und → *Credit*, der vor allem in Deutschland zunehmend eine Position beschreibt, die sowohl in produzentische und produktionelle Belange als auch in die Entwicklung und manchmal auch in die kreative Umsetzung eingebunden bzw. verantwortlich ist. Möglicher zusätzlicher Credit für → *Headwriter* mit erweiterten Befugnissen (z. B. Mitspracherechte, Vetorechte etc.).

Creator
Erfinder:in der Serie, die diese Idee auch in Konzeptform, inkl. Beschreibungen des Settings, der Figuren und Handlungsbögen der Staffel etc., zu Papier gebracht hat. Häufig auch Autor:in des Pilotdrehbuches. Creator und → *Showrunner* müssen nicht ein und dieselbe Person sein, sind es aber häufig.

Credit
Titelnennung in Vor- und/oder Abspann.

Daily Soap/Drama
Mit großem Ensemble konsequent horizontal und mit mehreren parallel erzählten Storylines angelegte Endlosserie (meist Studioproduktion) mit täglich ausgestrahlten Episoden (meist → *Daytime* oder → *Access Primetime*), deren einfache Handlung sich aus stark (melo-)dramatisierten zwischenmenschlichen Konflikten aller Art speist.

Danish Room
Dänische Adaption des US-Systems Writers' Room, wie sie zu Beginn der Nullerjahre vor allem durch den öffentlich-rechtlichen dänischen Sender DR vorangetrieben wurde.

Daytime
Sendezeit vor der → *Access Primetime*. In Deutschland bis 17 Uhr.

Development Producer
Personen, die in der Stoff- und Buchentwicklung sowohl dramaturgisch als auch den Prozess beratend und moderierend tätig sind und keine produzentischen Verantwortlichkeiten tragen. Der Begriff wird auch in den USA (und international) verwendet, meint dort aber die Produzent:in der Produktionsfirma, die mit dem → *Creator* gemeinsam am Serienkonzept arbeitet.

Development Season
Traditionell die Zeit im Jahr der US-Branche, in der die Writers' Rooms unter Hochdruck entwickeln und schreiben und auch die Episoden produziert und ausgestrahlt werden (Juni bis Dezember).

Dialogbuchautor:in
Bisher in Deutschland nur in der industriellen Serienproduktion von Daily- und Weekly-Formaten tätige Autor:in, die eine Story oder → *Outline* szenisch in Drehbuchform ausformuliert.

Dienstvertrag
Der klassische, auch sogenannte Stabvertrag in der Film- und TV-Produktion, der die Leistung bestimmter, von Selbstständigen (Freelancern) ausgeführten Dienste zum Gegenstand hat. Der Auftraggeber zahlt also für die vereinbarte Tätigkeit einen vereinbarten Lohn, nicht für ein am Ende vorliegendes Werk (im Gegensatz zum → *Werkvertrag*).

Direct-to-series-order
In den USA die Beauftragung einer Serie ohne vorherige Pilotbeauftragung und Testphase. Eher bei Streamern und → *Cable* üblich, zunehmend auch bei den Networks. Manchmal auch straight-to-series-order genannt.

DoP
Director of photography. Internationaler Begriff für den verantwortlichen Kameramenschen.

Dramatic Beat
Zu einem dramatic beat, also einem dramatischen Vorgang, wird ein → *Beat*, wenn das Agieren der einen Figur in antagonistischer Opposition zu dem Wollen und Agieren einer anderen Figur (oder mehreren) steht.

Dramedy
Der Begriff wird verschieden definiert und kann den tragikomischen (Drama + Comedy) Ton einer Serie bezeichnen oder als Gattungsbegriff Formate meinen, die sich strukturell an der → *Sitcom* orientieren (kurze Episoden, in der Regel aber kurze Staffeln), sehr ernste Themen mit einem gewissen Maß an Komik verhandeln und sowohl vertikal als auch horizontal erzählen können.

Duales Rundfunksystem
Senderlandschaft, die durch das Nebeneinander von öffentlich-rechtlichen und privat-wirtschaftlichen, linearen Sendern dominiert wird und wie sie in Deutschland jahrzehntelang existierte.

Entscheiderroom
Deutsche Writers'-Room-Variante bzw. -Adaption, in der neben dem → *Writing Staff* auch Entscheider:innen wie Produzent:innen und die Redaktion an der Stoffentwicklung beteiligt sind.

Episodenautor:in
Autor:in, die Plot, Drehbuchvorstufen als auch Drehbuch einer Serienepisode erarbeitet bzw. schreibt – im Writers'-Room-Kontext immer unter Führung und Anleitung eines → *Showrunners* oder → *Headwriters*.

Executive Producer (EP)
Wörtlich: (aus)führende Produzent:in. Höchste Position in der Credit-Hierarchie in den USA (und auch zunehmend in Deutschland). Im US-System ist dies immer der Credit des → *Showrunners*, kann aber auch als eine Art Ehrentitel vergeben werden. Es gibt bei Serien immer mehrere Executive Producer (auch vom Studio, Auftraggeber und von der Produktionsfirma), aber nur einen Showrunner.

Final Draft
Wörtlich: letzte Fassung (eines Drehbuchs). Meint aber zumeist die gleichnamige Drehbuchschreibsoftware, die eine genaue, nicht zu ändernde Formatierung vorgibt, die in den USA als Standard gilt.

Format
Bezeichnung für ein weniger umfangreiches Serienkonzept in den USA (in Abgrenzung zur umfangreicheren → *Bible*). In Deutschland kann „Format" auch eine Serie in ihrer individuellen Spezifik meinen.

Format Fee
Formatgebühr, die dem Creator anteilig an jeder Episode/Staffel zusteht, unabhängig von der tatsächlichen Mitwirkung im Rahmen der Produktion.

Found footage
Vorbestehendes (Bild-)Material z. B. aus dem Internet oder Archiven.

Freelance Episoden
Ehemals von der → *WGA* vorgeschriebene Verpflichtung, mehrere Episodendrehbücher einer Serienstaffel an nicht im jeweiligen Writers' Room tätige Autor:innen (Freelancer) zu vergeben. Ursprünglich eingeführt, um neuen Talenten eine Chance zu geben, mittlerweile nicht mehr verpflichtend.

Futures
Die großen Figuren- und Plotbögen einer → *Season* bei → *Daily* und *Weekly* Dramen.

GVR
„Gemeinsame Vergütungsregeln" zwischen dem Verband deutscher Drehbuchautoren (VDD) und Auftraggebern (Sendern, Produzent:innen-Verbänden, Plattformen) mit verbindlichen Mindesthonoraren und Nachvergütungsvereinbarungen.

Headwriter/Headautor:in

Leitet verantwortlich die Stoffentwicklung und stellt in der Regel auch das Autor:innen-Team zusammen. Im Modell Writers' Room umfasst diese Position die inhaltliche wie organisatorische Führung des Schreibteams, die maßgebliche und verantwortliche Entwicklung der Handlungs- und Figurenbögen und in der Regel auch die (mindestens letzte) Überarbeitung (→ *Rewrite/Polish*) aller Drehbücher.

Herstellungsleitung (HL)

Als kaufmännische Leitung verantwortlich für Budget und Kalkulation, in der Regel für mehrere Produktionen einer Produktionsfirma. In den USA *line producer* genannt und aufgrund der wichtigen Aufgabe oft eine Mitarbeiter:in auf Augenhöhe des → *Showrunners.*

High Concept Serie

Serie mit einer dominierenden, sehr individuellen konzeptionellen und/oder erzählerischen Prämisse, die die Serie inhaltlich und/oder gestalterisch deutlich von anderen abhebt.

High-end-Serie/-Drama

Wird oft synonym mit → *Quality-Serie* verwendet, meint aber neben den Aspekten wie Komplexität, → *horizontale Erzählweise* und entscheidende Prägung durch eine Autor:in zumeist auch Serien mit größerem Budget, die sich in der internationalen bzw. globalen Serienlandschaft verorten und deren (Produktions- und ästhetischen) Standards entsprechen.

Horizontale Erzählweise

Die Handlung und wesentliche Storylines werden episodenübergreifend erzählt und nicht am Ende einer Episode abgeschlossen.

Horizontalen

Episodenübergreifende Storylines, zum Beispiel auch bei → *Procedurals*, die zwar pro Episode abgeschlossene Geschichten, in einem oder mehreren Nebenplots aber horizontal erzählen (oft die sogenannten → *Privat Lines* der Hauptfiguren).

Junior Writer

Begriff (und auch → *Credit*), der den schreibenden Nachwuchs bezeichnet und analog zum in Deutschland bekannten „Junior Producer" kennzeichnet, dass die Person Autor:in ist, aber noch nicht dieselbe Erfahrung und Verantwortung hat wie die etablierten Kolleg:innen.

Last-second-Rewrite

Drehbuch-Überarbeitung oder -Anpassungen, die buchstäblich in letzter Sekunde, unter Umständen während des Drehs am Set, stattfinden. In den USA wird dies traditionell von den (writing) → *Producers* übernommen, hierzulande von der → *AvD.*

Limited Serie

In einer abgeschlossenen Staffel horizontal erzählte Serie mit einer zumeist überschaubaren Anzahl an Episoden (vier bis ca. zwölf) – international oft auch → *Mini-Serie* genannt.

Look-and-feel

Anderer Begriff für → *Testimonial* (zum Zwecke der Entscheidungsfindung beim Auftraggeber angefertigte halbe Pilotepisode in den USA), kann aber auch einen Pitch- bzw. → *Mood-Trailer* meinen, der in der Regel aus → *found footage* zusammenmontiert wird.

Majors

Wesentliche beziehungsweise Haupt-Storykomplexe einer Staffel (in der Regel auf wenigen Seiten verschriftlicht) als Grundlage für die → *Futures* in der Daily- und Weekly-Serienherstellung.

Medical

Serie, bei der Ärzt:innen und/oder Klinikpersonal und Patient:innen bzw. die Settings einer Praxis oder eines Krankenhauses im Fokus stehen.

Mehrteiler

Deutsches Format, das meistens → *Mini-Serien* meint, die horizontal und in spielfilm- langen Episoden erzählt werden (oft zwei oder drei 90-Minüter).

Mini-Room

Bezeichnung für Writers' Rooms in den USA mit kleiner Besetzung (oft nur zwei oder drei Autor:innen) und/oder kurzer Einsatzzeit (mehrere Wochen oder wenige Monate). Mini-Rooms kommen in der Regel bei Serien mit kurzer Staffel oder im Rahmen eines → *Concept Rooms* zum Einsatz.

Mini-Serie

Horizontal erzählte Serie mit wenigen Episoden pro Staffel (in Deutschland zumeist vier bis sechs). Meint vor allem im internationalen Kontext auch → *Limited Serie*.

Mood-Reel/-Trailer/-Teaser

Mit neu montiertem vorbestehendem Material aus Archiven oder dem Internet (→ *Found footage*) angefertigter, in der Regel recht kurzer Trailer, der die Atmosphäre, Tonalität, Stilistik, Ästhetik, das Genre etc. und manchmal auch die wesentlichen inhalt- lichen Prämissen einer neuen Serie im Rahmen von → *Pitch*-Präsentationen illustriert, manchmal auch Pitch-Trailer oder → *Look-and-feel* genannt.

Open Season

Zeitphase im US-amerikanischen → *Zweijahreszyklus*, in der die Networks verkünden, welche Art von Shows, Genres, Zielgruppen etc. sie in der nächsten Season bedienen wollen.

Option/Optionsvertrag

Vertrag zwischen Produzent:in und → *Creator*, der gegen eine (in Deutschland zumeist geringe) Zahlung der Produzent:in für eine gewisse Zeit das Recht einräumt, den Stoff potenziellen Auftraggebern anzubieten. Anders als beim → *Shopping Agreement* heißt eine Option auch in den USA, dass Geld (Optionsgebühr) fließt und bei Interesse des Studios oder Senders die Produzent:in alles Weitere verhandelt. Optionsverträge werden aber auch mit wichtigen anderen Personen geschlossen, beispielsweise um sich die Verfügbarkeit von Schauspieler:innen im Falle einer Fortsetzung einer bestehenden Serie zu sichern.

Original
Von Streamern oder → *Pay-TV* oder Spartensendern in der Regel komplett finanzierte Serien (zumeist hundertprozentige → *Auftragsproduktionen*), die ihnen dann auch samt aller Verwertungsrechte gehören. Manchmal werden auch „Fremdserien" in jenen Territorien als Originals bezeichnet, für die der Streamer oder Pay-TV-Sender die exklusiven Verwertungsrechte besitzt.

Outline
Arbeitspapier bzw. Drehbuchvorstufe. Mehr oder weniger umfangreiche und in der Regel eher sinnlich ausformulierte Verschriftlichung der Handlung einer Episode, allerdings in der konkreten Abfolge der → *Beats*.

Package
Ein „Angebotspaket" für potenzielle Partner, kann neben dem Serienkonzept und/oder einem Pilotbuch zum Beispiel die Zusagen oder Letter of Intents von namhaften Schauspieler:innen, anderen Kreativen oder einem Weltvertrieb enthalten, die das Produkt noch attraktiver machen.

Pay-TV
Bezahlfernsehen. Gegen eine Abogebühr besteht Zugriff auf das ausgestrahlte Programm eines Senders. Die meisten Pay-TV-Sender haben zudem noch ein → *S-VOD*-Angebot.

Period (Drama)
Drama-Serie, deren Handlung in der historischen Vergangenheit angesiedelt ist (period = Zeitraum), auf deutsch häufig: Historiendrama.

Pilot Season
Im traditionellen → *Zweijahreszyklus* der Serienherstellung der US-Networks die Zeit zwischen Januar und April/Mai, in der die Produktion von Pilotepisoden in Auftrag gegeben wird, die dann meist in Las Vegas vor einem Publikum getestet werden.

Pitch
Zum Zwecke des Verkaufens angefertigte Präsentation einer neuen Serie, in der Regel mit Prämisse, Welt, Figuren, wesentlichen Handlungen bzw. Storylines etc., entweder verschriftlicht (dann manchmal auch: „Pitchpapier" oder „Pitchpaper" von zwei bis fünf Seiten) oder mündlich vorgetragen (in den USA üblich, mittlerweile auch in Deutschland recht häufig).

Plot driven
Die Handlung einer Episode oder eines Formats wird durch die äußeren Gegebenheiten und Konflikte vorangetrieben, im Gegensatz zu → *character driven*.

POD
Production overall deal (manchmal auch production only deal). Die Abkürzung wurde in den USA zum Synonym für Produktionsfirmen, die exklusiv gebunden und in der Regel gleichzeitig mehrere Serien für ein Studio herstellen. POD kann aber auch die Abkürzung für „producer with overall deal" sein, dann ist die Firma eher eine kleine Entwicklungsfirma, die von einem Studio bezahlt exklusiv Ausschau nach vielversprechenden Stoffen und → *Creatorn* halten soll, die die Firma dann ans Studio vermittelt (First Look

Deal). Auch Exklusiv-Deals zwischen Studio und Creator/Showrunner (bzw. dessen Entwicklungsfirma) können POD genannt werden.

Polish
Das „Polieren" eines Drehbuchs, im Gegensatz zum → *Rewrite* keine umfangreiche Überarbeitung, eher eine Anpassung an Format-Gegebenheiten wie etwa die Tonalität oder ein Angleichen der Figurensprache und Dialoge sowie letzte kleinere Änderungen an den Szenen.

Pre-Sales
Verkauf von Lizenzen für die Ausstrahlung einer Serie, bevor sie fertiggestellt ist (teilweise schon im Konzeptstadium). Pre-Sales werden in der Finanzierung vor allem von → *High-end-Serien* immer wichtiger.

Primetime
Hauptsendezeit mit den potenziell meisten Zuschauer:innen, in Deutschland zwischen 20 Uhr (bzw. 20:15 Uhr wegen der ARD-Tagesschau) und 23 Uhr, in den USA ca. 19 bis 23 Uhr.

Private Lines
Storylines, die in der Regel episodenübergreifend das Privatleben von Serienfiguren erzählen, die ansonsten hauptsächlich in ihrer beruflichen Tätigkeit erzählt werden (z. B. Ermittler:innen).

Procedural
Serienformat mit (überwiegend) → *abgeschlossener Erzählweise*: jede Episode liefert einen neuen, dann auch auserzählten „Fall" – zum Beispiel den „murder-of-the-week" bei Krimiserien.

Producer/Co-Producer
In den USA zunächst ein Überbegriff, der zahlreiche Positionen bezeichnet (von der Produzent:in über den → *Showrunner* bis hin zu einfachen Autor:innen), die (nicht zwingend) produzentische und produktionelle Aufgaben übernehmen. In Deutschland sind Producer für die Begleitung der Stoff- und Buchentwicklung, die Organisation der Produktion und die Postproduktion einer Serie verantwortlich und gegenüber ihren Produzent:innen weisungsgebunden.

Production Value
Die (empfundene) Wertigkeit einer Serien- bzw. Filmproduktion, die sich z. B. durch Faktoren wie hohe Schauwerte (aufregende Schauplätze), aufwendige Art Direction, beeindruckende Special Effects, namhafte bzw. herausragende Schauspieler:innen, aber auch ästhetische und narrative Exzellenz manifestiert.

Produzentenserie
Serie, bei der eine Produzent:in bzw. eine Produktionsfirma als nahezu alleinige Finanzierer:in oder majoritärer finanzierender Partner einer Koproduktion auftritt und dabei nicht auf eine komplette oder überwiegende Finanzierung der Serie durch einen Auftraggeber (Sender oder Plattform) angewiesen ist.

Punchline
Knackiger, kurzer Dialogsatz, der als komische Pointe einer Szene oder eines Vorgang die Spannung löst und den Affekt Lachen auslösen soll. Expert:innen für Punchlines werden dementsprechend „Punchliner" genannt und kommen hauptsächlich bei Comedyformaten zum Einsatz.

Punch-up
Finale Überprüfung der Gag- und → *Punchline*-Dichte bei Comedy-Formaten.

Qualitätsserie/Quality-Serie/Quality-TV
Diverse Definitionen aus der Medien- und Fernsehwissenschaft fokussieren auf verschiedene Aspekte. Im Wesentlichen sind komplexe, in der Regel → *horizontal erzählte* Serien gemeint, die häufig multiperspektivisch und mit großen Ensembles erzählen, durch die klare Vision eines → *Creators*, also einer Autor:in, geprägt und als Solitäre konzipiert sind, sich folglich auch nicht irgendeiner Formatierung (z. B. durch einen spezifischen Programmplatz) unterwerfen.

Recab
Bei → *horizontal erzählten* Serien die knappe, zusammenfassende Wiederholung der wesentlichen Ereignisse der voherigen Episode oder Staffel am Anfang der neuen.

Regiefassung
In Deutschland die letzte, von der Regie bearbeitete Drehbuchfassung.

Reihe
Seriell angelegte, überwiegend → *abgeschlossen* erzählte Spielfilme, die durch einen ganz bestimmten Sendeplatz bzw. durch eine „Marke" gekennzeichnet sind, zum Beispiel wiederkehrende Figuren, Genres und/oder Settings.

Rewrite
Umfangreiche Überarbeitung eines Drehbuchs.

Sadcom
Ableitung von → *Sitcom*. Ursprünglich eher ein PR-Begriff, der sich mittlerweile aber als Subgenre von → *Dramedy* definieren lässt. Mit Sadcoms können tragikomische Serien gemeint sein, die sich humorvoll und intensiv mit Trauer und Verlust auseinandersetzen.

Screenplay-by-Credit
Siehe → *Teleplay-by-Credit*

Script
Auch screenplay = Drehbuch.

Script Coordinator
Position in US-amerikanischen Writers' Rooms, die sämtliche Papiere und Drehbücher auf ihre orthografische und formale (Figurennamen etc.) Richtigkeit überprüft, die Unterschiede von einer Fassung zur vorherigen auflistet, einheitlich formatiert, nummeriert und archiviert. In Deutschland zumeist nur bei → *Daily*- und *Weekly*-Formaten anzutreffen.

Script Editor
Personen in der → *Daily*- und *Weekly*-Serienherstellung, die die Drehbücher der
→ *Dialogbuchautor:innen* überprüfen, überarbeiten bzw. → *polishen* und an das
Format anpassen.

Scripted Reality
Günstig und mit zumeist improvisierenden, manchmal sich selbst spielenden Laiendarstellern hergestellte serielle Formate verschiedenster Genres (Gerichtsshow, Soap,
Cop Show etc.), die vor allem durch die reportagehaften Produktionsmodi den Eindruck
von dokumentarisch eingefangener „Realität" vermitteln, dabei aber komplett fiktional
sind (also einem → *Script* folgen).

Season
Serienstaffel. Einheit von mehreren Episoden, die in der Regel am Stück entwickelt,
produziert und ausgestrahlt werden und bei → *horizontal* erzählten → *Formaten* die
Episoden strukturell und/oder narrativ in Verbindung zueinandersetzt.

Season Arc
Staffelbogen – kann allgemein den die jeweilige Staffel definierenden und dominie-
renden erzählerischen Hauptplot bezeichnen oder die eine Staffel überspannende
Storyline bzw. Entwicklung einer Figur (dann oft auch „Character-Season-Arc").

Season Board
→ *Beatboard*, das zum Beispiel in Writers' Rooms einen Überblick über die ganze Staffel
mit mindestens den wesentlichsten → *Tent-Poles* aller Episoden gibt.

Shadow
„Schattenbuch", wird in der → *Daily*- und *Weekly*-Serienherstellung in der Regel an
neue Talente vergeben, die parallel zur offiziellen Bucherstellung ein Drehbuch schreiben dürfen, um so ihr Talent und ihr Verständnis des Formats zu demonstrieren.

Shooting Script
Die letzte Fassung des Drehbuchs vor dem Dreh, daher im Deutschen Drehfassung
genannt.

Shopping Agreement
In den USA eine Vereinbarung zwischen Produzent:in und → *Creator*, einen Stoff ohne
→ *Optionsvertrag* einem Studio oder Auftraggeber anbieten zu dürfen. Im Erfolgsfall
verhandeln Produzent:in und Creator selbst und individuell mit dem Auftraggeber
weiter (anders als bei einem Optionsvertrag, da verhandelt dann nur die Produzent:in
mit Studio und Sender).

Short Form Series
Abgeschlossen oder horizontal erzählte Serien mit sehr kurzen Episoden (ca. 5 bis 20
Minuten), gängige Formatierung für Web-Serien (die ausschließlich im Internet zur
Verfügung gestellt werden), teilweise aber auch im linearen Fernsehen (vor allem Kin-
derfernsehen) oder bei den Streamern und in den Mediatheken.

Showrunner
Produzent:in und Autor:in in Personalunion, quasi der CEO einer Serie und entscheidender Bewahrer und Beschützer der Vision. Inhaltlich, kreativ und auch finanziell verantwortlich für die gesamte Produktion.

Sitcom
Abkürzung von Situation Comedy: Klassisches US-Format, das seine komischen Pointen primär aus Situationen generiert. In den USA traditionell vor einem Live-Publikum und mit hörbaren Reaktionen (Lacher, manchmal auch nur eingespielt) in einem Studio von mehreren Kameras aufgezeichnet (multi-cam sitcom). Besteht zumeist aus wenigen Schauplätzen und kurzen, relativ abgeschlossenen Episoden (20 bis 25 Minuten). Der Begriff wird mittlerweile aber auch auf zahlreiche Varianten an Comedy-Serien angewendet.

Spec Pilot/Script
Ein Pilot-oder Episodendrehbuch, das ohne Beauftragung, also on spec (= auf Verdacht, auf gut Glück), geschrieben wurde – etwa als Teil des → *Packages*, das Auftraggebern angeboten wird oder um als potenzielle Autor:in einer bestehenden Serie zu demonstrieren, das Format erfüllen zu können. In der Regel nicht oder kaum bezahlt.

Spin-off
Serie oder Spielfilm, die/der aus einer bestehenden Serie (oder einem Spielfilm) hervorgeht, indem zum Beispiel deren kleine Nebenfiguren zu Hauptfiguren eines neuen Formats werden.

Staffing Season
Im US-TV-Jahr (dem → *Zweijahreszyklus* folgend) traditionell die Zeit zwischen April und Juni, in der die Writers' Rooms besetzt bzw. Autor:innen hierfür gecastet werden.

Staff Writer
In den USA die Einstiegsposition der Writers'-Room-Karriereleiter für Autor:innen, auch → *Baby Writer* genannt. Staff Writer erhalten in der Regel nicht die Verantwortung für eine ganze Episode, sie plotten mit, → *polishen* oder machen → *Rewrites*.

In Deutschland meint Staff Writer zumeist alle Autor:innen im Writers' Room außer dem → *Headwriter* bzw. → *Showrunner*.

Step Deal
in den USA schrittweise Beauftragung von Autor:innen für zunächst eine oder mehrere Drehbuchvorstufe(n), dann für die erste Fassung des Drehbuchs, dann die folgende usw. Die jeweils nächste Beauftragung erfolgt nur, wenn ein Arbeitsschritt zu einem zufriedenstellenden Ergebnis geführt hat. Oft bei Nachwuchs und unerfahrenen Autor:innen.

Stepoutline
Arbeitspapier bzw. Drehbuchvorstufe, die die einzelnen erzählerischen → *Beats* einer Episode deutlicher markiert – eine Kombination aus → *Beatsheet* und klassischer → *Outline*.

Story Area/Arena
In den USA Arbeitspapier bzw. Drehbuchvorstufe. Kurzes Papier (oft ein One-Pager), das die erzählerischen Potenziale der Episodenhandlung und deren Verortung zusammenfasst und erläutert. Manchmal auch eine Art erste, zusammenfassende Kurzsynopsis eines Episodenplots (auch Episoden-Pitchpaper genannt).

Story-by-Credit
Laut → *WGA* steht dieser → *Credit* jeder US-Autor:in zu, die mitgeplottet und Drehbuchvorstufen (nicht aber das Drehbuch) geschrieben hat.

Story driven
Eine episodenüberspannende Hauptgeschichte liefert den dominierenden Motor für die Handlung einer Serie (und die Figur/en), im Gegensatz zu → *character driven* und → *arena driven*. Sehr häufig bei → *Limited Series.*

Story Editor / Executive Story Editor
Zweite und dritte Stufe auf der Writers'-Room-Karriereleiter für Autor:innen in den USA. Story Editor plotten und schreiben Drehbuchvorstufen und Episodendrehbücher. Executive Story Editor bezeichnet die nächste Stufe, also bereits erfahrene Story Editor. In Deutschland meint dieser Begriff in der Regel die Editoren bei → *Daily-* oder *Weekly*-Produktionen, die die → *Outlines* der Autor:innen (→ *Storyliner*) überarbeiten bzw. an das → *Format* anpassen.

Storyliner
Autor:innen in der → *Daily-* und *Weekly*-Serienherstellung, die die großen Figuren undPlotbögen einer Staffel (→ *Futures*) auf Episodenplots herunterbrechen und in Papierform (Storyline) bringen.

Storyworld
Die erzählte und Erzählwelt einer Serie, beinhaltet die Zeitperiode, das Setting, Milieu und die konkrete → *Arena* oder Arenen sowie die spezifischen Regeln und Prämissen der Erzählwelt inklusive der dort anzutreffenden Figuren, deren Umfelder, Themen und Konflikte.

Straight-to-series-order
Siehe → *Direct-to-series-order*

Studiosystem
US-amerikanisches System der Fernseh- und Filmherstellung, bei der zwischen Produktionsfirma und Sender ein Studio zwischengeschaltet ist, das sich traditionell um die Finanzierung kümmert, die Infrastruktur stellt, die Inhalte mithilfe einer Produktionsfirma herstellt und Inhaber der Serien und Filme ist.

Supervising Producer
Neben dem Co-Executive Producer die Nummer 2 (oder 3) im US-Writers'-Room. Ehrenvoller Credit und führende Position (→ *Upper-level/Senior Writer*), die mitunter den Room im Namen des Showrunner komplett (ähnlich einem → *Headwriter*) oder zeitweise leitet und direkte Ansprechpartner:in für die Autor:innen im Room sein kann.

S-VOD
Subscription video on demand: Modell des Monats- oder Jahres-Abonnement-finanzierten „Video on demand"-Services, wie es Netflix oder Amazon Prime Video praktizieren. Mit dem Abo haben die User unbegrenzten Zugriff auf alle zur Verfügung stehenden Inhalte, die dann individuell gestreamt werden können.

Table Read/Reading
Gemeinsam mit den Schauspieler:innen und den anderen wichtigen Gewerken wird das Drehbuch in einer Art szenischen Lesung mit verteilten Rollen gelesen, um Dialoge, Szenenrhythmus etc. auf ihre Konsistenz zu überprüfen.

Teaser
Prologhafter Einstieg einer Serienepisode vor der Titelsequenz, der Neugierde wecken soll.

Teilfinanzierte Auftragsproduktion
Eine von einem Sender oder Streamer in Auftrag gegebene Serie, die nur teilweise (meistens überwiegend) vom Auftraggeber finanziert wird, der dann auch nicht sämtliche Verwertungsrechte erhält.

Telenovela
Ästhetisch, erzählerisch und strukturell am → *Daily Drama* orientiertes serielles Format (ursprünglich aus Südamerika), das im Gegensatz zum Daily Drama zwar auf eine möglichst lange Dauer angelegt ist, aber auf ein Ende hin erzählt wird. Die Gattung fokussiert sehr häufig auf eine Liebesgeschichte, die über zahlreiche Episoden von den Schwierigkeiten zweier Figuren erzählt, zueinanderzufinden (= Ende der Telenovela).

Teleplay-by-Credit
Laut → *WGA* steht jeder US-Autor:in dieser Credit zu, wenn sie nur das Drehbuch, nicht aber die Drehbuchvorstufen geschrieben hat bzw. nicht wesentlich am Plotting beteiligt war.

Tent-Poles
Wesentliche/herausragende Handlungselemente einer Episode oder einer Staffel. Im Kontext der US-Entertainmentindustrie manchmal auch: das eine gewinnträchtige Medienprodukt eines Senders oder eines Studios, das für die finanzielle Stabilität sorgt bzw. sorgen soll.

Testimonial
In den USA ein nicht in Gänze, sondern nur teilweise gedrehter Pilot (zumeist ca. 20 bis 30 Minuten) für den Auftraggeber als Entscheidungsgrundlage für oder gegen eine Serie. Testimonials können auch extra produzierte, längere Trailer sein, die bei → *Pitches* zum Einsatz kommen. Manchmal auch → *Look-and-feel* genannt.

Total Buy Out
Mit einem Total Buy Out (Buyout = Aufkauf) werden alle Verwertungsrechte an einem Werk mit einem pauschalen Honorar abgegolten.

Treatment
Arbeitspapier bzw. Drehbuchvorstufe. Umfangreiche, in der Regel prosaisch ausgeschriebene Episodenhandlung (ca. 20 Seiten), die sich als Fließtext an der konkreten Abfolge eines Plots orientiert. Mit einzelnen Bilderüberschriften bzw. prosaisch beschriebenen Szenen unter Szenenheadern wird aus einem Treatment ein → *Bilder- oder Szenen-Treatment.*

TV-Drama
Überbegriff aus den USA, der in der Regel immer dramatische Serien in allen Varianten meint, ausgenommen → *Daily Drama*.

Upfronts
In den USA traditionell alljährlich im Mai veranstaltete Ankündigung der zukünftigen Programme durch die Sender, ursprünglich nur für die potenziellen Werbekunden, die dann ihre Angebote abgeben können.

Upper-level/Senior Writer
Sehr erfahrene und renommierte Autor:innen im Writers' Room – in der Regel ab der Stufe → *Supervising Producing*.

Urheber
Nach deutschem Urheberrechtsgesetz ein „Schöpfer eines Werkes", das durch eine individuell zu bewertende „Schöpfungshöhe" gekennzeichnet ist. Sind mehrere Personen mit entsprechender Schöpfungshöhe an einem Werk beteiligt, sind diese Personen Miturheber:innen.

VDD
Verband deutscher Drehbuchautoren. Rechtsform: eingetragener Verein.

VeDRA
Verband für Film- und Fernsehdramaturgie. Rechtsform: eingetragener Verein.

Vertikal erzählt
Eine Serie, die in abgeschlossenen Episoden und kaum oder gar nicht episodenübergreifend erzählt, zum Beispiel → *Procedurals*, aber auch klassische → *Sitcoms*.

VG-Wort
Verwertungsgesellschaft Wort. Verwaltet und verteilt die Tantiemen der schreibenden Zunft (Journalismus, Wissenschaft, Kunst), die sich durch Zweitverwertungsrechte (Urheberrecht) ergeben.

Vier-Akt-Schema
In den USA das traditionelle Basis-Strukturmodell für eine einstündige Episode (brutto, also mit Werbung) einer Drama-Serie.

WGA
Writers Guild of America. Einflussreiche US-amerikanische Gewerkschaft für Film- und Fernsehautor:innen.

Weekly Soap/Drama
Soap-Variante, die sich vor allem durch den Ausstrahlungsmodus von den → *Daily Soaps* unterscheidet, Weeklys bringen eine Episode pro Woche auf den Bildschirm, dabei aber ebenso konstant fortlaufend. Auch sind die Episoden in der Regel länger als bei der Daily Soap.

Werkvertrag
Grundform der meisten Drehbuchverträge in Deutschland. Vertragsgegenstand ist die Beauftragung, die Anfertigung und die fristgerechte Ablieferung eines Werkes beim

Auftraggeber, der dieses Werk inkl. der Werk(vor)stufen abzunehmen hat, bevor ein Honorar dafür fällig wird. Die Auftragnehmer:in bleibt dabei unabhängig (nicht beim Auftraggeber angestellt, Freelancer), ist (zumindest theoretisch) weder orts- noch weisungsgebunden.

Workplace Drama
Serie, bei der die Konflikte am Arbeitsplatz bzw. im Arbeitsumfeld im Vordergrund stehen

Writer Producer
Arbeitsalltäglicher Überbegriff (kein → *Credit*), der in den USA alle Autor:innen bezeichnet, die auch produzentisch tätig sind, also zum Beispiel → *Showrunner* oder → *Producer* im Writers'-Room-Modell.

Writers' Assistant
Einsteiger-Position im Writers' Room, die die Autor:innen und den → *Showrunner* zum Beispiel bei Recherchen unterstützt und die Diskussionen und Gespräche sowie die sich daraus ergebenden Schlussfolgerungen und Vereinbarungen mitprotokolliert.

Writers' Delivery Schedule
Strenger Zeitplan für den → *Writing Staff,* der die Deadlines aller Fassungen von Arbeitspapieren und Drehbüchern enthält; wird in der Regel bei Beginn der Arbeit im Writers' Room verteilt.

Writers' PA (Production Assistant)
Im US-Writers'-Room in der Regel eine Assistenz, die klassische Büroarbeiten, den Telefondienst und Kaffeekochen etc. übernimmt. Je nach Größe und Budget des Rooms sind Writers' PA, → *Writers' Assistant* und → *Script Coordinator ein* und dieselbe oder verschiedene Personen.

Writers' Room light
Sammelbegriff deutscher Writers'-Room-Adaptionsansätze, bei denen in der Regel eine mehr oder wenige lange gemeinsame Plottingphase in einem improvisierten Writers' Room (Ort) auf kurze Zeit einer individuell zu Hause und nicht mehr kollaborativ statt-findenden Schreibphase (Arbeitspapiere und Drehbücher) vorausgeht.

Writing Staff
Alle schreibenden Autor:innen innerhalb eines Writers' Rooms..

Written-by-Credit
Laut → *WGA* steht jeder Autor:in in den USA ein solcher Credit zu, die sowohl (mit-) geplottet und Drehbuchvorstufen als auch das Drehbuch (mit-)geschrieben hat.

Zweijahreszyklus
Traditioneller Ablauf der Serienherstellung in den USA, geprägt vor allem durch die großen Broadcasting Networks. Der Zyklus ist in klare und eindeutige Phasen unterteilt. → *Cable Networks* und Streamer hatten häufig immer schon andere Abläufe, mittlerweile verzichten auch mehr und mehr der großen Networks immer öfter auf die ehemals unverrückbaren Schedules.

QUELLENVERZEICHNIS

LITERATUR UND MAGAZINE

Barnouw, Erik: Tube of Plenty: The Evolution of American Television. New York 1990.

Bennett, Tara: Showrunners. The Art of Running a TV Show. London 2014.

Calvisi, Daniel P.: Story Maps: TV Drama. The Structure of the One-Hour Television Pilot. Los Angeles 2016.

Douglas, Pamela: Writing the TV Drama Series. How to succeed as a professional writer in TV. 4th edition. Studio City 2018.

Dunleavy, Trisha: Complex Serial Drama and Multiplatform Television. New York 2018.

Edgerton, Gary R. und Jones, Jeffrey P. (Hrsg.): The Essential HBO Reader. Lexington 2008.

Eschke, Gunther und Bohne, Rudolf: Bleiben Sie dran! Dramaturgie von TV-Serien. 2. Auflage. Köln 2018.

Feil, Georg: Fortsetzung folgt – Schreiben für die Serie. Konstanz 2006.

Gervich, Chad: How to Manage Your Agent: A Writer's Guide to Hollywood Representation. Burlington 2014.

Hatem, Richard: The TV Year. In: Venis, Linda (Hrsg.): Inside the room. Writing television with pros at UCLA extension writers' program. New York 2013. (S.217–243).

Hickethier, Knut: Die Fernsehserie und das Serielle des Fernsehens. Lüneburg 1991.

Kallas, Christina: Inside the Writers' Room. Conversations with American TV Writers. Basingstoke 2014.

Kant, Immanuel: Kritik der Urteilskraft. Diverse Ausgaben.

Keller, Harald: Vom Fortsetzungsroman zum TV-Event. In: epd film. 05/21.

Krauß, Florian: Showrunner und Writers' Room – Produktionspraktiken der deutschen Serienindustrie. In: montage AV (27/2/18).

Krauß, Florian: Deutsche Fernsehfiktion und Redaktionsarbeit im Wandel. In: tv diskurs. 23. Jg. 2/2019 (Ausgabe 88).

Landau, Neil: The TV Showrunner's Roadmap. 21 Navigational Tips for Screenwriters to Create and Sustain a Hit TV Show. Burlington 2014.

McKee, Robert: Story. Die Prinzipien des Drehbuchschreibens. Überarbeitete 11. Auflage. Berlin 2016.

Merkel, Katrin: Von lustigen Räumen. Neue Wege in der Stoffentwicklung. In: Wendepunkt No. 47. Juni 2020.

Merkel, Katrin und Gößler, Timo: The German Room.
Das System Writers' Room und seine Anwendung in der deutschen Serienentwicklung.
In: Wendepunkt Nr. 44. Juni 2019.

Postman, Neil: Wir amüsieren uns zu Tode. Frankfurt am Main 1985.

Redvall, Eva Novrup: Writing and Producing Television Drama in Denmark.
From The Kingdom to The Killing. Basingstoke 2013.

Runco, Mark A. und Jaeger, Garrett J.: The Standard Definition of Creativity.
In: Creativity Research Journal. Band 24. Nr. 1. Januar 2021.

Schleich, Markus und Nesselhauf, Jonas: Fernsehserien. Geschichte, Theorie, Narration.
Stuttgart 2016.

Seibert, Marcus: Schreiben für TV-Serien.
In: Uschtrin, Sandra und Hinrichs, Heribert (Hrsg.): Handbuch für Autorinnen und
Autoren. 8. völlig überarbeitete und erweiterte Auflage. Inning am Ammersee 2015.
(S.224–241).

Sepinwall, Alan: The Revolution Was Televised. New York 2015.

Stutterheim, Kerstin und Kaiser, Silke: Handbuch der Filmdramaturgie. 2. Auflage.
Frankfurt am Main 2011.

Thompson, Robert D.: Television's Second Golden Age – From Hill Street Blues to ER.
New York 1996.

Venis, Linda (Hrsg.): Inside The Room. Writing television with pros at UCLA extension
writers' program. New York 2013.

ONLINE-QUELLEN
(alle letztmalig aufgerufen am 01.08.2021)

Andreeva, Nellie: Upfronts 2021. Auf: deadline.com. 24.05.2021:
https://deadline.com/2021/05/upfronts-2021-analysis-network-tv-trends-executi-
ves-1234761806/

Buß, Christian: „Im Angesichts des Verbrechens" – Himmelspforte und Höllentor.
Auf: spiegel.de. 22.10.2010:
https://www.spiegel.de/kultur/tv/im-angesicht-des-verbrechens-himmelspfor-
te-und-hoellentor-a-724635.html

Haywoood, Eric: Writers' Room 101: TV Writer Job Titles. Auf: scriptmag.com.
02.06.2015: https://scriptmag.com/features/writers-room-101-tv-writer-job-titles

Hong, Cindy Y.: When did people start saying „Showrunner"? Auf: slate.com. 14.10.2011:
https://slate.com/culture/2011/10/showrunner-meaning-and-origin-of-the-term.html

Kirsch, Gunther: Produktionsbedingungen von Daily Soaps. Ein Werkstattbericht.
Auf: montage-av.de. 10.01.2001:
https://www.montage-av.de/pdf/101_2001/10_1_Gunther_Kirsch_Produktionsbedin-
gungen_von_Daily_Soaps.pdf

Leibiger, Johannes und Giersberg, Frank (Hrsg.): Pay-TV und Paid-VoD in Deutschland 2020/2021. VAUNET – Verband Privater Medien e.V.
Auf: vau.net. 23.07.2021:
https://www.vau.net/system/files/documents/vaunet-publikation_pay-tv-und-paid-vod-in-deutschland-2021_0.pdf

LTO-Redaktion (acr): Chef-Kameramann von „Das Boot" erhält Geld von Geld von ARD.
Auf: lto.de. 26.09.2018:
https://www.lto.de/recht/nachrichten/n/olg-stuttgart-4u218-kamera-mann-das-boot-nachverguetung-beteiligung-nutzung-fairness-paragraph/

Mensch, Marc: Update: Netflix in Verhandlungen über gemeinsame Vergütungsregeln.
Auf: beta.blickpunktfilm.de. 19.02.2020:
https://beta.blickpunktfilm.de/details/448151

Ming, Christopher: Inside the Writers' Room.
Auf: christopherming.com. 24.05.2018:
https://christopherming.com/2018/05/writers-room/

Miyamoto, Ken: Simple Guide to the TV Writers' Room Hierarchy.
Auf: screencraft.org. 13.02.2020:
https://screencraft.org/2020/02/13/simple-guide-to-the-tv-writers-room-hierarchy/

Miyamoto, Ken: TV Drama Breakdown: Explore the Act Structure of "This is us".
Auf: screencraft.org. 17.05.2021. https://screencraft.org/2021/05/17/tv-drama-break-down-explore-the-act-structure-of-this-is-us/

Nathanson, Jon: The Economics of a Hit TV show. Auf: priceonomics.com. Oktober 2013:
https://priceonomics.com/the-economics-of-a-hit-tv-show/

Niemeier, Timo: Regisseure gehen auf Konfrontation zu Drehbuchautoren.
Auf: dwdl.de 01.07.2021: www.dwdl.de/nachrichten/83451/regisseure_gehen_auf_konfrontation_zu_drehbuchautoren

Niemeier, Timo: Drehbuchautoren schreiben Offenen Brief an Christine Strobl.
Auf: dwdl.de. 26.07.2021: www.dwdl.de/nachrichten/83376/drehbuchautoren_schreiben_offenen_brief_an_christine_strobl/

O'Brian, Steve: The room where it happens: why writers' rooms make for great TV.
Auf: theguardian.com. 21.10.2020: https://www.theguardian.com/tv-and-radio/2020/oct/21/the-room-where-it-happens-why-writers-rooms-make-for-great-tv

Press, Joy: Is This the End of the TV Writers' Room as We Know It? Auf: vanityfair.com
21.08.2018: https://www.vanityfair.com/hollywood/2018/08/the-end-of-the-tv-writers-room-as-we-know-it-mini-rooms

Schanz, Dennis: Dennis Schanz und „Skylines": Zukunftsmodell Showrunner.
Auf: beta.blickpunktfilm.de. 25.09.2019:
https://beta.blickpunktfilm.de/details/444044

Thompson, Robert D. und Allen, Steve: Television in the United States.
Auf: britannica.com: https://www.britannica.com/art/television-in-the-United-States

VanDerWerff, Emily Todd: The golden Age of TV is dead; long live the golden Age of TV.
Auf: tv.avclub.com. 20.09.2013:
https://tv.avclub.com /the-golden-age-of-tv-is-dead-long-live-the-golden-age-1798240704

Writers Guild Foundation: "Anatomy of a Script with Shonda Rhimes"
vom 15. April 2008.
Auf: https://www.youtube.com/watch?v=QoYU_S7jFhA

Writers Guild of America: Schedule of Minimums 2020.
Auf: wga.com:
https://www.wga.org/uploadedFiles/contracts/min20.pdf

Writers Guild of America: Theatrical and Television Basic Agreement 2020/2017.
Auf: wga.com:
https://www.wga.org/contracts/contracts/mba

Wystrichowski, Cornelia: Als die Werbung im Fernsehen laufen lernte.
Auf: mainpost.de. 25.10.2016:
https://www.mainpost.de/ueberregional/kulturwelt/kultur/als-die-werbung-im-fernsehen-laufen-lernte-art-3760314

Zarges, Torsten: „Jüngere werden vom linearen TV vernachlässigt."
Auf: dwdl.de. 19.08.2015:
https://www.dwdl.de/nachrichten/52240/juengere_werden_vom_linearen_tv_vernachlaessigt/

Zarges, Torsten: Bessere Serien ohne Redakteursfernsehen?
Auf: dwdl.de 29.10.2015:
https://www.dwdl.de/magazin/53232/bessere_serien_ohne_redakteursfernsehen/

Zarges, Torsten: Produzenten fordern lokale Investitionspflicht für Netflix & Co.
Auf dwdl.de 01.07.2021:
https://www.dwdl.de/nachrichten/83450/produzenten_fordern_lokale_investitionspflicht_fuer_netflix__co/

Lustige Postkarten

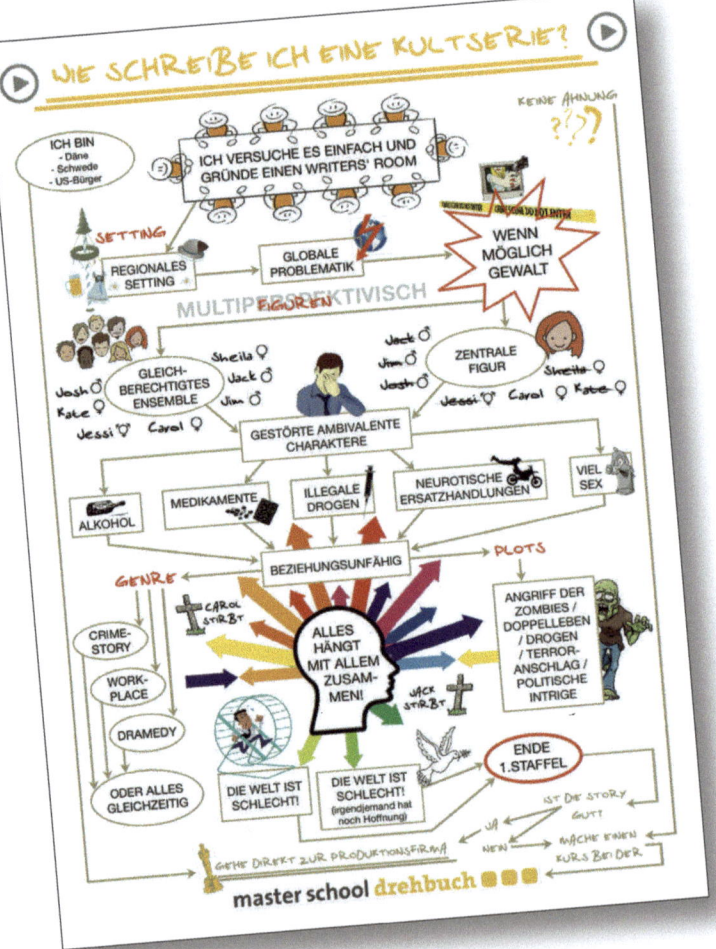

Legendär sind unsere »Lustigen Postkarten«, die wir mit großem Vergnügen entwickelt haben. Sie können diese und andere bei der Master School Drehbuch kostenfrei bestellen: www.masterschool.de

master school drehbuch ■ ■ ■

Michael Bertl, Leiter der Abteilung Bildgestaltung/Kamera an der DFFB, untersucht, wie Bilder bei uns Gedanken und Gefühle hervorrufen und uns die Welt erklären, Gedanken zum Bilderverstehen in einer Zeit, in der dem Bildermachen viel Gedankenlosigkeit innewohnt.

Das Buch ist eine Anregung zum Nachdenken für alle, die Bilder lesen wollen, die Bilder machen wollen. Eine Anregung ohne Kameratypen, ohne Objektiv – Empfehlungen, ohne Gebrauchsanweisungen, ohne look up table, ohne tutorial und – ohne Bilder.

Michael Bertl
Das richtige Bild
Gedanken zur Gestaltung
von bewegten Bildern
80 S. | Pb. | €12,00
ISBN 978-3-7410-0398-1

www.schueren-verlag.de